KNAUR.LEBEN

Über den Autor:
Tenzin Gyatso, der 14. Dalai Lama, wurde 1935 in Osttibet geboren und bereits im Kindesalter als geistiges und weltliches Oberhaupt der Tibeter eingesetzt. Nach der Besetzung Tibets durch die Chinesen ging er 1959 unter abenteuerlichen Umständen ins Exil. Für seinen unermüdlichen Kampf gegen Unterdrückung und Ungerechtigkeit wurde dem Dalai Lama 1989 der Friedensnobelpreis verliehen.

DALAI LAMA

MITGEFÜHL IM ALLTAG LEBEN

Den Geist erwecken, das Herz erleuchten

Aus dem Amerikanischen
von Peter Kobbe

KNAUR.LEBEN

Die amerikanische Originalausgabe erschien unter dem Titel
Awakening the Mind, Lightening the Heart bei Harper, San Francisco.

Dieser Titel ist bei Knaur bereits unter den Bandnummern 86121 und 87209
mit dem Titel *Den Geist erwecken, das Herz erleuchten* erschienen.

Besuchen Sie uns im Internet:
www.knaur-leben.de

Aus Verantwortung für die Umwelt hat sich die Verlagsgruppe
Droemer Knaur zu einer nachhaltigen Buchproduktion verpflichtet.
Der bewusste Umgang mit unseren Ressourcen, der Schutz unseres Klimas
und der Natur gehören zu unseren obersten Unternehmenszielen.
Gemeinsam mit unseren Partnern und Lieferanten setzen wir uns für eine
klimaneutrale Buchproduktion ein, die den Erwerb von Klimazertifikaten
zur Kompensation des CO_2-Ausstoßes einschließt.
Weitere Informationen finden Sie unter: www.klimaneutralerverlag.de

FSC www.fsc.org MIX Papier aus verantwortungsvollen Quellen FSC® C083411

Neuausgabe August 2020
Knaur.Leben Taschenbuch

Covergestaltung: ZERO Werbeagentur, München
Coverabbildung: Collage aus Motiven
von Hindustan Times/Kontributor/Getty Images und
Mehta Nishant, sewonboy/Shutterstock.com
Satz: Adobe InDesign im Verlag
Druck und Bindung: CPI books GmbH, Leck
ISBN 978-3-426-87887-3

2 4 5 3 1

Inhalt

Vorwort

Die hier von Seiner Heiligkeit dem Dalai Lama dargelegten Lehren zur Schulung des Geistes basieren auf einem Text mit dem Titel Die Strahlen der Sonne.

Dieser wurde im frühen 15. Jahrhundert von Hortön Nam-kha Pel verfasst, einem Schüler des großen Gelehrten und Meisters Tsong-kha-pa (1357–1419)[1]. Der Text ist ein Kommentar zu einer noch früher datierten Schrift namens *Geistesschulung in sieben Punkten,* auf deren Verse das vorliegende Buch laufend Bezug nimmt. Sie ist im vollständigen Wortlaut am Ende des Buches wiedergegeben. *Strahlen der Sonne* war Anfang des 20. Jahrhunderts ein ziemlich ausgefallener Text, dessen Sinn nicht mehr ohne Weiteres eingängig war. Nachdem Kyabje Ling Rinpoche[2], der Studienleiter des Dalai Lama, eine Erläuterung darüber gehört hatte, wurde die Schrift zu einem seiner Lieblingswerke, denn sie verbindet die Wesenszüge der Geistesschulung mit den Überlieferungen des tibetischen Buddhismus vom stufenweise verlaufenden Pfad und lässt sich aufgrund ihrer einprägsamen knappen, unmittelbar verständlichen Darstellungsweise leicht in die tägliche Praxis umsetzen. Ling Rinpoche sorgte dafür, dass der tibetische Text neu ediert und verbreitet wurde, und lehrte ihn auch selbst. In der Folge hat ihn der Dalai Lama bei vielen Gelegenheiten gelehrt, in seinem Wohnort Dharamsala, in den neu gegründeten Klöstern

Südindiens und in Bodh Gaya, dem Ort, an dem der Buddha Erleuchtung erlangte. So erfreut sich diese Schrift mittlerweile wieder großer Beliebtheit.

Die hier vorgelegten Lehren Seiner Heiligkeit wurden von folgendem Team ins Englische übersetzt und herausgegeben: von Ehrwürden Geshe[3] Lobsang Jordhen, einem Absolventen des Instituts für buddhistische Dialektik, Dharamsala, der seit 1989 für Seine Heiligkeit den Dalai Lama als ordensgeistlicher Assistent und persönlicher Übersetzer tätig ist; von Lobsang Chophel Gangchenpa, der auch am Institut für buddhistische Dialektik studierte und als buddhistischer Übersetzer zunächst an der Bibliothek tibetischer Werke und Archive in Dharamsala und später über zehn Jahre in Australien arbeitete; und von Jeremy Russell, der seit über zwölf Jahren mit der tibetischen Gemeinde in Dharamsala zusammenarbeitet; er ist Chefredakteur der Zeitschrift *Chö-Yang, die Stimme tibetischer Religion und Kultur*, die vom Ministerium für religiöse Angelegenheiten der tibetischen Exilregierung publiziert wird.

Gerhard Riemann

Einleitung

Der Buddha ging in vielen unterschiedlichen Unterweisungen auf die Interessen und Anlagen derer ein, die kamen, um ihn zu hören.

Und doch skizzieren diese Unterweisungen allesamt Methoden, durch die wir den Geist läutern und den voll erwachten Zustand der Erleuchtung erreichen können. Unter den verschiedenen Lehrzyklen gibt es eine Überlieferung, die als Geistesschulung oder Umwandlung des Denkens bezeichnet wird. Dies ist eine besondere Technik, die ersonnen wurde, um das zu entwickeln, was wir den »Geist des Erwachens« oder »Erleuchtungsgeist« (Bodhichitta)[4] nennen - das Streben nach Erleuchtung, um anderen helfen zu können. Diese Technik wurde durch den indischen Meister Atisha nach Tibet übermittelt; er unterrichtete seine tibetischen Schüler darin. Auf den Ersten Dalai Lama wurde sie durch Hortön Nam-kha Pel übertragen, und von diesem setzte sich die Übertragung zu meinem eigenen Wurzel-Lama[5], dem verstorbenen Kyabje Ling Rinpoche (1903-1983), fort, von dem ich sie erhalten habe.

Ihre Methoden verkörpern den Wesenskern, die Essenz der Lehren des Buddhas: die Herausbildung des Erleuchtungsgeistes. Ich freue mich sehr, dass ich die Möglichkeit habe, diese Überlieferung weiterzugeben, weil ich mich selbst in ihr übe. Zwar kann ich von mir nicht behaupten, alle nötigen Voraussetzungen mitzubringen, die jemanden dazu qualifizieren, derartige Unterweisungen zu erteilen, aber ich empfinde große Bewunderung und innige Verehrung für sie. Ich freue mich sehr, dass diese kostbare, vom Buddha übermittelte Unterweisung in diesem Zeitalter des Niedergangs, da die Lehren des Buddhas schon beinah ausgestorben sind, tatsächlich bis zu jemandem wie mir gelangt ist.

Zwischen dem, der die Unterweisung gibt, und dem, der sie hört oder liest, besteht keine Konkurrenz. Wir tun es ja nicht zum persönlichen Vorteil. Sofern diese Lehre aus dem reinen Wunsch weitergegeben wird, anderen zu helfen, besteht keine Gefahr, dass sich unser Geisteszustand verschlechtert; er kann sich dabei nur verbessern. Erleuchtung können wir nur durch die Meditationspraxis erreichen; ohne sie können wir keinesfalls unseren Geist umwandeln. Das Lesen oder Anhören buddhistischer Unterweisungen soll uns einzig und allein dazu befähigen, die Praxis angemessen zu vollziehen. Daher sollten wir unser Bestes tun, um das, was wir verstehen, in die Praxis umzusetzen. In diesem Augenblick verfügen wir über dieses kostbare Leben als freie und glücksbegünstigte Menschen, die imstande sind, sich in dieser Praxis zu betätigen. Wir sollten die Gelegenheit beim Schopf ergreifen. Zwar ist es wichtig, uns um unseren Lebensunterhalt zu kümmern, aber wir sollten nicht ausschließlich davon besessen sein. Wir sollten auch an unsere Zukunft denken, denn das Leben nach dem Tod ist etwas, worüber wir wenig wissen, und unser Schicksal ist nicht voraussagbar. Wenn es ein Leben nach dem Tod gibt, dann ist es sehr wichtig, darüber nachzudenken und sich darauf vorzubereiten. Zu diesem Zeitpunkt, da wir über sämtliche Voraussetzungen verfügen, die für das Üben des Dharma, der Unterweisungen Buddhas, erforderlich sind, sollten wir uns mit aller Anstrengung darauf konzentrieren, dies tatsächlich zu tun, und auf diese Weise unser Leben mit Sinn erfüllen.

Wir können dies tun, indem wir einen Pfad beschreiten, der günstige künftige Wiedergeburten zeitigt und letzten Endes zur Erleuchtung führt. Das letztgültige Streben ist darauf gerichtet, den voll erwachten Zustand der Buddhaschaft zu erzielen, weil ja auch eine günstige künftige Wiedergeburt nicht sehr sicher ist. Das Nachdenken über die allgemeinen und besonderen Mängel des gesamten Existenzkreislaufs, dieses Teufelskreises von Geburt und Tod, wird uns dazu veranlassen, nach der Befreiung von Leid zu streben. Außerdem sollten wir nicht allein um uns, sondern ebenso um das Wohl aller anderen besorgt sein.

Die spezielle Technik zur Umwandlung des Geistes ist in einem Verstext namens »Geistesschulung in sieben Punkten« enthalten, der hier in Anlehnung an seine Kommentierung in einem Werk von Hortön Nam-kha Pel, betitelt *Die Strahlen der Sonne*, eingehend erörtert wird. Was wir mit Geist, Denken oder Bewusstsein meinen, umgreift einen sehr vielschichtigen Gegenstand. Es lohnt sich zu untersuchen, was, insbesondere im Kontext der buddhistischen Lehren, mit Bewusstsein oder Geist gemeint ist, weil es nach den Lehren des Buddhas keinen Schöpfergott gibt; alle Erscheinungen sind in Abhängigkeit von ihren eigenen Ursachen und Bedingungen entstanden. Wir müssen untersuchen, worin diese Ursachen bestehen.

Geradeso wie die Hitze des Feuers nicht durch jemand anderen erzeugt wird, weil es das Wesen des Feuers ist, heiß zu sein, und geradeso wie es das Wesen des Wassers ist, nass zu sein, gibt es etwas als Bewusstsein oder Geist Bezeichnetes, auf dessen Basis wir Gefühle von Lust und Schmerz haben. Allgemein gesprochen: Wenn wir die charakteristische Eigenart eines bestimmten Gegenstandes nicht kennen, werden wir ihn nicht verändern oder von ihm Gebrauch machen können. Wenn wir keine Ahnung von den klimatischen Bedingungen eines Landes haben, werden wir nicht beurteilen können, wann es an der Zeit ist, Blumen zu pflanzen. Ebenso ist es wichtig, erst einmal festzustellen, was Geist oder Bewusstsein ist, wenn man eine Umwandlung im Geist bewirken will. Dann müssen wir erkennen, wie der Geist umgewandelt wird.

Ob man nun die Existenz von etwas als Bewusstsein oder Geist Bezeichnetem akzeptiert oder nicht - offenkundig ist, dass jeder Lust und Schmerz erlebt und jeder nach Glück trachtet und Leid zu vermeiden sucht. Dieses Glück, nach dem wir trachten, und das Begehren - sie entstehen aufgrund des Geistes. Daher müssen wir das Wesen des Geistes erkennen und das Verfahren, durch das wir ihn schulen und umwandeln können. Tatsächlich kann eine Umwandlung des Geistes nur durch den Geist bewirkt werden. Also müssen wir prüfen, ob es einen Zustand gibt, in dem wir von allen negativen Aspekten des Geistes völlig frei sein können und worin das eigentliche Verfahren zur Erreichung einer derartigen Freiheit besteht.

Schmerz, Lust und Leid sind von ihren eigenen Ursachen und Bedingungen abhängig. Daher ist es wichtig, dass wir feststellen, welches die negativen Aspekte des Geistes sind, die Leid hervorrufen, und sie zu überwinden versuchen. In ähnlicher Weise können wir die positiven Aspekte des Geistes verbessern, die Glück bewirken. Mit Geistesschulung ist eine Technik oder ein Verfahren gemeint, durch das wir den Geist umwandeln oder läutern können. Alle größeren Weltreligionen, insbesondere der Buddhismus, haben Techniken zur Umwandlung des Geistes. Hier jedoch handelt es sich um eine einzigartige Methode, die ersonnen wurde, um unseren ungezähmten und verblendeten Geist zu schulen. Der Text trägt deshalb den Titel *Die Strahlen der Sonne,* weil er eine Technik skizziert, durch die wir das Dunkel der Unwissenheit in unserem Geist lichten können. Diese Dunkelheit des Geistes betrifft unsere falsche Auffassung von einem Ich oder Selbst und unsere ichbezogenen, selbstsüchtigen Einstellungen, die negativen Aspekte des Geistes. Genauso wie die Strahlen der Sonne das Dunkel lichten, lichtet diese Unterweisung das Dunkel der Unwissenheit.

Am Anfang seines Werks huldigt der Autor Hortön Namkha Pel, der ein Schüler Tsong-kha-pas war, diesem als erhabenem Meister und erfleht sein Mitgefühl. Die Worte *erhabener Meister* betreffen Tsong-kha-pas große Vorzüge: Hatte er doch begehrliches Anhaften an die irdischen Lüste der Welt vollkommen abgelegt und die höchsten Stufen der Verwirklichung erreicht.

Der Huldigung an Tsong-kha-pa folgen Verse mit Grußformeln an den Buddha, den Begründer des Verfahrens zur Schulung des Geistes, an den Buddha der Zukunft, Maitreya, und an den Bodhisattva der Weisheit, Manjushri[6]. Die Meister der Geistesschulung in Tibet, die Kadampa-Lehrer[7], werden gleichfalls erwähnt. Der Autor ehrt den Buddha, indem er dessen Vorzüge im Einzelnen darlegt: Er schildert ihn als denjenigen, der sich, motiviert durch starkes Mitgefühl und Liebe gegenüber empfindenden Wesen, in den sechs Vollkommenheiten[8] und den vier Faktoren[9] übte, um den Geist anderer reifen zu lassen, mit der Zielsetzung, sie von Leid zu erlösen und sie zur Befreiung und zum vollen Erwachen des Geistes zu führen.

An dieser Stelle benutzt der Autor das Bild vom Steuermann, der die Schiffspassagiere sicher an ihren Bestimmungsort befördert: So führt der Buddha, indem er das Schiff der Liebe und des Erleuchtungsgeistes lenkt, die empfindenden Wesen zum Erwachen, zur Erleuchtung. Auch er war einmal ein gewöhnliches Wesen wie wir, aber aufgrund der Kraft seines Mitgefühls schulte er sich im Pfad und war fähig, seinen Geist umzuwandeln bis hin zur endgültigen Erleuchtung. Sein Mitgefühl motivierte ihn dazu, einen derartigen Zustand zu erreichen, Mitgefühl vervollkommnete seine Erleuchtung, und Mitgefühl veranlasste ihn dazu, andere gemäß ihren unterschiedlichen Interessen und Anlagen anzuleiten.

Ebendeshalb ist der Erleuchtungsgeist die Wurzel von allem Glück und Frieden im gesamten Universum. Auf lange Sicht bildet er den Grundstock, der es uns ermöglicht, in den Zustand vollständiger Erleuchtung zu kommen. Aber schon von einem Tag zum anderen gilt: Je mehr wir eine altruistische Einstellung entwickeln können, desto glücklicher werden wir uns fühlen und eine desto bessere Atmosphäre werden wir um uns schaffen. Wenn hingegen unsere Emotionen ungezähmt schwanken und wir uns leicht zu Hass und Eifersucht hinreißen lassen, werden wir gleich von Tagesbeginn an nicht einmal unser Frühstück genießen können, und unsere Freunde werden uns aus dem Weg gehen. So stören unbeständige Emotionen nicht nur unseren eigenen Geisteszustand, sie stören auch den Geist anderer. Solche ruhelosen Empfindungen kann man nicht jemand anderem anlasten, denn sie rühren jeweils vom eigenen Geisteszustand her. Ebendeshalb bringt eine altruistische Einstellung großes Glücksgefühl und inneren Frieden mit sich.

Je größer unser innerer Friede ist, desto friedlicher ist die Atmosphäre um uns. Angst und Misstrauen hingegen entstehen aufgrund einer selbstsüchtigen Einstellung und anderer negativer Geisteszustände. Eine selbstsüchtige Einstellung erzeugt Angst und Unsicherheit, die ihrerseits Misstrauen erzeugen. So ist ein friedvoller Geist selbst für Menschen, die keinem besonderen Glauben anhängen, wichtig. Wenn die Vorzüge des Buddhas erörtert werden, stehen immer der Erleuchtungsgeist und das Mitgefühl an erster Stelle.

Kapitel 1

Motivation und Bestreben

Ganz gleich, welcher Dharma-Übung
wir uns widmen, ob wir Gebete sprechen,
ob wir Unterweisungen geben
oder anhören -

als Buddhisten sollten wir stets damit beginnen, dass wir die Strophe für die Zufluchtnahme und das Entwickeln des Erleuchtungsgeistes rezitieren.

> Ich nehme Zuflucht zum Buddha, Dharma und zur spirituellen Gemeinschaft,
> bis ich den Zustand der Erleuchtung erlange.
> Möge ich durch Freigebigkeit und andere heilsame Handlungen Buddhaschaft erreichen,
> um allen empfindenden Wesen von Nutzen zu sein.

Diese Strophe umfasst auf engstem Raum den Wesenskern der Lehren des Buddhas und besonders derer des Mahayana-Buddhismus, des Großen Fahrzeugs[10]. Im ersten Verspaar erfahren wir etwas über die Zuflucht, im zweiten erfahren wir, wozu wir den altruistischen Erleuchtungsgeist entwickeln. Alle, die Zuflucht nehmen, haben ein Gefühl der Verbundenheit und des Vertrauens gegenüber den Drei Juwelen - dem Buddha, dem Dharma (seinen Lehren) und dem Sangha, der spirituellen Gemeinschaft von Mönchen und Nonnen. Ebendieser Umstand entscheidet, ob man Buddhist ist oder nicht. Wenn man Zuflucht zu den Drei Juwelen nimmt, ist man Buddhist; andernfalls ist man keiner. Die Zufluchtnahme kann unterschiedlich tief greifend sein, das hängt jeweils von der eigenen Verständnisebene ab. Je mehr wir über das Wesen der Drei Juwelen Bescheid wissen, desto mehr werden wir von ihren besonderen Vorzügen überzeugt sein. Unsere Zufluchtnahme zu ihnen wird dann viel beständiger und tief greifender sein.

Wir haben unterschiedliche Möglichkeiten, bei den Drei Juwelen Zuflucht zu suchen. Die eine besteht darin, uns den Drei Juwelen anzuvertrauen, indem wir sie als uns überlegen betrachten und ihren Schutz, ihre Obhut und Unterstützung suchen. Die andere Möglichkeit, bei den Drei Juwelen Zuflucht zu suchen, besteht darin, danach zu trachten, eines Tages ein Buddha zu werden, indem man sich ihre überragenden Qualitäten von Wissen und Einsicht aneignet. Die zwei Möglichkeiten der Zufluchtnahme veranschaulichen unterschiedliche Ebenen des Muts und der Entschlossenheit. Manche Menschen suchen in Zeiten der Gefahr und Not die Unterstützung und den Schutz einer überlegenen Person und brauchen regelmäßig deren Hilfe, um das zuwege zu bringen, was sie sich gerade vorgenommen haben. Solche Menschen sind nicht wirklich imstande, etwas für sich zu tun. Andere hingegen sind mutiger. Ganz zu Anfang ersuchen sie womöglich um ein wenig Beistand, aber sie sind entschlossen, sich selbst zu helfen. Sie wenden jede erforderliche Anstrengung auf, um sich ihre Wünsche zu erfüllen. Sie wollen unbedingt unabhängig werden, also arbeiten sie hart daran, ihre Ziele zu verwirklichen und sich selbst der Probleme zu entledigen.

Freilich gibt es auch jene, die bei der Zufluchtnahme nicht

sehr mutig sind. Sie vertrauen sich den Drei Juwelen an und bitten inständig, dass man ihnen Schutz und Obhut gewähren möge. Zum Dasein eines Buddhas aufzusteigen - dazu fehlt ihnen die innere Zuversicht und der Glaube an sich selber. Dies ist die Einstellung von Menschen, die nur ihre eigene Befreiung von Leid und Wiedergeburt erstreben. Jene, die die Befreiung aller empfindenden Wesen erstreben, sind viel mutiger. Auch sie vertrauen sich den Drei Juwelen an und begehren Schutz und Obhut von ihnen, doch das Hauptziel ist für sie, selbst die höchste Seinsweise der Buddhaschaft zu erreichen, damit sie anderen von größtem Nutzen sein können. Solche Menschen sind entschlossen, alle auf störende Emotionen zurückzuführenden Prägungen zu beseitigen und die untadeligen Eigenschaften eines Buddhas zu verwirklichen. Diese Art der Zufluchtnahme ist umsichtig.

Da es klar ist, dass sich die Zufluchtnahme verschiedenartig gestalten und auf unterschiedlichen Ebenen vollziehen kann, ist es unerlässlich, über das Wesen von Buddha, Dharma und Sangha und über ihre besonderen Vorzüge nachzudenken, während man die Zufluchtsformel rezitiert.

> Möge ich durch Freigebigkeit und andere
> heilsame Handlungen Buddhaschaft erreichen,
> um allen empfindenden Wesen von Nutzen zu sein.

In diesem Verspaar kommt der Erleuchtungsgeist zum Ausdruck. Indem der Einzelne dieses besondere Bestreben entwickelt, zielt er darauf ab, zum Vorteil aller empfindenden Wesen den höchsten Erleuchtungszustand zu erlangen. Vom Beginn der Zufluchtnahme an denkt der Übende bei allen heilsamen

Handlungen: »Ich werde mich auf diese heilsamen Tätigkeiten einlassen, damit empfindende Wesen von jeglichem Elend frei sein und in völligem Frieden leben mögen.«

Die guten Taten des Übenden sind nicht am Eigennutz orientiert. Dieses Bestreben ist wirklich wunderbar, mutig und weitreichend. Durch die Macht dieser Denkweise sät der Übende Saaten und legt den Grundstock für all die herrlichen Dinge in diesem Leben und in künftigen Leben. Diese Verse enthalten den Wesenskern und die Wurzel der Lehren des Buddhas. Obwohl die Strophe sehr kurz ist, ist ihre Bedeutung unausschöpflich und tief. Während wir diese Verse rezitieren, sollten wir all unsere Dharma-Übungen, wie etwa das Meditieren und das Erteilen oder Anhören von Lehren, auf den Nutzen aller lebenden Wesen ausrichten. Wir sollten nicht bloß oberflächlich auf die Worte achten, sondern vielmehr darüber nachdenken, was sie bedeuten.

Jedes Mal, wenn wir irgendeine Dharma-Übung ausführen, beginnen wir sie mit dieser Strophe für die Zufluchtnahme und das Entwickeln des Erleuchtungsgeistes. Normalerweise rezitieren wir sie dreimal, obwohl es keine Regel gibt, die uns daran hindern würde, sie noch öfter oder nur ein- bis zweimal aufzusagen. Die dreifache Wiederholung gibt uns Gelegenheit, über die Bedeutung der Verse nachzudenken. Durch diese Übung sollten wir fähig sein, eine Umwandlung unserer Einstellungen zu bewirken und unseren Geist in positivem Sinne zu formen. Möglicherweise muss man die Verse viele Male rezitieren, um dies zu erreichen.

Vielleicht möchten wir, unserer Veranlagung entsprechend, das Verspaar der Zufluchtsformel viele Male rezitieren, um dann ebenso oft die Formel für das Hervorrufen des Erleuchtungsgeistes zu sprechen. Auf diese Weise können wir uns jeweils auf eines konzentrieren und die Übung wirksamer machen. Nachdem wir die Verse etwa fünfzehnmal rezitiert haben, sollte in unserem Herzen eine Veränderung eintreten. Möglicherweise sind wir manchmal so gerührt, dass uns Tränen in den Augen stehen.

Erst nachdem wir mit echter Hingabe Zuflucht genommen und den Erleuchtungsgeist entwickelt haben, sollten wir uns anderen Übungen widmen, etwa dem Sprechen von Gebeten oder dem Rezitieren von Mantras[11]. Der Wirkungsgrad jeder nachfolgenden Übung hängt davon ab, mit welcher Intensität und wie wirkungsvoll wir Zuflucht genommen und den Erleuchtungsgeist erweckt haben. Fraglich ist, ob das bloße Rezitieren von Gebeten ohne echte Motivation eine buddhistische Übung ist. Möglicherweise bringt es nicht mehr Nutzen als das Abspielen eines Tonbands. Entscheidend ist daher in diesem Zusammenhang, eine wirklich positive Motivation zu entwickeln. Wir sollten unsere spirituelle Praxis mit allem Nachdruck darauf ausrichten, positive und heilsame Gedanken und Handlungen hervorzubringen.

Wenn wir ein Essen zubereiten, müssen wir mit den Hauptzutaten, beispielsweise Reis, Mehl und Gemüse, anfangen. Gewürze und Salz gibt man später hinzu, damit es Geschmack bekommt. Ähnlich verhält es sich bei der Dharmapraxis: Wenn ihr Hauptanliegen, nämlich das Erzeugen einer positiven und förderlichen Geisteshaltung, erfüllt ist, werden auch andere Übungen, etwa Gebete, Visualisierung und Meditation, bedeutungsvoll. Alle Religionen sind im Prinzip dazu da, den menschlichen Individuen zu helfen, bessere, gesittetere und kreativere Menschen zu werden.

Während für bestimmte Religionen das Rezitieren von Gebeten und für andere vorwiegend die körperliche Buße als grundlegende Praxis gilt, vertritt der Buddhismus die Auffassung, dass die entscheidende Praxis in der Umwandlung und Verbesserung des Geistes besteht. Man kann das auch aus einer anderen Perspektive betrachten. Im Vergleich zu körperlichen und verbalen Tätigkeiten ist die geistige Aktivität subtiler und schwer zu kontrollieren. Körperliche und sprachliche Aktivitäten sind offensichtlicher und lassen sich leichter erlernen und ausüben. Unter diesem Gesichtspunkt sind spirituelle Ziele, bei denen es um den Geist geht, heikler und schwerer zu erreichen.

Es ist unbedingt erforderlich, dass wir die wahre Bedeutung des Buddhismus verstehen. Es ist sehr gut, dass das Interesse am Buddhismus wächst, aber wichtiger und vordringlicher ist es, zu wissen, was der Buddhismus tatsächlich ist. Wenn wir den fundamentalen Wert und Sinn der Lehren des Buddhas nicht verstehen, dann wird wahrscheinlich jede Bemühung, sie zu bewahren, zu rekonstruieren oder zu verbreiten, in falschen Bahnen verlaufen. Die Lehre und das Verständnis des Dharma sind nichts Physisches. Wenn daher das Erbauen von Klöstern oder das Rezitieren von Schriften ohne angemessenes Verständnis erfolgt, dann zählen diese Tätigkeiten womöglich nicht einmal zur Dharmapraxis. Der springende Punkt ist, dass Dharmapraxis im Geist stattfindet.

Es wäre ein Irrtum, zu glauben, wenn wir bloß unsere Kleidung wechseln, Gebete sprechen oder uns in Demutshaltung niederwerfen, sei dies schon die ganze Dharmapraxis. Das möchte ich erläutern. Wenn wir uns in Demutshaltung niederwerfen oder den Tempel umrunden, kommen uns alle möglichen Gedanken in den Sinn. Wenn wir uns langweilen und der Tag sich endlos hinzieht, kann ein Rundgang um den Tempel sehr angenehm sein. Wenn wir einen gesprächigen Freund finden, der uns dabei begleitet, dann fliegt die Zeit nur so dahin. Das ergibt möglicherweise einen netten Spaziergang, ist aber streng genommen keine Dharmapraxis. Es gibt sogar Gelegenheiten, bei denen wir vielleicht dem äußeren Anschein nach Dharma praktizieren, in Wirklichkeit aber negatives Karma erzeugen. Zum Beispiel könnte eine Person beim Umrunden des Tempels einen Plan aushecken, jemanden zu betrügen, oder Rachepläne gegen einen Rivalen schmieden. Innerlich sagt sich der Betreffende vielleicht: »So krieg ich ihn dran, das werd ich ihm sagen, und das werd ich tun.« Auf ähnliche Weise könnten wir heilige Mantras rezitieren, während unser Geist in gehässigen Gedanken schwelgt. So kann sich das, was wie das physische und verbale Üben des Dharma aussieht, als trügerisch erweisen.

Wir sagen, der Hauptzweck des Dharma liegt darin, den Geist zu schulen. Wie machen wir das? Denken wir über jene Gelegenheiten nach, bei denen wir so wütend auf jemanden sind, dass wir alles tun würden, um ihn oder sie zu verletzen. Um nun ein richtiger Dharma-Schüler zu sein, müssen wir über diese Situation klar und rational nachdenken. Wir müssen bedenken, wie viele Fehler man aus Wut macht und welche positiven Resultate es bringt, wenn man Mitgefühl entwickelt. Wir können auch darüber reflektieren, dass die Person, gegen die sich unsere Wut richtet, genauso wie wir Glück erringen und Elend loswerden will. Wie können wir es unter solchen Umständen rechtfertigen, diese Person zu verletzen?

Wir können uns sagen: »Ich halte mich für einen Buddhisten. Sobald ich morgens die Augen aufschlage, rezitiere ich die Gebete für die Zufluchtnahme und die Entwicklung des Erleuchtungsgeistes. Ich verspreche, für alle empfindenden Wesen zu arbeiten, und doch bin ich in diesem Fall entschlossen, grausam und unvernünftig zu sein. Wie kann ich mich einen Buddhisten nennen und es wagen, den Buddhas gegenüberzutreten, wenn ich ihren Pfad zum Gespött mache?«

Wir können unsere verhärtete Haltung und unsere Wutgefühle vollständig auflösen, indem wir so denken. Statt ihrer können wir freundliche und gütige Gedanken hervorrufen, indem wir darüber reflektieren, wie falsch es ist, auf jene Person derart wütend zu sein, und wie sehr sie oder er doch unsere Güte und unser Wohlwollen verdient. Auf diese Weise können wir eine wahre Umwandlung des Herzens bewirken. Das ist der Dharma in des Wortes eigentlicher Bedeutung. Unsere vorher negativen Gedanken können zerstreut und durch positive und mitfühlende Empfindungen für jene Person ersetzt werden. Dieser dramatischen Veränderung sollten wir Beachtung schenken: Hier findet ein ganz entscheidender Umschwung statt. Genau dies ist unter der Übung des Dharma wirklich zu verstehen, aber das ist keine leichte Angelegenheit.

Wenn ein rechtschaffener Gedanke von großer Kraft den Geist bestimmt, kann gleichzeitig nichts Negatives wirksam werden. Wenn wir von gütigen und freudigen Gedanken motiviert sind, dann können selbst scheinbar negative Handlungen positive Ergebnisse bewirken. Zum Beispiel ist es normalerweise negativ, wenn wir lügen. Tun wir es aber aus Mitgefühl und aus der rationalen Erwägung, damit jemandem zu helfen, dann kann Lügen in etwas Heilsames umgewandelt werden.

Die altruistische Denkweise des Erleuchtungsgeistes stammt aus der Praxis des Bodhisattvas, dem Üben von Herzensgüte und von Mitgefühl. Daher ist es einem Bodhisattva bei bestimmten Gelegenheiten erlaubt, negative körperliche und verbale Handlungen zu begehen. Derartige Vergehen haben normalerweise ungünstige Auswirkungen. Aber bisweilen können diese Handlungen, je nach ihrem Beweggrund, wertneutral sein, und hin und wieder können sie sich als erstaunlich verdienstvoll erweisen. Dies sind einige Gründe, weshalb wir darauf beharren, dass der Buddhismus im Wesentlichen mit dem Geist befasst ist. Unseren körperlichen und verbalen Handlungen kommt nur sekundäre Bedeutung zu. Entscheidend für die Qualität der Reinheit jeder spirituellen Übung ist also jeweils die Absicht und Motivation des Einzelnen.

Es steht den Menschen frei, an jede Religion zu glauben, die ihnen gefällt. Diejenigen, die der Religion ablehnend gegenüberstehen, tun dies aus freiem Willen. Die Menschen entscheiden sich gemäß ihrem Interesse und ihrer spirituellen Neigung für eine Religion. Es gibt keine Möglichkeit, jeden dazu zu bringen, den Buddhismus oder irgendeine andere Religion anzunehmen. Der Buddha konnte im Verlauf seines Lebens nicht alle Inder zu Buddhisten machen. In einer Welt mannigfaltiger Geschmacksrichtungen und Veranlagungen kann nicht jeder Buddhist sein. Die Menschen haben das Recht, an Religion zu glauben oder nicht, ganz wie sie wollen.

In unserem Fall ist ausschlaggebend, dass wir uns für den Buddhismus entschieden haben und bereit sind, zum Buddha Zuflucht zu nehmen. Unter diesen Umständen sind wir verpflichtet, uns an die Worte des Buddhas zu halten. Wenn wir Tibeter die Lehren des Buddhas nicht befolgen, wäre es einfach absurd, dies von den Chinesen zu verlangen. Sie verwerfen den Buddhismus; weshalb sollten sie die Lehren des Buddhas befolgen? Wenn sie lügen und sich sonstigen verblendeten Handlungen hingeben, was können wir da machen? Wenn sie sich von Hass, Anhaftung und Unwissenheit überwältigen lassen, werden sie nicht glücklich sein und andere in Schwierigkeiten bringen. Buddhisten, einschließlich der Tibeter, haben die Aufgabe, die Lehren des Buddhas in die Tat umzusetzen. Unsere Praxis sollte so beschaffen sein, dass die störenden Emotionen - Feindseligkeit, Anhaftung und Unwissenheit - beseitigt werden. Unser Geist sollte von diesen Verblendungen frei sein, und wir sollten stattdessen positive Qualitäten entwickeln.

Als Buddhisten haben wir Buddha-Statuen oder -Gemälde auf dem Altar in unserer Wohnung. Wir suchen Tempel und Klöster auf und huldigen dem Buddha. All dies bringt unseren Respekt und unseren Glauben zum Ausdruck. Aber das eigentliche Kriterium ist, wie sehr wir uns wirklich an die Worte des Buddhas halten. Der Buddha ist unser Lehrer, Führer und spiritueller Erzieher. Daher sollten unsere körperlichen, sprachlichen und geistigen Handlungen mit seinen Lehren übereinstimmen. Auch wenn wir sie nicht gänzlich befolgen können, sollten wir uns doch ernsthaft darum bemühen.

Aus tiefstem Herzen sollten wir von der festen Zielsetzung durchdrungen sein, den Grundsätzen entsprechend zu handeln, die uns die Lehre des Buddhas an die Hand gibt. Wir müssen dafür sorgen, dass unser Alltagsleben unserem Anspruch, Buddhisten zu sein, gerecht wird. Wenn wir dazu nicht imstande sind, wird unser Bekenntnis oberflächlich und bedeutungslos sein. Wenn wir, unter dem Deckmantel, Buddhisten zu sein, die Worte des Buddhas ignorieren und missachten, dann ist das eine Form von Betrug. Es ist in sich widersprüchlich und erbärmlich. Zwischen dem, was wir sagen, und dem, was wir tun, sollte Einklang herrschen. Wenn wir unsere Dharma-Übung beginnen, rezitieren wir die Gebete für die Zufluchtnahme und das Entwickeln des Erleuchtungsgeistes, aber zugleich sollten wir eine förderliche Motivation entwickeln, die von Güte und Mitgefühl inspiriert ist. Dieser Art Übung sollten sich die Schüler wie auch ihr Lehrer unterziehen. Wenn ich auf einem Thron sitze, heißt das nicht, dass ich denken soll, wie bedeutend ich bin. Ich sollte auch nicht denken, dass ich der Dalai Lama bin und zu denen, die mir folgen, alles sagen kann, was mir passt. Eine solche Einstellung wäre ungehörig. Ich bin ein einfacher buddhistischer Mönch und Schüler des Buddhas. Ich habe die Verpflichtung, den Dharma nach besten Kräften zu vermitteln. Wenn ich dies tue, versuche ich nicht, dem Buddha zu gefallen oder zu schmeicheln. Tatsache ist vielmehr, dass ich um mein eigenes Glück und Leid besorgt bin. Ob ich Glück genieße oder Elend erleide, ruht ganz allein in meiner Hand. Diese grundlegenden Faktoren motivieren mich dazu, den Dharma zu üben.

Der Buddha hat aus eigener Erfahrung gelehrt, was letztlich von Nutzen ist und was schädlich ist. Ich zum Beispiel wünsche mir Glück und hoffe, dem Leid zu entgehen. Dies ist ein Bestreben, das in seiner Dauer über Monate, Jahre, ja selbst die ganze Spanne dieses Lebens hinausgeht; es erstreckt sich über endlos viele Lebzeiten. Um in einem Leben nach dem anderen Glück zu erlangen und mich von Elend zu befreien, muss ich klar erkennen, dass die drei Gifte - die störenden Emotionen Begierde, Hass und Unwissenheit - meine Feinde sind. Unwissenheit - die Auffassung, dass Dinge so existieren, wie sie erscheinen, nämlich unabhängig und aus sich selbst, ohne von Ursachen abzuhängen - ist die Wurzel dieser Verblendungen. Um diesen beschränkten und ichbezogenen Gedanken entgegenzuarbeiten, muss ich Herzensgüte, Mitgefühl, Altruismus und die Weisheit entwickeln, die die Leerheit[12] begreift.

Ich glaube, dass mein Schicksal ganz allein in meiner Hand liegt. Was der Buddha lehrte, ist für mein Leben von großer Orientierungskraft. Seine Worte werden immer klarer, und was er vor 2500 Jahren lehrte, ist so sehr von Belang wie eh und je. Auch wenn ich die Tiefe all seiner Lehren nicht ausloten kann, kann ich seine Intention erschließen - etwa im Hinblick auf seine Erläuterung der zwei Wahrheiten (der letztgültigen Wahrheit und der konventionellen Wahrheit)[13], der Vier Edlen Wahrheiten (des Leidens, seines Ursprungs, seiner Beendigung und des Pfades, der zu seiner Beendigung führt) und so weiter. Wann immer ich die Philosophie, die der Buddha vor so langer Zeit lehrte, anhöre und über sie nachdenke, stoße ich auf kaum irgendetwas, das für mich keinen Sinn ergäbe. Ich ziehe großen Nutzen aus seinen Lehren, und ich glaube, dass andere wiederum aus meinen Worten Nutzen ziehen können. Aus ebendieser Absicht zu helfen teile ich meine Ideen und meine Erfahrung mit. Wenn wir anderen Menschen behilflich sind, erweisen wir dem Dharma einen Dienst. Schon einer einzigen Person zu helfen ist wertvoll.

Anfangs entwickelte der Buddha die altruistische Gesinnung und bemühte sich dann um das Ansammeln von inneren Qualitäten. Schließlich erlangte er den erleuchteten Zustand der Buddhaschaft. Er tat dies ausschließlich zum Vorteil anderer empfindender Wesen. Vom Erleuchtungsgeist inspiriert, also mehr um andere besorgt als um sich, vervollkommnete der Buddha seine Schulung auf dem Pfad. Aufgrund seines Altruismus arbeitete der Buddha daran, das Wohl anderer empfindender Wesen zu erwirken. Weltzeitalter lang verfolgte er unbeirrbar dieses eine Ziel. Auch nach seiner Erleuchtung veranlasste ihn ebendiese Kraft des Altruismus, das Rad des Dharma zu drehen[14]. So besteht das eigentliche Thema des Buddhismus darin, anderen behilflich zu sein. Wenn wir anderen dabei helfen können, positive Qualitäten in ihren Herzen zu entfalten, sie glücklich machen und ihr Leben mit Sinn erfüllen, dann ist das ein wahrer Dienst am Buddha und seiner Lehre. Wir müssen gewissenhaft unsere intensivsten Bemühungen in diese Richtung lenken. Auf diese Weise, glaube ich, verwirklicht man nicht nur das Wohl des anderen, sondern auch das eigene.

Der traditionelle Brauch, dass sich der Lehrer dreimal vor dem Thron niederwirft, ehe er (oder sie) darauf Platz nimmt, ist sehr bedeutsam. Er hat den Zweck, Überheblichkeit zu verhüten. Wenn jemand auf einem hohen Thron sitzt und Unterweisungen gibt, dann bezeugen die Leute ihm ihren Respekt, indem sie sich vor ihm niederwerfen. In einer solchen Situation muss man besonders aufpassen. Sonst besteht große Gefahr, dass sich Überheblichkeit einschleicht. In einigen Fällen ist das auch vorgekommen. Bestimmte Mönche, die anfangs ganz schlicht und bescheiden waren, stellten fest, dass sie eine Menge Schüler und einen gewissen Rang erreicht hatten, und sie wurden hochnäsig und aufgeblasen. Man kann es ihnen nicht verübeln; es war das Resultat ihrer störenden Emotionen.

Die störenden Emotionen sind äußerst gerissen und zäh.

Wenn einer, der in ihrer Gewalt ist, auf dem Thron sitzt, dann wird er von Verblendung beherrscht. Während wir ihm zuhören, regt sich Stolz bei ihm, und dies umso heftiger, je länger er redet. Genau so funktionieren die störenden Emotionen. Die Wirkung der störenden Emotionen ist erstaunlich. Sie können einen Meister dazu bringen, sich mit anderen zu streiten, nur weil er sich mehr Schüler wünscht. In einem solchen Fall sind Anmaßung und Feindseligkeit gleichzeitig am Werk. Glücklicherweise gibt es eine Kraft, die störende Emotionen bekämpfen kann. Das ist die Weisheit. Die Weisheit wird klarer und schärfer, wenn wir analytisch und prüfend vorgehen. Sie ist stark und dauerhaft. Der unwissende Geist hingegen kann zwar schlau sein, aber der Analyse kann er nicht standhalten. Unter intelligenter Prüfung bricht er zusammen. Diese Einsicht gibt uns das Selbstvertrauen, die Probleme zu bewältigen, die von den störenden Emotionen hervorgerufen werden.

Wenn wir genau untersuchen und reflektieren, können wir ein solides Verständnis der Weisheit und der störenden Emotionen, etwa der Feindseligkeit und des begehrlichen Anhaftens, gewinnen; diese Regungen werden durch den Geist hervorgebracht, der meint, dass die Dinge wahrhaft wirklich sind, dass sie so existieren, wie sie erscheinen. Der Geist, der sich diese Vorstellung von wahrer Existenz macht, ist äußerst rührig, energisch und trickreich. Sein enger Kumpan, die ichbezogene Einstellung, ist genauso ausdauernd und halsstarrig. Zu lange schon stehen wir völlig unter ihrem Einfluss. Sie hat sich als unser Freund, Rückhalt und Beschützer ausgegeben. Jetzt sollten wir, sofern wir achtsam und umsichtig sind, die Weisheit entwickeln, die begreift, dass die Dinge nicht so existieren, wie sie erscheinen, dass ihnen diese Art von Wirklichkeit fehlt; sie wird Weisheit, die die Leerheit erfasst, genannt. Indem wir diese Waffe mit beharrlichem Bemühen gebrauchen, werden wir uns gegen die störenden Emotionen zur Wehr setzen können.

Im Verlauf unserer Praxis müssen wir über die Vorteile der fürsorglichen Hinwendung zu anderen und über die Mängel der Ichbezogenheit nachdenken. Am Ende wird sich die Fürsorge für andere als überlegen erweisen, und unser Egoismus wird in schlechtem Licht erscheinen. Alles hängt davon ab, wie engagiert und gewissenhaft wir sind. Wenn wir uns bewähren können, indem wir unter Einsatz jeder erdenklichen Mühe dem richtigen Pfad folgen, dann können wir sicher sein, dass sich die störenden Emotionen ausräumen lassen.

Buddhaschaft ist das höchste Ziel unserer Praxis, und es wäre von Nutzen, zu verstehen, was damit gemeint ist. Das tibetische Wort für *Erleuchtung* hat zwei Teile; der erste bezieht sich auf Läuterung, der zweite auf Anreicherung oder Fülle. Was wir vor allem läutern müssen, sind die Mängel unseres Geistes. Eine solche Läuterung beinhaltet nicht, dass die Mängel vorübergehend aufhören. Sie erfordert bewusstes Handeln beim Einsatz der Gegenmittel zur vollständigen Beseitigung dieser Mängel.

Nun sind aber die Mängel, auf die wir uns beziehen, die Quelle des Leids: Karma, störende Emotionen und die von diesen hinterlassenen Prägungen. Diese Mängel können nur durch Anwendung geeigneter Gegenmittel beseitigt werden.

Die von den störenden Emotionen hinterlassenen Prägungen hindern den Einzelnen daran, Allwissenheit zu erlangen. Bewusstsein hat seinem wahren Wesen nach das Potenzial, alles zu wissen, aber diese Mängel verschleiern den Geist und hindern ihn an einem solchen Wissen. Indem er die erforderlichen Gegenkräfte entwickelt, gelingt es dem Geist, diese Hindernisse zu beseitigen. Wenn das Bewusstsein gänzlich frei von Behinderung ist, erreicht es automatisch volle geistige Präsenz, und die betreffende Person erwacht zu voller Erleuchtung.

Der Erleuchtungszustand ist keinerlei physische Gegebenheit, etwa ein himmlischer Wohnsitz. Er ist die ureigene Qualität des Geistes, die in ihrem vollen positiven Potenzial enthüllt wird. Um daher diesen Zustand des Erwachens[15] zu erreichen, muss der Übende in der Anfangsphase die negativen Züge des Geistes beseitigen und eine positive Qualität nach der anderen entwickeln. Der Geist wendet aktiv das Gegenmittel an, um die negativen Impulse und Verdunkelungen zu entfernen. Dabei wird ein Punkt erreicht, an dem die störenden Emotionen und geistigen Hindernisse nie wieder auftreten können, ganz gleich, was geschieht. Aus demselben Grund obliegt es ausschließlich dem Geist, spirituelle Einsicht und Wissen zu entfalten. Wie gering die positive Energie zunächst auch sein mag, zur gegebenen Zeit eröffnet sich dem Geist vollkommene Wissensfülle, und er erwacht zur Buddhaschaft.

Jede der Weltreligionen hat ihre charakteristischen Besonderheiten und ihre eigenen Anhänger. Doch im Grunde haben sie eine Reihe gleicher Zielsetzungen und Anliegen miteinander gemein. Infolgedessen sind sie all die Jahrhunderte hindurch für Millionen Menschen eine Quelle des Segens gewesen. Es lässt sich nicht bestreiten, dass Anhänger einer Religion durch lautere Praxis inneren Frieden gewinnen und diszipliniertere, kultiviertere und bessere Menschen werden. Sie tun sich selber Gutes, und viele von ihnen sind für die Menschheit von großem Nutzen.

Es entstehen jedoch auch viele soziale und politische Probleme aus dem Missbrauch von Religion. Menschen bekämpfen Andersgläubige, manchmal sogar im Rahmen eines groß angelegten Krieges. Dessen ungeachtet sollten wir die Vielfalt der Religionen respektieren, weil die Menschen unterschiedliche geistige Veranlagungen und Neigungen, verschiedene Geschmacksrichtungen und Interessen haben. Eine einzige Religion kann daher nicht jeden zufriedenstellen. Von diesem Gesichtspunkt aus ist Vielfalt etwas Bewundernswertes.

Jede Religion ist auf ihre eigene Weise nützlich. Es ist zwecklos, sich einzubilden, dass es eine einzige Religion für die ganze Welt geben sollte. Sogar zu Lebzeiten des Buddhas war es nicht so, dass jeder Inder den Buddhismus angenommen hätte. Das Gleiche trifft auch auf andere Religionen und ihre Gründer zu. Daher glaube ich an eine Eintracht der Religionen, die praktisch umsetzbar, anwendbar ist und positive Ergebnisse hervorbringen kann. Ich bewundere die guten Taten jener, die einer anderen Konfession angehören. Das ist ein sehr guter Ansatz, um Freundschaften zu schließen. Ich habe viele gute christliche, moslemische und hinduistische Freunde. In diesem Kontext scheint es mir sinnlos, sich auf philosophische Kontroversen und Auseinandersetzungen einzulassen. Was hat das für einen Wert, die theoretischen Standpunkte anderer Konfessionen infrage zu stellen?

Ich schlage vor: Anstatt unter religiösen Menschen gegenseitige Rivalität und Kontroversen zu schüren, sollten wir von anderen Konfessionen lernen. Tibetische buddhistische Mönche können dem Beispiel von Christen folgen, die in der Sozialarbeit tätig sind. Viele von ihnen widmen ihr Leben dem Dienst an den Armen, Notleidenden und Unterdrückten. In

Kalkutta gibt es beispielsweise Mutter Teresa. Viele Christen pflegen unter völliger Nichtbeachtung ihres eigenen Lebens Leprakranke. Gibt es irgendeinen tibetischen Mönch, der das tut? Vor beinahe tausend Jahren leistete der große tibetische Meister Drom-tön-pa tatsächlich solch eine wertvolle Arbeit und verlor seine Glieder dabei. In neuerer Zeit sorgte auch Te-hor Kyor-pön Rinpoche für an Lepra leidende Menschen. Es wäre also klüger und sinnvoller, nicht die Konfrontation zu suchen, sondern vielmehr voneinander zu lernen. Auf diese Weise können religiöse Menschen bei der Schaffung von Frieden und Eintracht in unserer Welt eine positive Rolle spielen.

Weil die Menschen verschieden sind und ihre geistigen Neigungen variieren, lehrte der Buddha unterschiedliche philosophische Anschauungen. Seine Lehre bezweckt einzig und allein, empfindenden Wesen zu nützen, letztlich: sie zu Frieden und Erleuchtung zu führen. Die Lehre des Buddhas ist keine starre Doktrin, die von allen Anhängern verlangt, sich ein und derselben philosophischen Theorie anzuschließen. Im Gegenteil - der Buddha gab Erklärungen auf unterschiedlichem Niveau, um den ungleichen Auffassungsmöglichkeiten und geistigen Veranlagungen seiner Schüler gerecht zu werden. Das hatte zur Folge, dass in Indien vier größere Schulen des Denkens entstanden[16]. Und auch diese vier Schulen gliedern sich noch in zahlreiche Untergruppen.

Es ist wichtig, nicht zu vergessen, dass alles, was der Buddha lehrte, dazu da war, empfindenden Wesen zu helfen und ihnen auf dem spirituellen Pfad Anleitung zu geben. Seine philosophischen Lehren waren nicht bloß abstrakte Spekulation, sondern Bestandteil der Verfahren und Techniken zur Bekämpfung störender Emotionen. Wir können die Brauchbarkeit der Gegenmittel für verschiedene störende Emotionen aus unserer eigenen Erfahrung richtig einschätzen.

Vom Buddha wissen wir, dass wir, um Wut und Hass abzuwehren, über Herzensgüte meditieren sollten. Das aufmerksame Beachten der widerwärtigen Seiten eines Gegenstandes soll verhindern, dass wir an diesem hängen. Intensive logische Beweisführung wird aufgeboten, um zu zeigen, dass der Anschein, die Dinge hätten eine wirkliche Existenz, Täuschung ist. Die Vorstellung von einer wirklichen Existenz beruht auf Unwissenheit, und die Weisheit, welche die Leerheit erfasst, ist die direkte Gegenspielerin dieses Konzepts.

Aus solchen Unterweisungen können wir folgern, dass die störenden Emotionen nur zeitweilige Beschwerden des Geistes sind und man ihnen jegliche Grundlage entziehen kann. Wenn der Geist frei von Befleckungen ist, wird das Potenzial seines eigentlichen Wesens - Klarheit und Bewusstheit - gänzlich offenbar. Mit zunehmender Einsicht weiß der Praktizierende die Möglichkeit, Nirwana und Buddhaschaft zu erlangen, immer besser zu würdigen. Dies erweist sich als eine wundervolle Offenbarung.

Wir brauchen die Worte des Buddhas nicht als etwas Heiliges anzusehen, das wir nicht näher untersuchen dürfen. Im Gegenteil - es steht uns frei, seine Unterweisung zu überprüfen und herauszufinden, ob sie zutreffen. Der Übende kann den Geschmack der Unterweisungen des Buddhas kosten, indem er sie in die Tat umsetzt. So ist es das Resultat persönlicher Erfahrung, wenn man von den Unterweisungen überzeugt ist und Vertrauen in sie setzt. Das ist, meiner Meinung nach, spezifisch buddhistisch. In anderen Religionen hält man das Wort Gottes oder des Schöpfers für absolut.

Der spirituelle Pfad hat im Buddhismus zwei Hauptziele: die höhere Wiedergeburt und das, was man als das höchste Gut oder das eindeutig Beste[17] kennt; mit Letzterem ist die Befreiung von Wiedergeburt und das Erreichen vollkommener Erleuchtung gemeint. Es ist faszinierend, eine eingehende Darlegung der Methoden für das Erreichen dieser Ziele anzuhören. Man verlangt vom Schüler nicht, er solle den Buddha anbeten, um eine höhere Wiedergeburt zu erlangen. Es wird dargelegt, dass man eine höhere Wiedergeburt durch moralisch einwandfreies Handeln erreichen kann - indem man unheilvolle Handlungen aufgibt. Eine solche Unterweisung ist realistisch und logisch gut fundiert. Daher muss der Einzelne, der eine höhere Wiedergeburt erlangen will, etwa eine Geburt als Mensch, unheilvolle Handlungen vermeiden. Damit man als erfolgreiche, gut aussehende Person wieder geboren wird - nun, dafür gibt es weitere fundierte Unterweisungen. Um in der Zukunft wohlhabend zu werden, müssen wir in diesem Leben Freigebigkeit üben. Wollen wir hübsch sein und eine attraktive Ausstrahlung haben, so wird uns geraten, Geduld und Toleranz zu üben. Liegt uns an einem langen Leben, so lautet die Anweisung für uns, keine anderen Lebewesen zu verletzen, sondern unser Möglichstes zu tun, um ihnen zu helfen. Diese Ursachen und Konsequenzen sind logisch miteinander verknüpft.

Bei aller Hochachtung vor anderen Religionen bin ich doch der Auffassung, dass nur der Buddhismus seine Anhänger dazu anhält, gläubiges Vertrauen und innere Überzeugung auf der Basis von Logik und Beweisführung zu entwickeln. Absolut nichts nötigt oder zwingt einen zu glauben. Ja, genau genommen wird eine rationale Vorgehensweise sehr geschätzt.

Der Buddha hat gesagt, dass der Einzelne durch positives Handeln und durch Unterlassung von negativen Handlungen wie Töten, Stehlen und so weiter zu höherer Wiedergeburt kommt, und nicht dadurch, dass er dem Buddha einfach tausend Butterlampen opfert. Nicht bloßer Glaube ruft wunderbare Ergebnisse hervor, sondern man muss darauf achten, die richtigen Ursachen für diese zu schaffen. Untersuchen wir ein spezielles Beispiel. Der Buddha hat uns angewiesen, Geduld zu üben, damit wir als schöne Menschen wieder geboren werden. Die Symptome sind augenfällig. Wenn eine Person wütend ist, dann quellen ihre geröteten Augen hervor, und ihr Gesicht ist abstoßend, ob es nun normalerweise hübsch ist oder nicht. Niemand ist gern in der Nähe von jemandem, der wütend ist, wohingegen wir uns zu jemandem, der lächelt, hingezogen fühlen, auch wenn es ein Fremder ist.

Die Grundlage der Lehre des Buddhas ist strikte Beachtung des Gesetzes von Ursache und Wirkung und die Umsetzung der Vier Edlen Wahrheiten. Wer daher Glück, Wohlstand und letztendliche Befreiung ersehnt, muss sich an diese Grundlage halten. Wenn wir positive Ergebnisse wollen, müssen wir uns mit ihren wirklichen Ursachen befassen. Dies lässt sich einfach folgendermaßen veranschaulichen: Wenn wir unsere finanzielle Lage verbessern wollen, wäre es töricht, uns an unser Kapital zu klammern und es säuberlich unter Verschluss zu halten. Es wird sich nicht von allein vermehren; wir müssen es investieren. Das heißt, dass wir uns zuerst von unserem Geld trennen müssen. Wir können daher die Logik des Buddhas verstehen, wenn er sagt, dass es wichtig ist, Freigebigkeit zu üben, wenn wir in künftigen Leben wohlhabend werden wollen. Aus Beispielen wie diesem können wir schließen, dass wir den Worten des Buddhas trauen können. Was er aus eigener Erfahrung und Kenntnis lehrte, ist für jeden von uns bedeutsam und nützlich.

Kapitel 2

Quelle und Eigenschaften der Unterweisung

Was der Buddha gelehrt hat, um unser Leben sinnvoll und glücklich zu gestalten, ist wunderbar.

Wir alle wünschen uns im Grunde das Gleiche: Dass wir glücklich sind und es uns nicht schlecht ergeht. Aber wie die Menschen jeweils vorgehen, um diese Ziele zu verwirklichen, kann sehr unterschiedlich sein. Das hängt größtenteils von der Denkweise des Einzelnen ab. Und diese hängt wiederum von der Unterweisung ab, die er oder sie erhalten hat, sowie von dem kulturellen Erfahrungshintergrund der betreffenden Person.

Die Unterweisungen des Buddhas erörtern viele Methoden, mittels derer man Mitgefühl, Geduld, ein Verständnis der Wirklichkeit und so weiter erzeugt. Sie enthalten viele eindrucksvolle Argumente, die uns dabei helfen können, negative Zustände wie Feindseligkeit und Gewalttätigkeit abzubauen. Das kulturelle Erbe Tibets wurde durch die Unterweisungen des Buddhas außerordentlich bereichert. Infolgedessen besitzt unsere Bevölkerung große innere Ruhe. Mit dem Einmarsch der Chinesen in Tibet wurden viele Tibeter zu Flüchtlingen. Selbstverständlich steckt das Leben eines Flüchtlings voller Schwierigkeiten. Ich habe Flüchtlinge aus anderen Teilen der Welt kennengelernt und festgestellt, dass ihre Einstellung sich von jener der Tibeter doch sehr unterscheidet. Sie werden von Angst und Sorgen gepeinigt - im Gegensatz zu manchen Tibetern, die mir erzählt haben, dass sie sogar während ihres Aufenthalts im chinesischen Gefängnis imstande waren, ihre spirituelle Praxis auszuüben, und dass die dort verbrachte Zeit friedvoll und fruchtbar war.

Es ist unbedingt erforderlich, dass wir die Lehre des Buddhas bewahren und fördern, die als Quelle des Friedens auf der Welt allen empfindenden Wesen nützt. Dafür sollte sich zwar jeder Buddhist interessieren, aber die ordinierten Mönche und Nonnen tragen eine besondere Verantwortung. Um gleich bei mir anzufangen: Wir Ordensleute müssen uns ganz gewissenhaft der monastischen Disziplin entsprechend verhalten. Die Gelübde der Ordination sollte man nicht leicht nehmen. Jeder, der sie in Erwägung zieht, sollte zuvor gründlich nachdenken und ein starkes Gefühl der Entsagung haben.

Wenn man Mönch oder Nonne wird, heißt das nicht, dass man damit ein unbeschwertes Leben im Luxus beginnt. Im Gegenteil - ein Anwärter für die Ordination sollte sich den Buddha zum Vorbild nehmen, der auf seiner spirituellen Suche viele Härten erduldete. Manche Menschen haben möglicherweise den Eindruck, es reiche völlig aus, lediglich bestimmte rituelle Geräte in Händen zu halten, um spirituelle Einsicht zu gewinnen. Sie sind sich offensichtlich des Opfers und der Mühe nicht bewusst, die mit dem Gewinnen wirklicher Einsicht verbunden sind.

Was im Buddhismus wirklich zählt, ist Qualität, nicht Quantität. Der Dharma wird nicht gewaltsam bewahrt oder verbreitet. In dieser Hinsicht macht also eine größere oder kleinere Anzahl von Mönchen und Nonnen keinen großen Unterschied. Wenn die Ordinierten jedoch aufsässig sind und sich ungehörig benehmen, dann schadet das dem Dharma. Daher bestehe ich auf Qualität und habe oft erklärt, dass es nichts nützt, bloß viele Mönche und Nonnen zu haben. Manche Leute protestieren dagegen, aber ich habe gute Gründe für das, was ich da sage. Der wahre Wert des Dharma kann an zehn tüchtigen Praktizierenden offenbar werden. Selbst ein einziger hoch qualifizierter Praktizierender kann die Vorzüge des Buddhismus erstrahlen lassen.

Es ist ein großes Verdienst, die Ordination als Mönch oder Nonne zu nehmen, sofern wir dies auf angemessene Art und mit der richtigen Motivation tun. Daher sollten wir, ehe wir uns dazu entscheiden, unser Vorhaben prüfen und bekräftigen. Wir sollten uns bewusst sein, welchen Nutzen und welchen Zweck unser Tun hat. Die Veränderung sollte mit der geistigen Umwandlung einsetzen. Eine rein physische Veränderung erfüllt den Zweck nicht ganz. Wer sich nicht bindend zur geistigen Umwandlung verpflichtet fühlt und sich ungehörig benimmt, gibt ein schlechtes Beispiel und bewirkt, dass das Vertrauen der Menschen abnimmt. Wenn ich also über Qualität rede, dann geht es mir dabei um Menschen, die ein echtes Verständnis des Dharma gewinnen und jene Unterweisungen in ihrem Lebensalltag in die Tat umsetzen.

Heutzutage gibt es ziemlich viel religiöse Freiheit in Tibet. Die Menschen dürfen Mönche und Nonnen werden und einige der von den Chinesen zerstörten Klöster wieder aufbauen. Einige Tibeter, die vor Kurzem Tibet besuchten, haben mir berichtet, dass die Mönche und Nonnen dort keine richtige religiöse Ausbildung haben und sich praktisch auf die Durchführung des Rituals beschränken. Andere hatten den Eindruck, dass die Gesinnung der Mönche und Nonnen in Tibet wahrhaft religiös ist und sie sich der Ausübung der spirituellen Praxis verschrieben haben. Die Wiederherstellung des geheiligten Buddha-Dharma[18] muss mit äußerster Sorgfalt und Aufmerksamkeit erfolgen.

Der Text, aus dem ich zitiere, *Die Strahlen der Sonne*, beginnt mit folgenden Versen:

> Aus der Quelle der Liebe und des Mitgefühls
> herkommend,
> läuft das Schiff des Erleuchtungsgeistes gut vom
> Stapel.
> Über ihm blähen sich die großen Segel der sechs
> Vollkommenheiten und der vier Arten, Schüler
> in Scharen zu sammeln,
> getrieben vom Wind begeisterten Bemühens, der
> niemals nachlässt.
> Es trägt die verkörperten Wesen vollkommen über
> den Ozean des Existenzkreislaufs
> und bringt sie auf der wunscherfüllenden
> Juweleninsel der Allwissenheit an Land.
> Ich werfe mich nieder und verbeuge mich zu
> Füßen der Führer der spirituellen Linie -
> vor dem Überwinder[19], unserem obersten
> Steuermann, dem Mächtigen [Buddha];
> Maitreya[20] und [seinen Anhängern] Asanga,
> Vasubandhu und Vidyakokila;
> Manjushri[21] und [seinen Anhängern] Nagarjuna
> und Shantideva, dem Heiligen von höchster
> Weisheit;

dem Meister der Goldenen Insel [Sumatra] und
[seinem Schüler] dem edlen Atisha;
vor [seinem tibetischen Schüler] Drom-tön-pa
und seinen drei spirituellen Brüdern [Po-to-wa,
Phu-chung-wa und Chen-nga-wa].

In diesen Zeilen wird zuerst dem Buddha Shakyamuni als dem obersten Steuermann gehuldigt: Er entwickelte den vollkommenen Pfad, der auf seiner eigenen Erfahrung des Erleuchtungsgeistes und der sechs Vollkommenheiten (Freigebigkeit, Disziplin, Geduld, Bemühung, Konzentration und Weisheit) gründete. Die Überlieferungslinie der weitreichenden altruistischen Aktivitäten verläuft von Maitreya über Asanga zu Vasubandhu bis hin zu dessen Anhängern. Die Überlieferungslinie tiefgründiger Einsicht verläuft über Manjushri zu Nagarjuna und dann zu Shantideva. Der große indische Meister Atisha verband diese beiden Überlieferungsströme miteinander, und die Linie, die als »Segnungen der Praxis« bekannt ist, wurde von ihm an Dromtön-pa und die späteren Schüler der Kadampa-Überlieferung weitergegeben - die tibetischen Dharma-Praktizierenden aus dem 12. und 13. Jahrhundert, die sich Atisha anschlossen und für die Reinheit und Schlichtheit ihrer Praxis bekannt sind. Der Autor bezeugt ihnen allen seine Hochachtung.

Ich werfe mich nieder zu Füßen von Manjushris
großer Emanation Tsong-kha-pa, dem zweiten
Bezwinger dieser Zeiten des Niedergangs,
der die einzelnen spirituellen Pfade dieser
großen Wegbereiter
so überaus klar und schlüssig darstellte.

Der Autor war ein direkter Schüler des großen Tsong-kha-pa, dem er besonders huldigt, indem er einige seiner herausragenden Qualitäten aufzählt. Tsong-kha-pa wird als einer der größten heiligen Gelehrten Tibets verehrt. Seine Kenntnis der Sutras wie auch der Tantras[22] war unermesslich. Die umfangreiche Sammlung seiner Schriften bezeugt seine anerkannt hohe Gelehrsamkeit; er schrieb insgesamt achtzehn Bücher. Beim Verfassen seiner Traktate studierte er gründlich zahlreiche klassische indische Texte und stellte erschöpfende Nachforschungen an, um ihren authentischen Sinn zu ermitteln. Wenn wir seine Werke studieren, lernen wir seine gelehrte Scharfsinnigkeit und Genauigkeit wirklich zu schätzen. Er zeichnete sich insbesondere dadurch aus, dass er die schwierigeren und subtileren Aspekte der Philosophie erörterte, was unter den großen Gelehrten in Tibet eine Seltenheit war. Bu-tön, ein namhafter Gelehrter der vorherigen Generation, schrieb ausgesprochen viel, genau genommen mehr als Tsong-kha-pa, aber er behandelte philosophische Aspekte nicht so gründlich. Aus diesem Grund kursiert unter den Gelehrten von Amdo in Nordosttibet die Redensart: »Wenn du Belege brauchst, dann schlag bei Bu-tön nach, aber wenn du philosophische Zweifel hast, dann schlag bei Tsong-kha-pa nach.«

Wenn wir die Werke verschiedener Verfasser studieren, bekommen wir ein gewisses Gespür für deren Charakter. Manche setzen sich ausführlich mit Einzelheiten auseinander, sind aber nicht sehr klar und genau, wenn es ans Offenlegen theoretischer Standpunkte geht. Andere sind prägnanter und eindeutiger, wenn es um Theorien und philosophische Grundannahmen geht. Autoren enthüllen ihren eigenen Charakter in ihrer Schreibweise. Mit diesem ist es ähnlich wie mit dem menschlichen Gesicht. Zwar hat jeder gleich viele Hauptmerkmale in dem kleinen Gesichtsbereich - zwei Augen, eine Nase und so weiter -, und doch sind keine zwei Gesichter identisch. Es gibt so viele verschiedene Gesichter, wie es Menschen gibt.

> Überragend unter diesen wundervollen Lehren
> sind die Mittel zur Aktivierung des
> Erleuchtungsgeistes.
> Ich werde die makellose Unterweisung
> des Meisters mit größter Sorgfalt darlegen.
> Wer das Glück hat, dem Weg
> des Großen Fahrzeugs zu folgen,
> sollte ganz bei der Sache sein, damit er alles
> getreulich erfassen kann.

Es gibt den schönen Brauch, wonach Autoren am Anfang ihres Werks auf ihre Verpflichtung hinweisen, dieses zu verfassen. Das dient ihnen als Ansporn, ihr Vorhaben auch auszuführen. Unser Verfasser sagt hier, dass er den Text gemäß den Unterweisungen seines Meisters abfassen will. Von Tsong-kha-pa gibt es keine Schrift, die sich ausschließlich mit Unterweisungen zur Geistesschulung befasst. Sein Schüler Nam-kha Pel schrieb diesen Text als Ergänzung zu Tsong-khapas Werken.

Diese Geistesschulung bezeichnet man als ins Ohr geflüsterte Übertragung[23], weil ihre Lehren mündlich vom Lehrer an den Schüler weitergegeben werden. Zunächst gibt sie einen historischen Abriss der Überlieferung und erörtert dann die Bedeutung des gegenwärtigen Textes. Um die große Bedeutung dieser Unterweisung darzutun, zitiert der historische Bericht die Verse der »Geistesschulung in sieben Punkten« von Geshe Che-ka-wa, die ich im vorliegenden Buch erläutere.

> Die Essenz dieses Nektars geheimer Unterweisung
> ist von dem Meister aus Sumatra auf uns
> übertragen worden.

Die von Buddha Shakyamuni hinterlassene Sammlung der 84000 Unterweisungen hat ausnahmslos den einen Zweck, unsere irrige Einstellung, die falsche Auffassung von einem Selbst oder Ich, zu beseitigen und unseren Geist darin zu schulen, anderen zu nützen. Sie alle sind dazu da, die Ansammlung von 84000 störenden Emotionen zu beseitigen - und ebenso Geburt, Krankheit, Alter, Tod sowie die anderen von ihnen hervorgerufenen Leiden. Solche Unterweisungen setzt man bildlich mit Nektar gleich. Der Sanskrit-Ausdruck für Nektar bedeutet »das, was Unsterblichkeit gewährt«. Ein geschickter Arzt, der solchen Nektar richtig zu verabreichen versteht, kann einen Patienten von Krankheit und sogar vom Tod erlösen. Entsprechend können wir, indem wir solche Unterweisungen wie die vorliegenden befolgen, von solchen Problemen wie Tod, Alter und so weiter befreit werden.

Die Praxis des Erleuchtungsgeistes ist genau wie so ein Elixier. Praktizieren wir in der Tradition jener, die ganz auf persönliche Befreiung abzielen, so können wir natürlich Freiheit von Tod, Alter, Geburt, Krankheit und sogar dem Existenzkreislauf erlangen. Aber einzig und allein durch das Entwickeln des Erleuchtungsgeistes, ergänzt durch andere Übungsformen, werden wir fähig sein, zum Zustand der Buddhaschaft zu erwachen. Daher ist diese Übung der Geistesschulung, die ein Mittel ist, den Erleuchtungsgeist zu entwickeln, tatsächlich die grundlegende Praxis. Diese Unterweisung wird die Essenz des Nektars genannt: Denn indem man sie befolgt, kann man den Zustand der Unsterblichkeit erreichen, der die eigentliche Befreiung ist. Zwei Methoden werden in den Unterweisungen des Buddhas erläutert: die Methode, die zu persönlicher Befreiung führt, und die Methode, die zum voll erwachten Zustand eines Buddhas führt. Der große Lehrer aus Sumatra namens Ser-ling-pa[24] war Halter all dieser Überlieferungen. Atisha (982–1054 üblicher Zeitrechnung) erhielt seine Schulung im Erleuchtungsgeist vornehmlich von Ser-ling-pa.

Atisha, der große indische Meister, hatte zahllose Schüler in Indien, Kaschmir, Nepal und Tibet, aber der größte unter diesen war Drom-tön-pa (1005–1064), der eigentliche Halter von Atishas Überlieferungslinie. Er war ein großer Praktizierender, dem jeder gewöhnliche Mensch anmerken konnte, dass er den Erleuchtungsgeist verwirklicht hatte. Seiner Güte und harten Arbeit ist es zu verdanken, dass die Kadampa-Überlieferung[25] in Tibet entstand. Drom-tön-pa wiederum hatte viele hervorragende Schüler, aber den engsten Kreis bildeten drei: Po-to-wa, Chen-nga-wa und Pu-chung-wa; man kennt sie als die drei Kadampa-Brüder. Der vorzüglichste unter ihnen war der große spirituelle Meister Po-to-wa (1031–1106), der die Überlieferungslinie der Geistesschulung fortführte. Po-to-wa verstand es ausgezeichnet, die buddhistische Lehre darzulegen, und in seiner Praxis konzentrierte er sich vor allem darauf, die Übungen aus den sechs Haupttexten der Kadampas vollständig in die Tat umzusetzen. Po-to-was wichtigste Übung bestand im Entwickeln des Erleuchtungsgeistes. Er hatte über 2000 Schüler aus allen Regionen Tibets, die fest entschlossen waren, Befreiung zu erlangen. Zwei aus Zentraltibet verglich man mit der Sonne und dem Mond: den großen Lang-ri Tang-pa Dorje Seng-ge (1054–1123) und Sha-ra-wa Yön-den Drak (1070–1141). Sha-ra-wa beherrschte die vollständige Unterweisung und übermittelte seine Überlieferungslinie an mehr als 2800 Mönche. Von seinen vier wichtigsten Schülern, die dafür verantwortlich waren, diese Überlieferung weiterzugeben, trug Che-ka-wa die Verantwortung für die Lehren über Geistesschulung und das Entwickeln des Erleuchtungsgeistes.

Che-ka-wa hörte einst die »Acht Strophen zur Schulung des Geistes« von Lang-ri Tang-pa; daraufhin entwickelte er starkes Interesse an dieser Lehre. Auf der Suche nach weiteren Unterweisungen zur Geistesschulung begab er sich nach Lhasa. Einige seiner klugen Freunde sagten ihm, da ein spiritueller Meister der Tradition des Großen Fahrzeugs Wertschätzung verdienen sollte, solle er entweder den großen Sha-ra-wa oder Ja-yul-wa ausfindig machen. Demgemäß begab er sich zu Sha-ra-wa, der sich im Hause Sho in Lhasa aufhielt. Als Che-ka-wa eintraf, gab Sha-ra-wa gerade eine Unterweisung über die unterschiedlichen Entwicklungsstufen jener, die Befreiung erstreben. Zunächst war Che-ka-wa nicht sonderlich beeindruckt, weil er nicht fand, wonach er suchte. Die zur Geistesschulung gehörende Übung, in der man sich mit anderen vertauscht, um eine altruistische Haltung zu entwickeln, wurde nicht einmal erwähnt. Hinterher war er verwirrt und begann sich zu fragen, ob eine solche Übung der Geistesschulung noch existiere und ob dieser Meister die Überlieferungslinie innehabe.

Tags darauf, während die Mönche ihre Almosenrunde machten, traf Che-ka-wa auf den Meister, wie er gerade einen

Stupa[26] umrundete. Augenblicklich breitete er eine Matte aus, bat ihn höflich, sich zu setzen, und sagte: »Ich würde gern mit Euch über einige Dinge sprechen, die mir nicht klar sind.«

Sha-ra-wa erwiderte: »Ihr seid doch selbst ein großer Lehrer, was ist Euch denn noch unklar? Ich habe alles sehr klar erläutert, als ich auf dem Ordensthron saß.« Da rezitierte Che-ka-wa die »Acht Strophen zur Schulung des Geistes« und sagte: »Es gibt hier Übungen, die von Nutzen sind, wenn ich aufgrund meines ungezähmten Geistes hin und wieder mit Schwierigkeiten zu tun habe, beispielsweise keinen Platz finde, wo ich bleiben kann, oder von anderen drangsaliert werde. Wende ich diese Geistesschulung an, bei der ich anderen Menschen den Vorteil überlasse und den Misserfolg oder Schaden auf mich nehme, dann finde ich sie sehr nützlich. Hie und da fällt es natürlich äußerst schwer, so eine Geistesschulung in die Tat umzusetzen; darum würde ich Euch gern Folgendes fragen: Ist die Geistesschulung zum Praktizieren geeignet, und kann sie zu einer Ursache für das Erwachen zur Buddhaschaft werden?«

Da sagte Geshe Sha-ra-wa, der eben jetzt an den Perlen seiner Gebetskette drehte: »Am Nutzen, den das Ausüben der Geistesschulung bringt, besteht kein Zweifel. Ob es sich freilich für Euch eignet, ist eine andere Angelegenheit. Wenn Ihr Buddhaschaft nicht anstrebt - nun, das ist eine Sache für sich; aber wenn Ihr wirklich Erleuchtung erlangen wollt, dann ist dieses Üben der Geistesschulung unbedingt erforderlich.«

Seine eigentliche Antwort war also: »Ob es dir passt oder nicht, wenn du wirklich Buddhaschaft anstrebst, dann geht das nur mithilfe der Geistesschulung.« Che-ka-wa dachte angesichts dieser unumwundenen Antwort Sha-ra-was, dass dieser große persönliche Erfahrung darin haben müsse. Als Nächstes fragte er: »Da diese Anleitung zur Geistesschulung eine authentische Unterweisung ist, sollte es dafür schriftliche Belege geben. Könnt Ihr mir die Quelle nennen?«

Sha-ra-wa erwiderte: »Wer wäre wohl nicht der Ansicht, dass sie aus dem Werk des erhabenen Nagarjuna stammt? Die authentische Quelle dieser Unterweisung findet man in seinem *Kostbaren Kranz*[27], wo es heißt: ›Mögen ihre unheilvollen Taten Früchte tragen für mich. Möge all mein heilsames Handeln Früchte tragen für andere.‹«

Che-ka-wa entgegnete: »Mir gefällt diese Unterweisung. Bitte, erteilt sie mir.«

Sha-ra-wa gab zu bedenken: »Das Üben dieser Unterweisung erfordert über einen langen Zeitraum hinweg ständige Bemühung; aber wenn Ihr bereit seid, Euch derart zu bemühen, dann könnt Ihr diese Unterweisungen von mir erhalten.«

Hierauf wollte Che-ka-wa wissen: »Wenn diese Praxis für das Erwachen zur Buddhaschaft unerlässlich ist - weshalb habt Ihr dann zuvor, als Ihr lehrtet, nicht darauf verwiesen? Weshalb habt Ihr da die Geistesschulung mit keinem Wort erwähnt?«

Sha-ra-wa entgegnete: »Was hat es für einen Zweck, eine bedeutende Unterweisung wie die Geistesschulung zu geben, wenn keiner sie wirklich praktizieren will?«

Ich denke, wir müssen diesem alten Brauch, nicht unterschiedslos alle und jeden den Dharma zu lehren, mehr Beachtung und Respekt zollen. In der Vergangenheit unterwiesen Lehrer nicht jeden Beliebigen, der zu ihnen kam, noch gaben sie jede beliebige Unterweisung, um die man sie bat. Sie suchten sicherzustellen, dass geeignete Schüler die für sie geeigneten Unterweisungen erhielten. Dementsprechend wurden nur ernstlich engagierte und spirituell ausgerichtete Schüler am Dharma beteiligt, und infolgedessen war ihre Praxis sehr erfolgreich. Für die Unterweisung im Tantra gab es strikte Beschränkungen, und nur den fähigsten und hingebungsvollsten Schülern wurde erlaubt, sie zu erhalten. In letzter Zeit hat man derartige Einschränkungen fallen lassen, und auch das Tantra ist zum Gegenstand allgemein zugänglicher öffentlicher Unterweisungen geworden.

Nachdem er sich dreimal niedergeworfen hatte, ging Che-ka-wa in seine Unterkunft zurück; dort schlug er eine Abschrift von Nagarjunas *Kostbarer Kranz* auf und fand die Stelle, die Sha-ra-wa rezitiert hatte. Daraufhin verwarf er alle negativen Erwägungen und verbrachte über zwei Jahre in dem Anwesen namens Sho, in denen er diese Unterweisungen über die Geistesschulung in die Tat umsetzte. Dann verbrachte er sechs Jahre an einem Ort namens Gye-gong und weitere vier an einem Ort namens Shar-wa. Che-ka-wa arbeitete unter Anleitung seines Lehrers insgesamt vierzehn Jahre daran, den Erleuchtungsgeist zu entwickeln. Che-ka-wa erreichte vollkommene Verwirklichung des Erleuchtungsgeistes, indem er das Hauptgewicht auf das Vertauschen der eigenen Person mit anderen legte. Später sagte er: »Alle Opfer, die ich gebracht und die Härten, die ich durchgemacht habe, tragen jetzt Früchte.«

Für solche hervorragenden Wesen wie ihn war spirituelles Wissen nicht auf bloßes intellektuelles Verstehen beschränkt. Sie waren mehr um spirituelle Verwirklichung bemüht als um irgendetwas sonst. Lehrer und Schüler standen überhaupt nicht so unter Druck, wie man es heutzutage kennt. Deshalb arbeiteten sie nach einer Methode, die man als empirisch, auf Erfahrung beruhend, bezeichnen könnte. Bei diesem Prozess pflegten Schüler sich gemäß der Erfahrung weiterzuentwickeln, die sie mit dem gemacht hatten, worin sie bereits unterwiesen worden waren. Man lehrte einen Text nicht durchgehend vom Anfang bis zum Ende, sondern nach und nach, stufenweise. Man lehrte Studenten den nächsten Passus erst, wenn sie aus dem vorhergehenden Abschnitt genügend Gewissheit und Erfahrung gewonnen hatten.

Die Kagyü-Schule[28] lehrt Mahamudra, das Große Siegel[29], noch immer auf diese Art. Dzogchen, die Große Vollendung[30], wird ebenfalls auf diese Weise gelehrt. Aber im Großen und Ganzen sind die Menschen heutzutage derart in Eile, dass es allgemein gebräuchlich ist, die gesamte Darstellung der Stufen des Pfades zur Erleuchtung in sehr kurzer Zeit zu lehren. Diese Lehrmethode ist an sich nicht so wirkungsvoll, und die Schüler sind nicht mit dem gleichen Maß an Aufmerksamkeit und Respekt bei der Sache. Sie hören sich einfach die Unterweisungen an, als wären sie eine Art Geschichte.

Von allen klassischen indischen Traktaten ist Shantidevas *Eintritt in das Leben zur Erleuchtung*[31] der maßgeblichste, wenn es um die Unterweisung zur Geistesschulung geht, die das Gleichstellen und Vertauschen der eigenen Person mit den anderen zum Thema hat. Unser Autor hier hat sich von diesem Text inspirieren lassen und ihn seiner eigenen Schrift zugrunde gelegt. Mit der Aussage »Ich werde die Unterweisung gemäß der Überlieferungslinie Tsong-kha-pas darstellen« enden seine Ausführungen über die Quelle und die großen Vorzüge dieser Unterweisung. Im Text heißt es nun:

Ihr solltet die Bedeutung dieser Unterweisung
genauso hoch schätzen
wie einen Diamanten, die Sonne und einen
heilkräftigen Baum.
Dieses Zeitalter des fünffachen Niedergangs[32] wird
dann umgewandelt werden
in den Pfad zum voll erwachten Zustand.

Ein kostbarer Diamant beseitigt die Armut und erfüllt all unsere Wünsche; selbst ein Diamantsplitter gilt als erlesenes Schmuckstück, das noch die vorzüglichsten goldenen Kleinodien übertrifft. Ähnlich verhält es sich mit der Praxis, in der man den Erleuchtungsgeist entwickelt: Auch wenn wir sie nur teilweise durchführen, uns also in unserem Handeln etwa vom Mitgefühl leiten lassen oder Toleranz üben, wird sie noch immer alle anderen Übungsformen überstrahlen. Selbst das Ausüben eines einzigen derartigen Praxismoments wird im Übenden eine besondere Wirkung hervorrufen.

Ein Bodhisattva, also jemand, der für den Erleuchtungsgeist eintritt, mag im Ausüben von Weisheit und im Realisieren von Leerheit nicht aktiv tätig sein, aber aufgrund seiner oder ihrer Verwirklichung des Erleuchtungsgeistes wird die betreffende Person jene überstrahlen, die sich nur auf persönliche Befreiung eingelassen haben, und wird nach wie vor zu Recht als Bodhisattva bezeichnet. Er oder sie wird zum Wohl anderer empfindender Wesen wirken können. Selbst wenn wir bloß das Streben nach dem Erleuchtungsgeist entwickeln und ihn nicht unmittelbar in die Tat umsetzen können, wird dies noch immer andere Praxisformen übertreffen, etwa die von Wesen, die nur nach persönlicher Befreiung trachten. Durch derartige

Übungen werden wir den Jammer des Existenzkreislaufs beseitigen können.

Der Erleuchtungsgeist wird auch mit der Sonne verglichen, weil nach dem Aufgang der Sonne nicht nur die Dunkelheit außerstande ist, sie zu verfinstern, sondern sogar ein einziger Sonnenstrahl die Dunkelheit zerstreuen kann. Auch wenn wir also lediglich eine teilweise Verwirklichung erreichen können, indem wir dieser Unterweisung zuhören, wird es uns möglich sein, der egozentrischen Einstellung ein Ende zu machen, die durch die falsche Auffassung von einem Selbst oder Ich herbeigeführt wird.

Es ist wichtig, genau zu untersuchen, ob unsere egozentrische Einstellung aus der irrigen Vorstellung von einem Selbst oder Ich hervorgeht. Meistens trifft zu: Je mächtiger unser Irrtum ist, desto hartnäckiger ist unsere Ichbezogenheit. Für Durchschnittsmenschen wie uns sind beiderlei Einstellungen fast untrennbar, und sie verstärken sich gegenseitig. Manche Wesen haben die Unwissenheit, die falsche Auffassung von einem Selbst oder Ich, gründlich beseitigt, sind aber in der Arbeit zum Wohl anderer nicht so beherzt wie Bodhisattvas. Obwohl ihre Realisierung von Leerheit ihre Unwissenheit zerstreut hat, vermag diese Realisierung die egozentrische Einstellung dieser Wesen nicht aufzulösen, da ihnen der Mut und die Bereitschaft fehlen, sich für das Wohl anderer zu opfern. Umgekehrt können Bodhisattvas, die die Leerheit noch nicht realisiert haben, die Herrschaft der ichbezogenen Einstellung schwächen, weil sie, dank der Kraft ihres Erleuchtungsgeistes, den Mut entwickelt haben, sich für das Wohl anderer zu opfern.

Als Buddha Shakyamuni tatsächlich auf dieser Welt erschien, sprach man bereits vom Zeitalter des Niedergangs.

Heute sind die Zeiten noch mehr im Niedergang begriffen. Empfindende Wesen sind in störenden Emotionen befangen und lassen sich ständig auf negative Aktivitäten ein. Es passt ihnen nicht, irgendjemandem Vortrefflichkeit zugestehen zu müssen außer sich selbst, und wenn sie sehen, dass jemand Erfolg hat, dann sind sie eifersüchtig, und ihr Herz ist unruhig. Sie gehen darauf aus, andere empfindende Wesen mit Taten, Worten und Gedanken zu verletzen.

In Zeiten wie diesen können selbst die mächtigen Bewahrer des Buddhismus, die Dharma-Schützer[33], jene mächtigen himmlischen Wesen, die verpflichtet sind, die Lehren des Buddhas zu schützen, nichts mehr ausrichten und ziehen in andere Bereiche fort. Mittlerweile nehmen negative Geister überhand und werden stärker. Infolgedessen sehen wir uns vielen bedrohlichen Erfahrungen gegenüber, besonders diejenigen von uns, die beteuern, sich auf die Lehren des Buddhas eingelassen zu haben, sich aber ständig in negativen Handlungen ergehen.

Wenn wir in so einem Zeitalter des Niedergangs weiterhin die Unterweisung praktizieren wollen, dann gibt es keine andere Möglichkeit, als uns in einer Praxis wie der der Geistesschulung zu betätigen, um unseren Geist wirklich umzuwandeln.

Diese Unterweisungen zur Geistesschulung sind eine gewaltige Quelle der Inspiration. Die Unterweisungen darüber, wie man widrige Umstände in vorteilhafte umwandelt, sind einzigartig und wirkungsvoll. Das menschliche Glück wird vor allem durch unsere Denkweise bestimmt. Wir Tibeter zum Beispiel haben unsere Heimat verloren und wurden Flüchtlinge. Die Zerstörung, Qual und Erniedrigung, die das Leben unter den Chinesen mit sich bringt, sind unbeschreiblich. Was mich betrifft, so habe ich den größten Teil meines Lebens im

Exil verbracht. Aufgrund meiner karmischen Verbindung mit dem tibetischen Volk hat dieses ein tiefes Vertrauen zu mir, während ich meinerseits versuche, ihm nützlich zu sein. Aber die gegenwärtige Lage ist sehr unglücklich. Ich kann meinem Volk nicht direkt helfen.

Anfangs, als wir Tibeter das Exil antraten, waren der Himmel und die Erde die einzigen uns vertrauten Dinge. Unsere Probleme waren enorm. Wir litten unter akuten finanziellen Schwierigkeiten, und wir hatten nicht genügend Leute, die einen zeitgemäßen Bildungsstand besaßen. Und als ob diese Härten nicht schon ausreichten, befanden wir uns im Konflikt mit der Volksrepublik China - einer riesigen Macht. Deswegen sage ich manchmal im Spaß: Wenn der Dalai Lama nicht ein gewisses Verständnis des Dharma hätte, auf das er zurückgreifen kann, dann würde er inzwischen Schlaftabletten nehmen. Aber ich komme ganz gut ohne sie aus. Obwohl ich über keinerlei spirituelle Realisation verfüge, hilft ein gewisses Verständnis der Lehren in Phasen der Hoffnungslosigkeit sehr.

Vom Buddha wissen wir: Solange wir der Vorstellung von einer wahrhaft eigenständigen Existenz nachhängen und solange wir von Ichbezogenheit beherrscht werden, können wir keinen Frieden oder Glückszustand haben. Diese grundlegenden Unterweisungen helfen einem, sich zu entspannen, wenn Dinge schiefgehen, und geben uns das Rüstzeug, schwere Zeiten durchzustehen. Die Unterdrückung und Verfolgung, welche die Tibeter unter chinesischer Herrschaft erlitten und weiterhin erleiden, ist eine der größten menschlichen Tragödien. Aber diesbezüglich einfach nur negative Gefühle zu hegen ist nicht konstruktiv, und den Mut zu verlieren hilft uns nicht,

Probleme zu lösen. Darum sollten wir im Licht der Lehren des Buddhas Mut fassen.

Der Buddha hat gelehrt, dass alle empfindenden Wesen irgendwann einmal während unserer vergangenen Leben gütig zu uns waren. Selbst unsere Widersacher verhelfen uns zur besten Schulung in Geduld. Wenn wir über diese heiligen Unterweisungen nachdenken, sollten wir den Chinesen gewissermaßen dankbar sein. Lebten wir noch immer in demselben alten System, dann wäre es meiner Meinung nach äußerst fraglich, ob der Dalai Lama die weltliche Wirklichkeit so genau hätte kennenlernen können. Ich lebte früher in einer sehr behüteten Umgebung, aber nun, da wir uns im Exil befinden, gilt es nicht als Zeichen der Schande, sich mit der Wirklichkeit auseinanderzusetzen.

In unserem eigenen Land konnten wir so tun, als sei alles in Ordnung, weil es unter einem Deckmantel von Prunk und Zurschaustellung verhüllt war. Ich musste auf einem hohen Thron sitzen und durch meine Haltung vorgeben, der Dalai Lama zu sein. Einige der älteren Amtsträger werden sich daran erinnern, dass in Lhasa unsere Regierungsbeamten mehr um durchorganisierte Zeremonien und ihre prächtigen Gewänder besorgt waren als um das Wohl der Nation. Selbst als das Unheil sich schon am Horizont abzeichnete, glaubten sie noch, es sich leisten zu können, so zu tun, als ob alles gut sei. Es ist durchaus möglich, dass ich engstirnig hätte werden können, aber infolge der chinesischen Bedrohungen und Erniedrigungen bin ich zu einem wirklichen Menschen geworden. So kann man das, was in Tibet geschah, als verkappten Segen ansehen.

Dass wir mit der Außenwelt in Berührung gekommen sind, ist ein weiterer positiver Effekt. Gäbe es die chinesische Invasion nicht, dann wären wir womöglich noch immer in unser altes System vergraben. Das alte Tibet war sehr konservativ, und es bestand kaum irgendein Spielraum für neue Entwicklungen und Reformen. Aber die sich rapide verändernde Welt hat einiges bewirkt. Jetzt zählt man unsere Religion und Kultur zum hochgeschätzten Erbe der Welt. Tibeter wurden nachgerade auf der ganzen Welt bekannt und haben beträchtliche Anerkennung gefunden.

Auch ich habe mit vielen Andersgläubigen gute Beziehungen aufgebaut. Durch Gedankenaustausch habe ich überall auf der Welt viele Freunde gewonnen. Derartige Kontakte geben uns moralische Unterstützung, sodass wir uns nicht mehr allein fühlen. Seitdem ich den Friedensnobelpreis erhielt, bin ich in den Augen der Menschen ein Förderer oder Verfechter des Weltfriedens. Das ist mir zuweilen peinlich; ich habe nichts für den Weltfrieden getan. Ich versuche, Mitgefühl zu entwickeln, und meditiere über das Gleichstellen und Vertauschen der eigenen Person mit den anderen. Diese Übungen dienen meiner spirituellen Entwicklung. Das Nachdenken und Meditieren über Gewaltlosigkeit ist ebenfalls Teil meiner spirituellen Praxis. Was habe ich also für den Weltfrieden getan? Ich erhielt den Titel Nobelpreisträger und etwas Geld, ohne das Geringste dafür tun zu müssen.

Eines ist freilich sicher: Diese Lehren zur Geistesschulung haben mir sehr genützt. Wenn ich mit unterschiedlichen Menschen zusammentreffe und Ideen austausche, wird mein Verständnis für sie immer augenfälliger. Die Übung, ein gütiges Herz und eine altruistische Einstellung zu entwickeln, ist überaus inspirierend und hilft uns, in Phasen der Hoffnungslosigkeit Entspannung zu finden und unsere Perspektive zu erweitern. Wir müssen die Lehren zur Geistesschulung von dieser Seite sehen. Die Anleitung, Widrigkeiten in eine günstige Lage umzuwandeln, ist überaus wertvoll.

In diesem Zeitalter des Niedergangs können empfindende Wesen ihr eigenes Leid nicht tragen und triumphieren, wenn es ihren Feinden schlecht ergeht. Setzt man jedoch diese Anleitung, Widrigkeiten in günstige Voraussetzungen für das Erlangen von Erleuchtung umzuwandeln, in die Tat um, so wird dies sehr wirkungsvoll und erfolgreich sein. In unserer modernen Welt gibt es großes materielles Wachstum und weitreichende intellektuelle Leistungen, aber die Angst ist geblieben. Allgemein ist es so: Wenn wir mit widrigen Umständen konfrontiert werden, geraten wir deswegen in Wut, unsere Urteilskraft versagt, und wir werden entmutigt und deprimiert. Aber für einen Übenden der Geistesschulung stellen diese widrigen Umstände günstige Voraussetzungen bereit - genauso kann ja auch Gift manchmal in etwas Heilsames wie Medizin umgewandelt werden. Wenn man ebendie Umstände, die bei durchschnittlichen Individuen störende Emotionen hervorrufen, in günstige Voraussetzungen umwandeln kann, ist das wirklich fabelhaft. Ein Übender, der das kann, gilt als eine Person mit großer Intelligenz, als eine Person mit großer Auffassungsgabe.

Obwohl ich nicht von mir behaupte, über hohe Verwirklichung in der Praxis der Geistesschulung zu verfügen, bewundere ich diese Unterweisung doch aufrichtig und vertraue fest auf sie. Wenn ich also Dinge höre, die man gegen mich vorbringt, und wenn ich mit widrigen Umständen konfrontiert werde, versuche ich die skizzierten Unterweisungen anzuwenden. Einen Übenden, der widrige Umstände in günstige Voraussetzungen umwandeln kann, wird nichts beeinträchtigen. Ob die betreffende Person unterwegs ist oder sich an einem bestimmten Ort aufhält, ob sie isst oder irgendetwas anderes tut, er oder sie wird sich ständig bewusst sein, für das Wohl anderer empfindender Wesen zu wirken. In ihrem Innersten ist eine solche Person ruhig und angstfrei. Der Körper wird ein Bereich der Freude, weil keine äußeren Umstände die gleichbleibende Geisteshaltung dieser Person stören können. Der Körper ließe sich auch als konfliktfreie Zone bezeichnen, weil es für diese Person keinen inneren Konflikt gibt und keine äußeren Umstände sie oder ihn aus der Fassung bringen können.

Widrige Umstände können tatsächlich als Antrieb für das Fortschreiten in unserer Praxis dienen. Was hier gelehrt wird, ist eine Methode, die Gewalt der Ichbezogenheit zu verringern und den Wunsch zu steigern, für das Wohl anderer zu sorgen. Sogar in dieser Welt erkennen wir, dass Herzensgüte, eine altruistische Einstellung, die Wurzel zur Sicherung des Friedens auf Erden ist, wohingegen eine schädliche selbstsüchtige Einstellung die Quelle von Konflikt und Elend ist. Ungeachtet der Frage eines Lebens nach dem Tod erbringen also die Unterweisungen zur Geistesschulung schon in dieser Lebenszeit großen Gewinn.

Selbstverständlich sollte eine altruistische Einstellung durch Weisheit verstärkt werden. Diese Vereinigung von Weisheit und Mitgefühl ist sehr wichtig. Für sich allein ist Altruismus nicht sehr wirkungsvoll. Darum wird die altruistische Einstellung, die das Ziel dieser Unterweisung bildet, durch Weisheit verstärkt - und das ist etwas wirklich Wunderbares.

Kapitel 3

Die Meditationssitzung

Der Grund, weshalb wir ein Verständnis des Dharma gewinnen und in die Tat umsetzen müssen, ist sehr einfach: Jeder will sich des Glücks versichern und dem Elend entgehen.

Glück und Elend entstehen in erster Linie aufgrund unserer Denkweise. Selbstverständlich spielen auch äußere Faktoren und materielle Ressourcen eine Rolle. Aber weil der Geist die Quelle von Glück und Leid ist, enthalten die buddhistischen Unterweisungen erschöpfende Mittel und Methoden zur Umwandlung unseres Denkens. Wenn wir unseren Geist darin schulen, rechtschaffen und positiv zu sein, wird unser Verhalten automatisch liebenswürdiger und heilsamer werden.

Viele von uns wissen jedoch aus Erfahrung, dass es keine leichte Aufgabe ist, eine heilsame Geisteshaltung zu entwickeln. Es ist so, wie wenn man einen Felsbrocken den Hang hinaufwälzt oder einen Wagen anschiebt, dem der Treibstoff ausgegangen ist. Negatives hingegen entsteht spontan und mühelos wie Wasser, das bergab fließt. Daraus wird unmissverständlich klar, dass wir uns gezielt darum bemühen müssen, positive Gedanken zu kultivieren und negative zu vermeiden.

In ebendiesem Zusammenhang lehrte der Buddha die Vier Edlen Wahrheiten: die Wahrheit des Leidens, die Wahrheit von der Ursache des Leidens, die Wahrheit von der Beendigung des Leidens und den wahren Pfad zu dieser Beendigung. Da wir ungern leiden, müssen wir über das Leiden nachdenken und darüber, wodurch es entsteht. Sofern es nicht irgendeine Möglichkeit gibt, vollständige Abhilfe und Erlösung vom Leiden und seinen Ursachen zu erreichen, wird das Nachdenken über Leiden wie Kopfweh sein und unsere Probleme nur vermehren. Darum ist es auch so außerordentlich wichtig, dass wir vom wahren Pfad und der wahren Beendigung Kenntnis haben. Dies sind nicht bloß trockene philosophische Gegenstände; sie haben unmittelbaren Einfluss auf das Alltagsleben.

Glück zu erringen und Elend zu überwinden ist so wie jede andere Aufgabe im Leben. Um Erfolg zu haben, müssen wir förderliche Faktoren sammeln und Hindernisse beseitigen. Wenn wir sozialen Rang, Ruhm und Reichtum erringen wollen, müssen wir uns alle Mühe geben, die notwendigen Voraussetzungen zu schaffen. Um reich zu werden, müssen wir gut ausgebildet sein, was wiederum von materiellem Wohlstand abhängt. Die Gesundheit des Geistes hängt von körperlicher Gesundheit ab und umgekehrt. Wie ich bereits erwähnte, hat der Geist Vorrang vor dem Körper, und folglich wird das menschliche Verhalten vom Geist bestimmt. Ist der Geist nicht richtig diszipliniert oder unter Kontrolle, entstehen alle möglichen Probleme.

Die Wurzel des Leidens ist negatives und verblendetes Denken. Wenn Feindseligkeit und Wut aufkommen, bereiten wir uns viel Verdruss und anderen große Aufregung. Daher hat der Buddha uns gelehrt, negative Gedanken von Grund auf zu beseitigen und positive Gedanken und Handlungen hervorzubringen. Damit sind heilsame, vernünftige und nützliche Gedanken und Handlungen gemeint. Wenn die chinesischen

Kommunisten von politischer Indoktrination sprechen, dann heißt das für sie: den Geist der Menschen zu formen. Leider basiert dieses Formen auf der Vorstellung, andere zu besiegen und den Sieg selber an sich zu reißen. Ihre Idee vom Klassenkampf ist dafür ein typisches Beispiel. Im Gegensatz dazu empfahl uns der Buddha, anderen zu helfen, wann immer wir können, und zumindest zu vermeiden, dass wir ihnen schaden. Wir sollten darum unser Augenmerk auf die Nachteile negativer Gedanken und Handlungen richten und darüber nachdenken. Gleichzeitig sollten wir die Vorteile und den Wert förderlicher Gedanken und Handlungen anerkennen. Es ist zweckmäßig, unterschiedliche Mittel und Methoden zu gebrauchen, um die Nachteile von Verblendungen und die Vorteile eines heilsamen Geistes zu bestimmen. Wenn wir von diesen Tatsachen überzeugt sind, beflügelt uns ein starkes Interesse, heilsame Gedanken und Handlungen hervorzubringen. In ähnlicher Weise werden wir einen inneren Drang entwickeln, negative Gedanken und Handlungen aufzugeben.

Die Anschauung von der wechselseitigen Abhängigkeit, gekoppelt mit gewaltlosem Verhalten - darin besteht, zusammengefasst, der Wesenskern der buddhistischen Lehren. Ich möchte, dass wir uns auf diese beiden Grundprinzipien besinnen. Kein Phänomen kann zustande kommen, das unabhängig oder aus sich selbst existiert. Alle Phänomene hängen von anderen Faktoren ab. Die Dinge sind voneinander abhängig. Beispielsweise hängt der Frieden einer Nation von der Einstellung ihrer Nachbarländer und der allgemeinen, weltweiten Sicherheitslage ab. Das Glück einer Familie hängt von ihren Nachbarn und der Gesamtgesellschaft ab.

Buddhisten glauben an die Theorie des abhängigen Entstehens, nicht an einen allmächtigen Schöpfer oder an Entstehung ohne jegliche Ursache.

Wenn die Menschen elementare ethische Grundregeln außer Acht lassen und mit einer selbstsüchtigen Einstellung handeln, dann hat das unerfreuliche Folgen. Wenn man denkt, dass unsere Nächsten nichts mit unserem eigenen Glück zu tun haben, dann behandelt man sie schlecht. Man drangsaliert einige von ihnen und schüchtert andere ein und flucht über sie. Kann man in solch einer mitmenschlichen Umgebung eine friedvolle und harmonische Atmosphäre erwarten? Die Antwort ist ein klares Nein. Wenn man sich mit üblen Gedanken trägt, etwa solchen der Feindseligkeit und des Hasses, dann ist das Herz freudlos, und man geht anderen auf die Nerven. Wenn wir hingegen Güte, Geduld und Verstehen entfalten, dann verändert sich die Atmosphäre grundlegend. In unserem Text, der »Geistesschulung in sieben Punkten«, heißt es:

> Zuerst übt euch in den Vorbereitungen.

Es gibt vier vorbereitende Übungen: darüber nachzudenken, wie selten ein Leben als freier, glücksbegünstigter Mensch ist und welches Potenzial es birgt; über Tod und Vergänglichkeit zu reflektieren; über Handlungen und ihre Folgen nachzudenken; und über die Mängel des Existenzkreislaufs zu reflektieren. Indem wir darüber nachdenken, wie rar ein Leben als freier, glücksbegünstigter Mensch ist und welche Möglichkeiten es bietet, überwinden wir unser Besessensein von den weltlichen Freuden dieser Lebensspanne. Indem wir über Tod und Vergänglichkeit nachsinnen, überwinden wir unser Hingezogensein zu vorteilhaften Wiedergeburten in künftigen Leben.

Nun müssen wir aber in der Zeit nach der Meditation andere Aktivitäten ausführen als während der eigentlichen Meditationssitzung. Normalerweise versuchen wir uns während der Meditation so stark wie möglich zu konzentrieren. Wenn wir es zulassen, dass unser Geist nach der Meditation unbewacht und abgelenkt ist, wird das unserem Vorankommen schaden; daher sind für die Nach-Meditationsphase Übungen zu empfehlen.

Eine Meditationssitzung gliedert sich in den Anfang, die eigentliche Sitzung und den Abschluss. Herkömmlicherweise beginnt man mit sechs vorbereitenden Handlungen. Wir reinigen zunächst die Umgebung, in der wir die Meditation durchführen. Diese Reinigung soll nicht bloß der äußerlichen Sauberkeit dienen, sondern auch den psychischen Effekt einer größeren innerlichen Klarheit bewirken. Wie Po-to-wa sagte: »Sobald ein Meditierender eine fortgeschrittene Stufe erreicht hat, kann jede Handlung, die er ausführt, zum Stimulans seiner Praxis werden.« Wenn wir also den Meditationsort reinigen, dann sollten wir darin einen Wink sehen, der uns in Erinnerung ruft, dass eigentlich der Geist gereinigt werden muss.

Daraufhin können wir Darstellungen von Körper, Rede und Geist des Buddhas in geeigneter Form aufbauen. Unabhängig davon, woraus eine Statue jeweils gemacht ist: Unsere Haltung ihr gegenüber sollte stets dieselbe sein. Wir sollten mit ihr nicht wie mit einem persönlichen Besitz umgehen. Anhänger der Kadampa-Tradition benötigen nur vier Bildwerke: Statuen oder Gemälde des Buddhas; solche von Avalokiteshvara, der das Mitgefühl verkörpert[34]; solche von Tara, die die Aktivitäten des Buddhas verkörpert[35]; und solche von Achala[36], einer Gottheit, die Hindernisse ausräumt. Man braucht nicht all die verschiedenen Statuen zu haben, aber es ist gut, wenn man Bildnisse des Bodhisattvas der Herzensgüte[37] und des Buddhas der Zukunft, Maitreya, hat. Haben wir Statuen von Gottheiten, die zu unserer Praxis in Beziehung stehen, dann ist das gut. Haben wir keine, ist das nicht so wichtig, weil wir keinen zu großen Nachdruck auf äußere Gegenstände legen sollten. Man sollte mehr Nachdruck auf die innere Entwicklung legen.

Wenn man eine Menge schöner Statuen in seinem Meditationsraum hat, wirkt das womöglich beeindruckend, aber wenn wir dieselbe aufbrausende, intrigierende, unaufrichtige Person bleiben, ist es ein offener Widerspruch. Als Anhänger des Buddhas sollten wir das befolgen, was er lehrte. Er lehrte uns, den Feind in uns zu bekämpfen, störende Emotionen und schädliche Einstellungen, wie etwa Wut, zu verringern. Sich als Anhänger des Buddhas auszugeben, aber dem, was er geraten hat, gänzlich zuwiderzuhandeln - das ist so, als ob man den Buddha selbst beleidigte.

Sehen wir morgens beim Aufwachen diese Bildnisse, so fördert und bestärkt das unsere Entschlossenheit, dem Beispiel des Buddhas zu folgen. Nehmen wir sie als Wink, der uns gemahnt, die Unterweisungen des Buddhas wirklich zu beherzigen. Am Abend bereuen wir sämtliche negativen Handlungen, die wir womöglich im Lauf des Tages aus Unwissenheit begangen haben, und fassen den festen Vorsatz, sie nicht zu wiederholen. Wir beschließen, uns gleich am nächsten Tag zu bessern. So bezieht man sich in angemessener und nutzbringender Form auf religiöse Bildnisse.

Es wäre auch gut, einen Text zur Geistesschulung zu haben, der die Rede des Buddhas repräsentiert. Wenn man als Repräsentation des Geistes einen Stupa[38] hat, ist das erfreulich, hat man keinen, ist das nicht so wichtig. Meditierenden aus früherer Zeit, wie etwa Milarepa[39], fehlte nichts von dem, was sie wirklich für ihre Praxis benötigten, aber wer heute die Stätten besichtigt, an denen sie meditiert haben, steht nur vor leeren Höhlen. Menschen wie wir hängen so sehr von äußeren Dingen ab, etwa davon, dass wir Statuen, Weihrauch, Butterlampen und so weiter haben, aber wenn diese Dinge keine Wirkung im Geist hervorrufen, dann sind sie nicht besonders hilfreich.

Ein Dieb brach einst in Milarepas Höhle ein, und Milarepa wies ihn zurecht mit den Worten: »Wie willst du in der Nacht Dinge finden, die ich bei Tage nicht finden kann?« Milarepa war wirklich ein großer Meditierender, der aufgrund seiner Anstrengung fähig war, innerhalb eines einzigen Lebens vollständige Erleuchtung zu erlangen. In diesem Zusammenhang sind die Menschen, insbesondere die aus dem Westen, im Allgemeinen sehr kurzsichtig: Sie erwarten rasche Resultate. Vielleicht sind sie es gewohnt, dass die Dinge mit hoher Geschwindigkeit gelingen, weil es für sie selbstverständlich geworden ist, so viele automatische Apparate zu besitzen.

Wir müssen bereit sein, Opfer und Mühen über einen langen Zeitraum hin aufzubringen. Unsere Anstrengung und unser Interesse sollten nicht bloß eine kurzfristige Anwandlung, sondern ausdauernd und beständig sein. Milarepa erreichte hohe Verwirklichungen, weil er sich über einen langen Zeitraum hin in gleichem Maße der Anstrengung und Entbehrung aussetzte. Sofern wir nicht bereit sind, eine derartige Anstrengung und Entbehrung auf uns zu nehmen, wird es schwerfallen, das zu erreichen, wonach wir suchen. Aber wenn wir unseren Geist schulen, werden wir an einen Punkt kommen, an dem wir Resultate erkennen werden. Es mag schwerfallen, aber es ist nicht unmöglich, darum sollten wir den Mut nicht verlieren.

Ich glaube an die praktische Umsetzung und Auswirkung. Ich bin nicht nur von dem beeindruckt, was in der Vergangenheit geschah. Ich möchte hier und jetzt auf praktischer Ebene Resultate sehen, darum versuche ich, so viel Energie in die Praxis zu investieren wie nur irgend möglich. Vergleiche ich meinen jetzigen Geisteszustand mit dem vor zehn oder fünfzehn Jahren, dann stelle ich fest, dass eine Umwandlung stattgefunden hat.

Vor zwanzig Jahren pflegte ich über Leerheit nachzusinnen. Ich war von der Theorie der Leerheit sehr beeindruckt, und sie beflügelte mich auch wirklich, danach zu streben, dass das Leiden aufhört. Ich dachte, wenn ich dies erst einmal erreicht hätte, würde ich imstande sein, lange Zeit in einem glückseligen Zustand zu verbleiben. Ich dachte, es sei doch sehr idealistisch, zum Wohl anderer empfindender Wesen, einer unendlichen Anzahl empfindender Wesen, zu wirken. Später studierte ich die Schriften *Eintritt in das Leben zur Erleuchtung* und *Kostbarer Kranz*, und dadurch änderte sich meine Grundhaltung. Obwohl ich noch immer die Idee der Beendigung des Leidens bewundere, gelten heute meine Bewunderung und mein Sehnen mehr dem Mitgefühl und der Toleranz, die sich mit dem Erleuchtungsgeist einstellen. Die Verbindung von Mitgefühl und Leerheit ist etwas ganz Einzigartiges, doch wir können diese Verbindung innerlich gewahren und erleben, wenn wir uns darum bemühen.

Hin und wieder frage ich Menschen aus dem Westen, die Buddhisten geworden sind, welchen praktischen Nutzen ihnen das gebracht hat. Manche haben mir gesagt, dass sie eine Veränderung bemerkt haben. Seit sie Buddhisten wurden, gibt es weniger Streit in ihren Familien. Man wird allgemein zuvorkommender und weniger aggressiv. Dies ist einer der unmittelbaren Vorteile, die sich aus dem Verändern der eigenen Grundhaltung ergeben. Es schafft eine friedlichere Atmosphäre in der Familie, und das wirkt sich wiederum auf die Mentalität der Kinder aus. Wenn Kinder hingegen in einer sehr leidenschaftsbetonten Gemeinschaft aufgezogen werden, insbesondere wenn ihre Eltern ständig streiten, wird dies die Kinder sehr negativ beeinflussen. Geradeso erweisen sich die Lehren des Buddhas als hilfreich und wirkungsvoll. Wie will man schlagartig Erleuchtung erreichen? Erst muss im Geist eine anfängliche Veränderung stattfinden. Erleuchtung muss sich schrittweise, in einem allmählichen Prozess einstellen. Wir sollten nach höchster Vollendung trachten, während wir uns in nützlicher Weise betätigen. Ich kann mit Sicherheit behaupten, dass wir eine Veränderung im Geist bewirken können, wenn wir uns dieser Praxis widmen.

Nachdem man jene Dinge aufgebaut hat, die Körper, Rede und Geist des Buddhas repräsentieren, kann man einige Opfergaben aufstellen: Nahrung, reines Wasser, Blumen und Lichter. Es heißt, dass es uns, sofern wir die richtige Gesinnung haben, nie an geeigneten Gaben zum Opfern fehlen wird. Darum sollten wir die bestmöglichen Opfer darbringen. In Tibet war es üblich, ein Festopfer (*Tsok* genannt) darzubringen, und da wir später diese Opfergaben selber aßen, machten wir sehr schöne Opferungen. Die rituellen Kuchenopfer jedoch mussten wir nicht essen und wandten für sie daher nicht die gleiche Sorgfalt auf. Aus diesem Grund denken wir, wenn von einem

Festopfer die Rede ist, an etwas Köstliches zum Essen, während wir, wenn von einem Ritualkuchen die Rede ist, an etwas denken, das man letztlich wegwirft. Das ist ein Fehler.

Wenn man Opfer darbringt, sollte man es daher auf die bestmögliche Weise tun. Kann man sich das nicht leisten, darf man ruhig darauf verzichten. Was für die Opferung bestimmt ist, sollte nicht auf krummen Wegen beschafft werden.

Man nimmt dann, nachdem man all diese Vorkehrungen getroffen und sich gewaschen hat, auf einem Kissen Platz, das nach hinten zu leicht erhöht ist. Wenn es hinten etwas höher ist, bewirkt dies eine ganz gerade Haltung des Rückgrats, und das steigert unsere Konzentration. Wer Schwierigkeiten damit hat, im Schneidersitz zu hocken, kann auf einem Stuhl sitzen, wie Maitreya, von dem man voraussagte, er werde in der Zukunft als Buddha erscheinen; in seiner bildlichen Darstellung sitzt er auf einem Thron wie auf einem Stuhl.

Meditation bedeutet, eine fortwährende Vertrautheit mit einem vorzüglichen Objekt zu schaffen, um den eigenen Geist umzuwandeln. Wenn man etwas Grundlegendes lediglich versteht, wandelt das den eigenen Geist nicht um. Möglicherweise erkennen wir rational die Vorteile eines altruistischen Erleuchtungsgeistes, aber das beeinflusst unsere ichbezogene Einstellung nicht wirklich. Unsere Ichbezogenheit wird nur dadurch zerstreut werden, dass wir uns unaufhörlich mit diesem Verständnis vertraut machen. Ebendies ist mit Meditation gemeint.

Meditation kann von zweierlei Art sein. Analytische Meditation benutzt Analyse und Überlegung, wohingegen in der einsgerichteten Meditation der Geist jeweils ruhig bei dem verweilt, was man verstanden hat.[40] Wenn wir über Liebe und

Mitgefühl meditieren, versuchen wir eine derartige Einstellung im Geist auszubilden und denken: »Mögen alle empfindenden Wesen frei von Leid sein.« Wenn wir hingegen über Leerheit oder Vergänglichkeit meditieren, dann machen wir Vergänglichkeit oder Leerheit zum Gegenstand unserer Meditation.

In der hier dargelegten Praxis der Geistesschulung brauchen wir vorbereitende Übungen wie die Meditation über Tod und Vergänglichkeit, um uns zur Durchführung der Hauptpraxis anzuspornen. Bei dieser Meditation analysieren wir zuerst das Meditationsthema. Sind wir einmal zu einer bestimmten Überzeugung gekommen, dann behalten wir sie im Gedächtnis und konzentrieren uns eine Zeit lang auf sie. Wenn wir feststellen, dass unsere Konzentration nachlässt, gehen wir wieder zur Analyse über. Wir können mit derselben Meditationsrunde immerzu weitermachen, bis wir eine Wirkung in unserem Geist erkennen. Dann bringen wir ein anderes Argumentationsmuster zur Anwendung - Schriften wie *Eintritt in das Leben zur Erleuchtung* oder *Kostbarer Kranz* und so fort haben dies skizziert.

Das ist so, als ob man verschiedene Arzneien ausprobierte. Möglicherweise stellen wir fest, dass einige Arzneien intensiver wirken als andere. Wenn wir uns bloß verbissen andauernd an ein und derselben Meditationsrunde festklammern, wird das kaum besonders hilfreich sein. Man muss sich mächtig anstrengen. Ebendeshalb ist Studium erforderlich. Meditation ohne vorhergehendes Studium - das ist so, als ob jemand ohne Hände eine Felswand emporklettern wollte.

Jetzt, da wir ein Leben als freier und glücksbegünstigter Mensch erhalten haben, bietet sich uns die Gelegenheit, den

Dharma zu üben. Obwohl wir ein bestimmtes Maß an Zeit und Energie den Angelegenheiten dieses Lebens widmen müssen, ist es ebenso wichtig, uns auf unser künftiges Leben vorzubereiten. Andernfalls werden wir die Gelegenheiten unserer kostbaren menschlichen Existenz ungenutzt verstreichen lassen. Wenn wir unser nächstes Leben anfangen, ohne uns im Geringsten verbessert zu haben, ist es beinah sicher, dass wir in einem schwierigeren Bereich wieder geboren werden. Kommt es dazu, dann werden wir tatsächlich keine Möglichkeit haben, den Dharma zu üben; aber das ist unbedingt erforderlich, wenn wir den voll erwachten Zustand der Erleuchtung erlangen wollen. Unter den verschiedenen Unterweisungen, die der Buddha gab, sind diejenigen, die zum Großen Fahrzeug gehören, die wichtigsten und bedeutsamsten. Ihr Wesenskern ist die Unterweisung, wie man den Erleuchtungsgeist entwickelt. Sie ist die Quintessenz von Buddhas Worten.

Man setzt sich also auf den Meditationssitz, den man zurechtgemacht hat. Noch einmal: Am allerwichtigsten ist es, die richtige Einstellung zu entwickeln. Machen wir uns klar, wie überaus selten es vorkommt, dass man als freies und glücksbegünstigtes Menschenwesen geboren wird. Fragen wir uns, welchen Zweck eine Wiedergeburt als Mensch hat. Wir werden nicht als Menschen in diese Welt hineingeboren, um noch mehr Probleme und Verwirrung auszulösen. Verhielte es sich so, dann wäre die menschliche Existenz wertlos. Daher besteht die richtige, von uns einzunehmende Haltung darin, zu denken, dass wir auf der Grundlage unseres kostbaren menschlichen Lebens den voll erwachten Zustand eines Buddhas erlangen wollen.

Wenn man schon nicht die Bedürfnisse anderer empfindender Wesen zufriedenstellen kann, sollte man sich vornehmen, nicht das Geringste zu tun, womit man ihnen schadet. Es ist sehr wichtig, eine solche Motivation gleich bei Tagesanbruch zu erneuern, damit unser Denken und Handeln gleich vom Aufwachen an nicht durch störende Emotionen wie Hass, Wut und Begierde beeinflusst wird. Unsere Einstellung sollte von Anfang an heilsam sein. Und in dieser Gesinnung können wir den Meditationsort reinigen, die Objekte aufstellen, die unsere Zuflucht repräsentieren, Opfergaben herrichten und so fort.

Ehe wir mit der eigentlichen Übung beginnen, kommt es ganz entscheidend darauf an, die richtige Einstellung zu entwickeln. Unsere Motivation sollte sich stets an zwei Themen ausrichten: der Zufluchtnahme zu den Drei Juwelen - dem Buddha, seiner Lehre und der spirituellen Gemeinschaft - und dem Erleuchtungsgeist. Wird unsere Praxis nicht durch die Zufluchtnahme zu den Drei Juwelen vervollkommnet, dann wird sie keine buddhistische Praxis sein. Wird sie nicht durch den Erleuchtungsgeist beeinflusst, dann wird sie nicht eine Praxis des Großen Fahrzeugs oder eine Ursache sein, die uns den voll erwachten Zustand eines Buddhas erreichen lässt.

In der Übung der Zufluchtnahme ist es nicht nötig, die Objekte der Zuflucht zu visualisieren. Man kann über ihre unendliche Güte und ihre großen Vorzüge reflektieren und sich dann vorstellen, wie man Zuflucht zu ihnen nimmt. Möchte man jedoch die Objekte der Zuflucht visualisieren, dann kann man dies in Anlehnung an verschiedene Überlieferungen tun. Unsere Übung der Zufluchtnahme sollte angemessen fundiert sein - das ist das Wichtigste. Zu den Gründen für die Zufluchtnahme zählen die Furcht vor den Leiden des Existenzkreislaufs, eine feste Überzeugung, dass uns die Drei Juwelen vor diesen Leiden beschützen können, und eine starke Regung des Mitgefühls für andere empfindende Wesen.

Um die richtige Einstellung auszubilden, ist es wichtig, klar zu erkennen, was mit dem Dharma gemeint ist. Dharma beinhaltet das Aufhören des Leidens und die Pfade, die dahin führen. Wir sollten eine feste Überzeugung entwickeln, dass der Dharma das wahre Zufluchtsobjekt ist, das uns und alle anderen empfindenden Wesen vor den Schrecken des Existenzkreislaufs beschützen kann. Haben wir ein profundes Verständnis von dem, was der Dharma ist, dann wird dies eine feste Überzeugung in uns hervorrufen. Das ist die wahre Zuflucht, und wir werden ein starkes Bestreben entwickeln, einen solchen Zustand zu erreichen.

Man rezitiert nun, sobald die innere Einstellung stimmt, so oft wie möglich die Zufluchtsformel. Nimmt man eine Visualisierung vor, kann man sich vorstellen, dass läuternder Nektar von den Objekten der Zuflucht herabfließt. Er dringt in uns und alle empfindenden Wesen ein, läutert uns von Negativität und stellt uns alle unter den Schutz der Drei Juwelen.

Wenn wir danach den Erleuchtungsgeist entwickeln, visualisieren wir, dass wir von allen empfindenden Wesen umgeben sind. Sie erscheinen in Menschengestalt, erdulden aber weiterhin die Leiden des jeweiligen Bereichs, in dem sie geboren wurden. Wir sinnen über diese Wesen nach und entwickeln starke Empfindungen des Mitgefühls für sie, mit dem Wunsch, dass sie von ihren Leiden frei sein mögen, und wir entwickeln starke Empfindungen der Liebe, mit dem Wunsch, dass sie letztendlich jeglichen Glücks teilhaftig werden mögen.

Empfindende Wesen gleichen einander in ihrem Wunsch, Glück zu finden und dem Leid zu entgehen. Ebenso wie wir haben auch sie ein Recht darauf, nach Glück zu trachten. Wir entwickeln den Erleuchtungsgeist, indem wir dies anerkennen und uns entschließen, für ihr Wohlergehen zu wirken. Wir meditieren, um in uns die Kraft des Erleuchtungsgeistes zu beleben und zu steigern, über die sogenannten Vier Unermesslichen: die unermessliche Liebe, den unermesslichen Gleichmut, das unermessliche Mitgefühl und die unermessliche Freude. Wir denken dann darüber nach, dass empfindende Wesen zwar Glück ersehnen und sich wünschen, dem Leid zu entgehen, aber ihr auf Unwissenheit beruhendes Verhalten im Widerspruch zu ihren Wünschen steht.

Nehmen wir also, im Bewusstsein der großen Vorzüge des Buddhas und der Fähigkeit der Drei Juwelen, uns vor den Schrecken des Existenzkreislaufs zu beschützen, Zuflucht zu ihnen; entwickeln wir eine unbeirrte Zielstrebigkeit, den voll erwachten Zustand eines Buddhas um aller anderen empfindenden Wesen willen zu erreichen. Eine solche Zielstrebigkeit wird dazu beitragen, die Kraft unseres Erleuchtungsgeistes zu steigern.

Um den Erleuchtungsgeist zu verwirklichen, ist eine große Ansammlung von Verdienst erforderlich. Wer dies bewältigen will, für den wird der spirituelle Meister zur wichtigsten Bezugsperson. Wir betrachten den spirituellen Meister als die Pforte, durch die wir die Segnungen des Buddhas empfangen. Wenn wir diese Übung der Zuflucht und der Entwicklung des Erleuchtungsgeistes in Verbindung mit einer Übung durchführen, in der wir geistig mit dem spirituellen Meister eins werden, dann wird sie sehr wirkungsvoll sein. Es gibt in Tibet sehr viele unterschiedliche Überlieferungen einer solchen Praxis geistiger Vereinigung. In der Kagyü-Tradition hält man vor allem das Vertrauen in den spirituellen Meister für das Fundament des Pfades, während man in der Gelug-Tradition die Praxis der geistigen Einswerdung mit ihm für die eigentliche Lebenskraft des Pfades hält.

Wir rezitieren auf der Grundlage derjenigen Praxis zur Einswerdung mit dem spirituellen Meister, für die wir uns entschieden haben, das Sieben-Zweige-Gebet. Dessen »Sieben Zweige« sind: Man bezeugt seine Achtung, bringt Opfer dar, bekennt offen seine Missetaten, ist hocherfreut über die eigenen Vorzüge und die anderer, bittet die Buddhas um Unterweisung, ersucht sie darum, dass sie nicht fortgehen[41], und widmet das daraus entstehende Verdienst dem Wohl aller Wesen. Dann opfert man in der Visualisation ein Mandala, eine symbolische Darstellung des ganzen Universums.

Einen befähigten spirituellen Meister auszuwählen - das ist der erste entscheidende Schritt in unserem spirituellen Leben. Ebendieser bestimmt unsere künftigen spirituellen Entwicklungsmöglichkeiten und Errungenschaften. Darum muss man, ehe man jemanden als spirituellen Lehrer akzeptiert, die betreffende Person gründlich prüfen. Im Tibetischen haben wir da eine passende Redensart: »Benimm dich nicht wie ein Hund, der gerade auf einen Fleischbrocken gestoßen ist.« Der Hund braucht keine Zeit zum Nachdenken, sondern schnappt begierig das Fleisch auf und beginnt es zu kauen.

Man sollte die Person zuerst aufmerksam beobachten und sich nicht einfach jemanden mit großem Titel und beträchtlichem Einfluss aussuchen. Solche Faktoren machen jemanden nicht unbedingt zu einem guten Dharma-Lehrer. Ein Dharma-Lehrer gibt uns Anleitung auf dem spirituellen Pfad, und daher sollte so ein Meister in die Tat umsetzen, was er oder sie predigt. Wirkliche Anleitung kann einem nur aus der ureigenen Erfahrung des Meisters erwachsen und nicht aufgrund bloßen intellektuellen Verstehens. Ebendeshalb bezeichnet man das Auswählen eines befähigten Meisters als Wurzel oder Fundament der Dharmapraxis. Tibeter neigen generell dazu, jedem mit dem Titel »Lama« blind zu vertrauen. Andererseits schenken sie Menschen wenig Beachtung, die durch stetige Übung und Entbehrung hohe Verwirklichung erreicht haben, aber kein derartiges Etikett besitzen. Das ist eine schlechte Angewohnheit. Die Person, die man sich als spirituellen Meister aussucht, sollte die nötige Befähigung aufweisen. Er oder sie sollte zumindest liebenswürdig sein und seinen oder ihren eigenen Geist gezähmt haben, denn der eigentliche Zweck, um dessentwillen man sich jemanden zum spirituellen Meister nimmt, besteht schließlich darin, den Geist zu zähmen. Das bedeutet, dass der spirituelle Meister jemand sein sollte, der durch ständige Übung Verwirklichung erreicht hat.

Es ist allgemein bekannt, dass es, um die gewünschten Resultate zu erzielen, unbedingt notwendig ist, die zuträglichen Faktoren anzuhäufen und Hindernisse auszuräumen. Wir planen im Voraus - ob wir nun an Entwicklungen auf wissenschaftlichem und technologischem oder ökonomischem Sektor oder irgendeinem anderen Gebiet arbeiten. Wenn wir uns an die geplanten Schritte halten, werden wir mit ziemlicher Sicherheit das Resultat erreichen, auf das wir hinauswollen.

Da der Zweck der Dharmapraxis letzten Endes darin besteht, Erleuchtung zu erlangen, müssen wir im Hinblick darauf, wie wir unsere Handlungsweise planen und umsetzen, sehr behutsam vorgehen. Daher ist es sehr wichtig, einen geeigneten und befähigten spirituellen Lehrer zu finden.

Da die Person des spirituellen Meisters eine entscheidende Rolle in unserem Streben nach Verwirklichung spielt, hat der Buddha ihre oder seine Befähigungen sehr ausführlich umschrieben. Die fundamentalen Qualitäten eines spirituellen Meisters lassen sich so zusammenfassen: Die betreffende Person sollte ihrer oder seiner Praxis zutiefst entsprechen und über eine reiche Kenntnis des Dharma verfügen. Daher ist es unbedingt erforderlich, dass wir einen potenziellen spirituellen Meister kritisch prüfen, ehe wir mit der betreffenden Person ein Meister-Schüler-Verhältnis eingehen.

Es ist außerordentlich empfehlenswert, sich die Unterweisungen dieser Person anzuhören, denn durch eine solche Fühlungnahme werden wir einen unmittelbaren Eindruck von seiner oder ihrer Lehrfähigkeit gewinnen. Um die individuelle Praxis der Person zu beurteilen, können wir ihren oder seinen Lebensstil überprüfen. Wir können auch von Leuten etwas über die Person erfahren, die sie oder ihn bereits kennen. Es ist auch zweckmäßig, die Person in anderen Situationen kennenzulernen. Wenn man sich also sicher ist, sollte man daraufhin versuchen, die betreffende Person zum spirituellen Meister zu wählen.

Sobald wir jemanden als unseren spirituellen Meister akzeptiert haben, ist es unbedingt erforderlich, ein angemessenes Gefühl des Vertrauens und der Achtung zu entwickeln und uns an seine oder ihre spirituellen Unterweisungen zu halten. Es ist wichtig, sich darüber im Klaren zu sein, dass Vertrauen und Achtung kein blindes Vertrauen beinhalten. Im Gegenteil - wir sollten uns da wohlinformiert zeigen: In den Sutras erklärt der Buddha, dass ein Schüler sich an die rechtschaffenen Unterweisungen des spirituellen Meisters halten, aber seine oder ihre nicht heilsamen Befehle außer Acht lassen sollte. Die Texte über Disziplin vertreten einen ähnlichen Standpunkt: Sie legen dar, dass man von dem, was ein Lehrer vorschlägt, nichts akzeptieren sollte, das nicht mit dem Dharma übereinstimmt.

Das Hauptkriterium, nach dem sich entscheiden lässt, ob die Anweisung eines Lehrers akzeptabel ist oder nicht, liegt darin, ob sie mit elementaren buddhistischen Grundsätzen übereinstimmt. Tut sie es, dann sollten wir respektvoll gehorchen. Eine solche Unterweisung erbringt bestimmt positive Resultate. Wenn der Rat eines Lehrers mit buddhistischen Grundsätzen unvereinbar ist, sollten wir zögern und versuchen, die Sache abzuklären. Würde zum Beispiel eine ordinierte Person aufgefordert, Alkohol zu trinken, dann wäre dies mit den Ordinationsgelübden unvereinbar. Es wäre also vernünftiger, den Befehl des Lehrers zu ignorieren, sofern dieser nicht einen besonderen Grund dafür angab.

Kurzum, der spirituelle Meister sollte in den drei Schulungen, den Schulungen der Sittlichkeit, Meditation und Weisheit, bewandert sein. Dies wiederum erfordert ein Verständnis der drei Diskurssammlungen[42], was mit beinhaltet, dass er oder sie über eine Kenntnis der Schriften verfügen sollte. Der spirituelle Meister sollte jemand sein, der unsere Fragen einzeln beantworten und unsere Zweifel klären kann und dessen äußeres Auftreten und Betragen auf innere Verwirklichung hinweist oder mit dieser in Einklang steht. In einem Sprichwort heißt es, dass die Streifen des Tigers sichtbar sind, aber die der Menschen nicht; dennoch können wir aus dem, was sich uns von anderen Menschen zeigt, erschließen, wie sie sind.

Hat man nun einen spirituellen Meister gefunden und Vertrauen zu ihm entwickelt, dann ist es wichtig, ein Scheitern der

Beziehung zu vermeiden. Wie sollte man sich also gegenüber einem solchen Wesen verhalten? Wir können es folgendermaßen betrachten: »Da die Buddhas tatkräftig darin aufgehen, zum Wohl der empfindenden Wesen zu wirken, und wir zu denen zählen, die nach Befreiung streben, sollte es ein Medium geben, durch das wir ihre Inspiration und ihren Segen empfangen können. Diese Rolle übernimmt der spirituelle Meister, denn der spirituelle Meister ist es, der in unserem Geist eine Umwandlung verursacht.«

Was uns tatsächlich davon abhält, ein solches Vertrauen auszubilden, ist der Hang, am spirituellen Meister Fehler zu entdecken. Um dem entgegenzuwirken, sollten wir darüber nachdenken, dass unsere Wahrnehmung möglicherweise nicht immer zutreffend ist. Unser Geist wird durch Unwissenheit und unseren schon so langen Umgang mit den auf Unwissenheit beruhenden Gewohnheiten getrübt und durch den starken Einfluss unserer eigenen karmischen Handlungen getäuscht. Bevor wir diese Trübungen nicht zerstreuen können, werden wir unseren spirituellen Meister nicht in seinem wirklichen Wesen, das heißt als einen Buddha, wahrnehmen.

In ihrer wahren Seinsweise können wir Buddhas nicht erfassen. Erst wenn sie als gewöhnliche Wesen wie wir selbst erscheinen, haben ihre Aktivitäten und Segnungen für uns Bedeutung. Sie nehmen gewöhnliche Formen an - das besagt nicht nur, dass sie all die erhabenen größeren und kleineren Merkmale eines Buddhas nicht hervorkehren, sondern dass sie auch natürliche menschliche Schwächen besitzen. Indem sie solche Formen annehmen, bezeugen sie große Herzensgüte und Rücksichtnahme, denn allein auf diese Weise werden sie für uns sichtbar und zugänglich.

Wenn wir die Neigung, Fehler an unserem spirituellen Meister zu entdecken, durch solche Überlegungen überwinden können, sind wir sehr gut vorangekommen. Das ist der Anfang davon, dass das natürliche und spontane Vertrauen zum spirituellen Meister zunimmt - die Grundlage für das Vorwärtskommen auf dem Pfad. Ohne die Neigung zu überwinden, Fehler auf den spirituellen Meister zu projizieren, gelingt es uns nicht, ihn oder sie letztlich als Buddha anzuerkennen. Das bedeutet nicht, dass wir alles blindlings auszuführen hätten, wozu der spirituelle Meister uns auffordert. Wenn etwas unsere Fähigkeiten übersteigt, dann brauchen wir es nicht zu tun. Ähnlich steht es, wenn der Meister uns einen Rat gibt, der mit der allgemein üblichen buddhistischen Verhaltensweise unvereinbar ist: Dann kann man ihm oder ihr erklären, weshalb man in diesem Fall nicht gehorchen kann. Es ist besser, so zu handeln, als eine Unstimmigkeit aufkommen zu lassen. Wenn man seinen Geist auf diese Art schult, kann man sein Vertrauen zum spirituellen Meister vertiefen und ihm oder ihr gegenüber ein ungezwungenes Empfinden entwickeln.

Es heißt, Vertrauen zum spirituellen Meister zu entwickeln gleiche dem Aufgehen der Sonne über dem Pfad zur Erleuchtung. Hat man dieses Vertrauen, entwickelt man tiefen Respekt, indem man über die große Güte seines Lehrers nachdenkt. Der wichtigste Aspekt dieser Güte besteht darin, dass uns der spirituelle Meister auf dem Pfad, der zur Erleuchtung führt, Anleitung gibt. Wenn wir Berichte über die früheren Leben des Buddhas[43] lesen, stellen wir fest, dass er große Entbehrungen durchmachte, um auch nur einen einzigen Vers der Lehre zu erhalten. Dasselbe galt für große indische Meister wie etwa Naropa, der große Mühsal auf sich nahm, um von Tilopa

Unterweisung zu erhalten[44], und für Milarepa in Bezug auf Marpa[45].

Alle Erzählungen über diese großen Persönlichkeiten bezeugen, dass die Ausübung des Dharma nicht leicht ist. Sie erfordert lange und harte Mühe. Die spirituellen Meister, die uns voller Sorgsamkeit und Mitgefühl ihr Wissen vermitteln, übernehmen große Verantwortung. Betrachten wir es so, dann können wir erkennen, wie grundlegend wichtig der spirituelle Meister ist, damit wir hohe Verwirklichung erreichen können. Wenn wir daher im Hinblick auf den spirituellen Meister Übungen der Läuterung und des Ansammelns von Verdienst durchführen, dann wird das sehr wirkungsvoll sein.

Innerhalb der göttlichen Bereiche gibt es viele unterschiedliche Ebenen wie etwa das Freudvolle Land[46]. Dieses entstand durch die Kraft von Maitreyas großem Streben und Verdienst, darum kann man ihn dort visualisieren. Es heißt, dass sich Atisha und Tsong-kha-pa nach ihrem Verscheiden in das Freudvolle Land von Maitreya begaben. Wir, die wir heutzutage den Buddhismus ausüben, haben eine besondere Verbindung zu diesem Bereich. Für uns Übende, die den Pfad betreten und die Lehren von Buddha Shakyamuni befolgen konnten, gibt es gute Chancen, im Zeitalter Maitreyas, des nächsten Buddhas, womöglich erleuchtet zu werden.

Wir können uns unseren spirituellen Meister meditierend so vergegenwärtigen, wie er oder sie uns normalerweise erscheint. Wir visualisieren ihn oder sie auf Stirnhöhe vor uns im Raum. Alternativ dazu können wir ihn beispielsweise in Gestalt von Tsong-kha-pa im Herzen Maitreyas visualisieren. Wir stellen uns vor, dass wir ihn aus dem Freudvollen Land einladen und er in den Raum vor uns herabsteigt. Zuerst richten wir unsere Gebete und Bitten um Verwirklichung an den spirituellen Meister. Dann visualisieren wir, wie er oder sie auf dem Scheitelpunkt unseres Kopfes sitzt, und beginnen mit der Meditation, die wir gerade durchführen möchten.

Um über die Kostbarkeit eines Lebens als Mensch zu reflektieren, ist es notwendig, über die anderen Orte nachzusinnen, an denen wir infolge unseres Karmas hätten wieder geboren werden können. Wir wissen, dass karmische Handlungen eine Prägung auf dem Geistesstrom oder Bewusstseinskontinuum hinterlassen. Wir vollziehen vielerlei Handlungen in Bezug auf äußere Gegenstände, und wir sammeln andere an, indem wir in ein Stadium tiefer meditativer Konzentration eintreten. Manchmal haben Handlungen der letzteren Art eine Geburt als Gott zur Folge.

Sogar heutzutage kenne ich einige Menschen, die nicht wissen, wie man den Dharma praktiziert, aber dennoch bestimmte, mit geistiger Entwicklung verbundene Erfahrungen gemacht und dadurch eine gewisse Fähigkeit zu geistiger Versenkung erreicht haben. Dies zeigt, dass Menschen unterschiedliche Begabungen haben; manche haben mehr mit äußeren Dingen zu tun, andere wenden ihr Augenmerk mehr nach innen und neigen mehr dazu, sich mit innerer Verwirklichung und den Stadien geistiger Versenkung zu befassen. Genau wie es viele unterschiedliche Bewusstseinsaspekte gibt, gibt es auch unterschiedliche Daseinsformen.

Wenn der Geist ungezähmt ist, kann man ihn mit dem Tierbereich vergleichen. Die Ebene des ungezähmten Geistes, auf der man das heftigste Leid erlebt, lässt sich mit dem Höllenbereich vergleichen. Andererseits freilich kann man den Geist schulen. Der höchste Grad dieser Schulung ist der voll erwachte Zustand der Erleuchtung. Es ist schwierig, die Existenz unterschiedlicher Bereiche, so wie sie in den Schriften erläutert werden, zu beweisen, weil sie mit beobachtbaren Fakten unvereinbar sind. Nun hat jedoch der Buddha selbst gesagt, dass man etwas, das eindeutig der Erfahrung und Logik widerspricht, fallen lassen sollte.

Es ist schwierig, diesbezügliche Behauptungen der Schriften zu beweisen, etwa die, dass die Höllenbereiche in einer bestimmten Tiefe unter dem indischen Kontinent existieren. Aber wir können zweifelsfrei sagen, dass es unter Menschen verschiedene Arten von Mentalität gibt. Manche Menschen werden von heftigem Leid und großer Beklemmung gequält. Selbst Tiere erleben ganz unterschiedliche Arten von Dasein. Es gibt auch bestimmte geheimnisvolle Kräfte, die wir Geistern zuschreiben. Unter den verschiedenen Existenzbereichen wie etwa denen der Götter, Menschen und Tiere zählen die menschlichen und göttlichen Bereiche zu den höheren oder mehr von Glück begünstigten Formen.

Denken wir über die große Seltenheit und das Potenzial menschlicher Existenz nach. Und genauso gehen wir vor, wenn wir über das nächste Thema, über Tod und Vergänglichkeit, meditieren. Wir bitten den spirituellen Meister inbrünstig darum, befähigt zu sein, durch unsere Meditation Verwirklichung zu erlangen und dabei auftretende Hindernisse zu überwinden. Auf ebendiese Weise sollten wir während aller anderen Meditationen vorgehen, die mit dieser Übung befasst sind.

Am Ende unserer Meditationen verschmilzt der spirituelle Meister, den wir vor uns visualisiert haben, durch die Öffnung am Scheitelpunkt unseres Kopfes mit uns und ruht schließlich in unserem Herzen. Wir entwickeln die feste Überzeugung, dass wir die Inspiration von Körper, Rede und Geist des spirituellen Meisters erhalten haben. Der Text erwähnt die achtblättrige Lotosblüte des Herzens, aber damit ist nicht das physische, Blut pumpende Herz gemeint. Wenn wir von jemand Mutigem sagen, er sei beherzt, dann beziehen wir uns damit nicht auf irgendwelche physischen Qualitäten seines oder ihres tatsächlichen Herzens. Hier bezieht sich die achtblättrige Lotosblüte auf den Geist, den wir ja hin und wieder mit dem Herzen gleichsetzen. Wir sollten den spirituellen Meister in Sitzhaltung innerhalb des sogenannten Zentralkanals visualisieren.

Es gibt bestimmte Energiekanäle in unserem Körper; manche davon sind sichtbar, und manche sind sehr subtil und nicht direkt wahrnehmbar. Wenn wir, so erklären verschiedene Texte, bestimmte tantrische Techniken anwenden, in denen es um eine Visualisierung der Energiekanäle geht, und uns wirklich auf die Vitalpunkte des Körpers konzentrieren, dann hat das eine physische Wirkung. Dies zeigt, dass der jeweilige Vitalpunkt samt der dazugehörigen Energiekanäle vorhanden ist, auch wenn er möglicherweise im physischen Sinne nicht sichtbar ist. Man kann visualisieren, was man als den unzerstörbaren Tropfen kennt: Er befindet sich in dem von Energiekanälen gebildeten Rad[47] in Höhe unseres Herzens. Wenn der spirituelle Meister durch den Scheitelpunkt des Kopfes hindurch mit uns verschmilzt, sollten wir visualisieren, wie er oder sie ganz in den unzerstörbaren Tropfen in unserer Herzgegend aufgenommen wird. Stellen wir uns vor, dass er oder sie untrennbar mit unserem Geist verschmilzt und zu unserer Inspiration wird.

Das tibetische Wort für Inspiration bedeutet eigentlich »Kraft der Umwandlung«, was in sich schließt, dass die vorzüglichen Qualitäten des hier visualisierten Objekts das Wesen unseres Geistes verwandeln. Wenn wir im buddhistischen Sinne Segnungen erstreben, streben wir nach einer Umwandlung in unserem Geist. Ist es uns also gelungen, unseren Geist umzuwandeln, dann haben wir tatsächlich im wahren Sinne des Wortes den Segen des spirituellen Meisters empfangen. Andernfalls wird es sich schlicht so verhalten wie in der Geschichte von der Eule mit dem flachen Kopf. Als jemand sie fragte, wodurch ihr Kopf denn flach geworden sei, sagte sie, das komme daher, dass sie in einem früheren Leben die Segnungen ihres spirituellen Meisters immer durch leichte Schläge auf den Kopf empfangen habe. Am Ende der Meditationssitzung, egal wie lang oder kurz sie war, ist es sehr wichtig, dass wir uns aufrichtig über das freuen, was wir getan haben. Wir widmen dann das positive Potenzial, das wir gewonnen haben, dem Erreichen der Erleuchtung um aller empfindenden Wesen willen. Es ist sehr wichtig, dass wir uns aufrichtig freuen, weil das die Kraft unseres Verdienstes steigert. Stellen wir uns vor, dass das ganze positive Potenzial, das wir während der Sitzung angesammelt haben, nicht auf unseren persönlichen Vorteil, sondern allein auf das Wohl anderer empfindender Wesen ausgerichtet ist. Auf ebendiese Weise widmen wir unser Verdienst dem Erlangen von Erleuchtung um anderer empfindender Wesen willen.

Verstärken wir unsere Übung zusätzlich, indem wir uns unser Verständnis von Leerheit vergegenwärtigen. Bedenken wir, dass alle Erfahrungen und Phänomene von ursächlichen Bedingungen abhängen. Indem wir unser Verdienst widmen und von innerem Streben erfüllt beten, bewirken wir, dass alle Erfahrungen, die ja kein unabhängiges Wesen haben, von Nutzen sind. Wir rufen uns unser Verständnis von Leerheit ins

Gedächtnis zurück und verstärken dadurch unsere Übung - ebendies kann endgültig bekräftigen, was wir während der Sitzung erreicht haben.

Man sollte nicht wie ein Schauspieler sein, der für die Aufführung ein Kostüm anzieht und es gleich wieder ablegt, wenn sie zu Ende ist. Viele von uns sind so. Obwohl wir während der Meditationssitzung die Praxis sehr ernsthaft durchführen, werden wir gleich hinterher rückfällig und sind wieder die alte negative Person. Wir machen einfach, was wir wollen - wir werden handgreiflich, streiten und so fort. Wir sollten weder so denken noch uns so verhalten. Während der eigentlichen Meditationssitzung ist die Sachlage völlig unproblematisch, weil es niemanden gibt, der uns in die Quere kommen könnte. Aber sobald wir uns von einer Sitzung erheben, werden wir auf viele äußere Bedingungen stoßen, die unserer Praxis womöglich schaden. Bei solchen Gelegenheiten ist es sehr wichtig, über unsere Aufmerksamkeit zu wachen und es nicht zuzulassen, dass unser Geist abgelenkt wird.

Meditation ist wie ein Wiederaufladen unserer Batterie. Während der eigentlichen Sitzung werden wir wieder aufgeladen, aber das Wiederaufladen unserer Batterie dient dem Zweck, sie anschließend zu verwenden. Wenn wir meditieren, versuchen wir, unseren Geist umzuwandeln, aber die Wirkung zeigt sich eigentlich erst in der Zeit nach der Meditation. Die Fortschritte, die wir während der Meditationssitzung gemacht haben, sollten wir nicht unbeachtet lassen oder verheimlichen, sondern sie in unserem Lebensalltag aufrechterhalten.

Am Ende der Sitzung sollten wir, wie ich schon ausgeführt habe, das von uns geschaffene Verdienst dem Wohl anderer widmen. Auf diese Weise beschließen wir die Hauptmeditationssitzung. Hinterher können wir uns um das angemessene Verhalten bemühen, wenn wir Nahrung essen, uns waschen und so fort. Wenn wir unser Leben auf diese Weise führen, werden wir die ganzen vierundzwanzig Stunden des Tages heilsam und bedeutungsvoll gestalten, und dann werden auch die Wochen, Monate und Jahre sich mit Sinn erfüllen.

Sind wir fähig, auf diese Weise zu üben, dann werden wir einem der Leitsätze der tibetischen Kadampa-Meister aus dem 12. und 13. Jahrhundert gerecht werden. Sie pflegten zu sagen, dass der vortrefflichste Übende zum Zeitpunkt des Todes hocherfreut ist, weil er nun seine Gestalt gegen eine bessere eintauscht, die für das Üben des Dharma geeigneter ist. Der mittelmäßige Übende hat keine Wünsche, sondern ist vollkommen gefasst. Und selbst der kümmerlichste Übende empfindet kein Bedauern darüber, dass er sterben muss. Aufgrund der Kraft ihrer Verwirklichung konnten solche Übende, als sie starben, zumeist im Zustand des klaren Lichtes[48] verharren, in manchen Fällen tagelang. Mein eigener verstorbener Lehrer Kyabje Ling Rinpoche zum Beispiel verharrte vierzehn Tage lang im Zustand des klaren Lichtes. In den letzten Tagen seines Lebens sah er aufgrund seiner Krankheit sehr schlecht und gebrechlich aus. Aber als er verschieden war und dann im Zustand des klaren Lichtes verharrte, erstrahlte sein Teint wieder ganz in der früheren Frische.

Wenn wir angemessen üben, können wir unser Leben als freier und glücksbegünstigter Mensch lohnend gestalten. Wie die Kadampa-Meister zu sagen pflegten: »Erstrebt völlige Erleuchtung; seid bereit, euch große Mühe zu geben und Beschwernis zu ertragen und die Praxis immer so durchzuführen, wie es zum jeweiligen Zeitpunkt am angemessensten ist.«

Kapitel 4

Die Perspektive für die Praxis schaffen

Das Leben als freier und glücksbegünstigter Mensch wird hier als etwas Kostbares eingestuft. Ein derartiges Menschenleben findet man selten.

Aber Individuen, die es besitzen, können auf seiner Grundlage Großes erreichen. Doch ist es nichts Bleibendes, sondern zerbrechlich und äußerst flüchtig. Es ist wichtig, dass wir uns dieser Merkmale unseres Lebens bewusst sind und uns dann anschicken, den besten Gebrauch davon zu machen. Es ist leicht einzusehen, dass das menschliche Potenzial die Fähigkeiten anderer Lebewesen auf der Welt bei Weitem übersteigt. Der menschliche Geist hat eine weitreichende visionäre Kraft. Sein Erkenntnisvermögen ist grenzenlos. Infolge der Macht des menschlichen Geistes sind auf unserem Planeten neue Entdeckungen und Erfindungen reichlich vorhanden. Aber das Entscheidende ist, dass all diese Innovationen zu Glück und Frieden auf der Welt beitragen sollten. Das trifft in vielen Fällen nicht zu. Leider wird die menschliche Erfindungsgabe allzu oft auf irregeleitete Weise eingesetzt, um Störungen, Zwietracht und sogar Krieg hervorzurufen.

Die Errungenschaften menschlicher Intelligenz sind offenkundig. Die Ideen und Tätigkeiten auch nur eines einzigen Individuums können für Millionen Menschen und andere Lebewesen weitreichende Vorteile erbringen. Wenn unsere menschlichen Fertigkeiten, motiviert durch eine angemessene Einstellung, in die richtige Bahn gelenkt werden, geschehen wundervolle Dinge. Daher ist das menschliche Leben von unschätzbarem Wert. Aus einer weniger allgemeinen, spirituellen Perspektive bildet ebendieses menschliche Leben die Basis, auf der wir unterschiedliche Formen von Einsicht und Verwirklichung entwickeln können. Nur der menschliche Geist kann unendliche Liebe und unendliches Mitgefühl hervorbringen. Mehr um andere empfindende Wesen besorgt zu sein als um uns selber und unermüdlich zu ihrem Vorteil zu wirken zählt zu den erhabenen Kennzeichen der Menschennatur.

Das Leben als Mensch ist für das Erreichen sowohl unserer vorläufigen als auch unserer endgültigen Ziele äußerst wertvoll. In diesem Kontext bezieht sich das vorläufige Ziel auf das Erlangen einer höheren Wiedergeburt, und das letztendliche Ziel bezieht sich auf Nirwana und völlige Erleuchtung. Diese Ziele sind kostbar und schwer zu erreichen. Um dies zu bewerkstelligen, müssen Individuen in der Lage sein, zu üben und die erforderlichen Ursachen anzusammeln. Nur Menschen verfügen über die Möglichkeit und Intelligenz, diese Ziele zu erreichen. Wenn wir in den höheren Bereichen wieder geboren werden wollen, müssen wir unheilvolle Handlungen unterlassen und innere Qualitäten wie Freigebigkeit und Geduld üben. Wenn wir uns in den richtigen Übungen betätigen, haben wir das Potenzial, Nirwana und Buddhaschaft zu erreichen.

Sobald wir hinlänglich davon überzeugt sind, dass das Leben als freier und glücksbegünstigter Mensch selten und kostbar ist, sollten wir darüber reflektieren, dass es nicht beständig ist. Obwohl das Leben als Mensch das genannte Potenzial besitzt, ist es von kurzer Dauer und hat keinen Bestand. Gemäß der im Text gegebenen Anweisung sollten wir hier über drei grundlegende Themen meditieren: die Gewissheit des Todes, die Ungewissheit, wann er eintreten wird, und darüber, dass zum tatsächlichen Zeitpunkt des Todes nur die spirituelle Verwirklichung des betreffenden Individuums von irgendwelchem Nutzen sein kann. Diese Punkte sind leicht zu verstehen und stellen keine intellektuelle Herausforderung dar. Wir müssen jedoch immer wieder über sie meditieren, bis wir fest davon überzeugt sind. Jeder gibt zu, dass wir früher oder später alle sterben müssen. Also steht die Gewissheit des Todes außer Frage. Ob reich oder arm, jung oder alt, alle müssen eines Tages sterben. Der Tod ist unabänderlich und universell, und keiner kann diese Lebenstatsache leugnen oder sich über sie hinwegsetzen.

Was uns irreführt, ist die Ungewissheit über den Zeitpunkt des Todes. Wir wissen zwar sehr wohl, dass wir sterben müssen, aber wir nehmen an, erst später werde es einmal so weit sein. Wir denken alle, dass wir nicht sehr bald sterben werden, und wir klammern uns an den falschen Glauben, der Tod werde erst irgendwann nach vielen Jahren eintreten. Diese Vorstellung von einer langen und unbestimmten Zeitspanne, die noch vor uns liegt, hält uns von ernsthafter spiritueller Bemühung ab. Das Meditieren über Vergänglichkeit und Tod hat einzig und allein den Zweck, uns dazu zu bewegen, dass wir uns entschlossen auf spirituelle Übungen einlassen.

Ich will einige allgemeine Richtlinien skizzieren, die dazu beitragen können, unsere spirituelle Praxis ergiebig und erfolgreich zu gestalten. Unsere spirituelle Betätigung umfasst, wie ich bereits erläutert habe, Meditationssitzungen und den Zeitraum nach der Meditation. Die Leute gehen häufig von der Annahme aus, dass spirituelle Übungen nur in Meditationssitzungen durchgeführt werden; sie nehmen nicht zur Kenntnis, dass es dringend notwendig ist, auch in der Nach-Meditationsphase zu üben. Es ist wichtig, sich klarzumachen, dass dies eine falsche Auffassung ist. In der Nach-Meditationsphase ist das Üben ebenso wichtig. Wir müssen daher verstehen, wie die zwei Arten von Übung einander ergänzen. Das während der Meditation gewonnene spirituelle Verständnis sollte unser Verständnis in der Nach-Meditationsphase vertiefen und umgekehrt. Dank der Inspiration, die wir in den Meditationssitzungen gewinnen, können wir viele innere Vorzüge wie Mitgefühl, Wohltätigkeit, das Achten der guten Eigenschaften anderer und so fort entwickeln. Während der Sitzung fällt es viel leichter, eine gewisse »fromme Haltung« einzunehmen. Aber der wirkliche Test findet statt, wenn wir der Außenwelt gegenüberstehen. Daher müssen wir in unseren Übungen während der Nach-Meditationsphase gewissenhaft vorgehen.

Wenn wir dasitzen, unsere Gebete verrichten und meditieren, finden wir sicher zu einem inneren Frieden. Wir sind fähig, Mitgefühl gegenüber den Armen und Notleidenden zu entwickeln, und werden unseren Rivalen gegenüber innerlich duldsamer. Der Geist ist entspannter und weniger aggressiv. Aber es fällt tatsächlich schwer, diesen Grundimpuls beizubehalten, wenn wir mit den Verhältnissen des wirklichen Lebens konfrontiert werden. Als Meditierende schulen wir uns gleichsam für die wirkliche Welt. Wenn wir unsere Erfahrungen der Meditation und unsere Erfahrungen innerhalb der Nach-Meditationsphasen nicht gezielt koordinieren und aufeinander abstimmen, wird unser spirituelles Bestreben seine dringend nötige Wirkung verfehlen.

Wir können während unserer Meditation gütig und mitfühlend sein, aber wenn uns jemand auf der Straße heftig zusetzt oder uns in der Öffentlichkeit beleidigt, ist es sehr gut möglich, dass wir wütend und aggressiv werden. Ja, womöglich revanchieren wir uns dann sofort dafür. Wenn dies geschieht, verschwinden augenblicklich alle Güte, Geduld und alles Verständnis, die wir in unserer Meditation entwickelt haben. Natürlich fällt es sehr leicht, mitfühlend und altruistisch zu sein, solange wir bequem auf unseren Kissen sitzen, aber auf die Probe gestellt wird die Übung dann, wenn wir auf ein Problem stoßen. Wenn wir zum Beispiel die Gelegenheit haben, handgreiflich zu werden oder zurückzuschlagen, und wir diese aggressive Handlung unterlassen, ist das Dharmapraxis. Wenn wir die Macht haben, jemanden zu drangsalieren, und dies unterlassen, ist das Dharmapraxis. Die wirkliche Dharmapraxis besteht somit darin, uns in solchen Situationen zu beherrschen.

Um unsere spirituelle Praxis zu festigen und dauerhaft zu gestalten, müssen wir uns durchgehend schulen. Ein Mensch, der nur in guten Zeiten übt, hat wenig Aussicht darauf, sein Ziel zu erreichen. Es ist außerordentlich wichtig, die Unterweisungen Tag für Tag, Monat für Monat und Jahr für Jahr in die Tat umzusetzen.

Jeder, der durchgehend übt, kann es zu spiritueller Verwirklichung bringen. Da jedes vergängliche Phänomen sich verändert, wird unser ungezügelter und ungeschliffener Geist eines Tages diszipliniert und weise, völlig entspannt und friedvoll werden. Solche wundervollen geistigen Qualitäten lassen sich einfach dadurch entwickeln, dass man den Vorzug heilsamen Denkens und Handelns und die Schattenseiten der Verblendung erkennt. Trotzdem ist es ganz entscheidend, dass der Übende die angemessene Technik und Methode lernt. Auf der Suche nach spiritueller Verwirklichung sollten wir keine rohe Gewalt anwenden.

Als ich Unterweisungen von Khun-nu Lama erhielt, erzählte er mir von jemandem, der in Lhasa Runde um Runde einen Stupa umschritt. Jemand anderes meditierte dort gerade, und derjenige, der um den Stupa ging, fragte ihn: »Was machst du da?« - »Ich meditiere über Geduld«, antwortete der andere. »Dann friss Dreck!«, fuhr ihn der Erstgenannte an, und der Meditierende sprang auf und brüllte vor Wut. Dies zeigt deutlich, dass der wirkliche Test der Praxis in dem Nachweis besteht, ob wir sie in die Tat umsetzen können, wenn wir auf störende Umstände stoßen.

Ich finde, dass die Praxis nach der Sitzung wichtiger ist als die Praxis, die wir während der Sitzung durchführen. Eigentlich tanken oder laden wir während der Sitzung unsere Energie wieder auf, um die Praxis nach der Sitzung durchführen zu können. Je mehr wir daher den Geist während der Sitzung formen können, desto besser werden wir hinterher mit Schwierigkeiten zurechtkommen können.

Der Text erläutert das Wesen jener besonderen Art von menschlichem Leben, das uns die Freiheit lässt, den Dharma zu üben. Diejenigen mit der Freiheit und Gelegenheit zur Dharmapraxis werden nicht durch falsche Ansichten behindert. Sie sind frei von den Beschränkungen einer Geburt als Tier, als Hungergeist oder Höllenwesen. Es blieb ihnen erspart, in einer Gegend, wo die Lehre des Buddhas nicht verbreitet ist, oder in einem entlegenen barbarischen Land geboren zu werden. Und sie wurden auch nicht stumm oder dumm geboren.

Stellen wir uns vor, wir wären als Vogel geboren, nur damit beschäftigt, Nahrung zu finden. Wir hätten keine Gelegenheit, den Dharma zu üben. Glücklicherweise wurden wir nicht als Vögel oder Tiere geboren, sondern als Menschen. Aber selbst als Menschen könnten wir in einem entlegenen Land geboren worden sein, wo man von der Lehre des Buddhas noch nie etwas gehört hat. Reichtum und Intelligenz hätten keine Bedeutung; wir könnten den Dharma nicht üben. Meine Freunde aus dem Westen kommen aus Gegenden, wo man sich früher nicht im Buddhismus geübt hat. Aber aufgrund ihrer natürlichen positiven Neigungen und der sich ändernden Zeiten konnten wir uns kennenlernen und die Unterweisungen miteinander teilen. Einstmals hätte man die westlichen Länder als entlegene Länder bezeichnet: In ihnen stand es den Menschen nicht frei zu üben. Wir sollten nicht nur dafür dankbar sein, dass wir als Menschen geboren wurden, sondern auch dafür, dass wir nunmehr alle miteinander über die Voraussetzungen verfügen, den Dharma in die Tat umzusetzen.

Das Leben als Mensch ist die geeignetste Basis für das Erreichen von Nirwana und Buddhaschaft. Da sich uns nun diese großartige Gelegenheit bietet, wäre nichts schlimmer, als sie nicht gut zu nutzen. Wir sind zu dieser kostbaren menschlichen Geburt dadurch gelangt, dass wir in der Vergangenheit starke innere Qualitäten angesammelt haben. Wir müssen sie jetzt gut zur Entfaltung bringen, indem wir weiterhin den Dharma üben. Andernfalls werden wir die Kaufleute aus alter Zeit sein, die auf ihrer Suche nach Juwelen alles daransetzten, den Ozean zu überqueren, aber nur mit leeren Händen zurückkehrten. Dieser menschliche Körper wird mit einem Schiff verglichen, in dem wir den Leidensozean des Existenzkreislaufs überqueren können. Nachdem wir nun diesen Körper erhalten haben, bleibt uns keine Zeit, zu schlafen und die Praxis zu vernachlässigen.

Zu einem Leben als freier und glücksbegünstigter Mensch kommt man nur sehr schwer, weil es schwer ist, die Ursache dafür zu schaffen. Die meisten Menschen sind in unheilvolle Handlungen verstrickt, und daher werden die meisten von uns auf niedrigerer Stufe wieder geboren werden. Auf der Grundlage ihres gegenwärtigen Betragens und Verhaltens wird es den meisten von uns schwerfallen, im nächsten Leben als Mensch geboren zu werden. Und wenn wir kein menschliches Leben erhalten, werden wir uns nur auf negative Tätigkeiten einlassen und keine Gelegenheit haben, den Dharma zu üben.

Ein Leben als freier und glücksbegünstigter Mensch ist auch rein zahlenmäßig selten. Wenn man die Anzahl empfindender Wesen im menschlichen Existenzbereich mit denen in den Bereichen der Tiere und so weiter vergleicht, wird man feststellen, dass Vierfüßler und Vögel die Menschen zahlenmäßig weit übertreffen. Selbst wenn sie ein Leben als Mensch erhalten haben, wenden sehr wenige Individuen ihren Geist der Dharmapraxis zu. Daher müssen wir vorsätzlich das Verlangen erzeugen, unserem Leben als Menschen einen Sinn abzugewinnen.

Aus dem, was wir hier erörtert haben, wird klar, dass ein Leben als freier und glücksbegünstigter Mensch äußerst selten ist. Wer von uns mit all diesen besonderen Vorzügen ausgestattet ist, muss sich darüber klar werden, dass wir große Ziele erreichen können. Hier, wo ich den heiligen Dharma lehre[49], sind wir von unzähligen Vögeln und Insekten umgeben. Aber die sind weit davon entfernt, diese Lehren zu verstehen, und denken nicht im Mindesten an heilsames Handeln. Ihre Gedanken kreisen nur um Nahrung. Es reicht also nicht aus, dass der Dharma verfügbar ist. Die Einzelwesen brauchen eine Arbeitsgrundlage, die es ihnen ermöglicht, die Unterweisungen zu verstehen und in die Tat umzusetzen.

Aufgrund der langen Tradition des Mahayana-Buddhismus in Tibet sind den Tibetern bestimmte positive Qualitäten in Fleisch und Blut übergegangen. Sie neigen dazu, einem liebenswürdige und einfühlsame Worte zu sagen. Selbst in abgelegenen Nomadengebieten beten des Schreibens und Lesens unkundige Tibeter für das Wohlergehen aller empfindenden Wesen, mit der Vorstellung, dass diese alle in vergangenen Leben ihre Mütter gewesen sind. Ich habe viele Menschen aus diesen Gegenden kennengelernt, die mich bitten, im Interesse aller mütterlichen empfindenden Wesen doch bald nach Tibet zurückzukehren. Es bringt mich schon manchmal zum Lachen, dass sie sich mütterliche empfindende Wesen nur in Tibet und nirgendwo sonst vorstellen können. Trotzdem, das Entscheidende ist, dass sie aufgrund ihres Mitgefühls den starken positiven Grundimpuls haben, sich um empfindende Wesen zu kümmern.

Einst blühte der Buddhismus in China, und die Tibeter glaubten, die Kaiser seien Emanationen Manjushris, des transzendenten Bodhisattvas der Weisheit. Zurückblickend finde ich, dass wir in unserer Arglosigkeit naiv waren und es uns nicht gelang, bei den Chinesen entsprechenden Widerhall zu finden. Infolgedessen haben wir Tibeter leiden müssen. Es hat große politische Umwälzungen gegeben, seit die Kommunisten die Macht übernahmen. Sie scheinen den Buddhismus zu verabscheuen, als ob er Gift wäre. Aufgrund von Indoktrination ist das gegenseitige Verhalten der Chinesen von Feindseligkeit, Argwohn, Eifersucht und anderen negativen Denkweisen bestimmt. In ideologisch begründeten Kampagnen zur Vertilgung von Vögeln und Insekten wurden sogar Kinder eingesetzt. Unter solchen Umständen wird ihr natürlicher Grundimpuls unterdrückt, sich gütig und tugendhaft zu verhalten. In tibetischen Familien hingegen gibt man sich alle Mühe, damit der Geist der Jugendlichen eine positive Prägung erhält.

Das Leben als freier und glücksbegünstigter Mensch kann man sich auf vielerlei Weise verdeutlichen. Wir genießen nicht bloß den Vorzug, dass wir als Menschen geboren wurden. Stellen wir uns vor, wir wären zu einer Zeit geboren, die als dunkle Epoche gilt, in der sich noch kein Buddha in der Menschenwelt offenbart hat. Möglicherweise besäßen wir Reichtum, Talent und Macht, aber spirituell tappten wir im Dunkeln. Zu solchen Zeiten gibt es keinen Dharma auf der Welt.

Es ist wichtig, zu begreifen, was es heißt, die Unterweisungen in die Tat umzusetzen. Verschiedene Vorgehensweisen und Verfahren zielen direkt oder indirekt darauf ab, den ungebärdigen Geist zu formen und ihn zu disziplinieren, indem sie die negativen Aspekte des Geistes bändigen und seine positiven Aspekte verstärken. Wir rezitieren beispielsweise Gebete und führen Meditationen durch. Solche Übungen sollten die Herzensgüte fördern und innere Qualitäten wie freundliche Fürsorglichkeit und Geduld festigen. Sie sollten negative Geistesaspekte wie Feindseligkeit, Wut und Eifersucht bändigen und beseitigen, da diese für uns und für andere eine Quelle der Verstörung und des Kummers sind. Ebendeshalb ist die Übung des Dharma nützlich.

Dies führt zwangsläufig zu der Frage: Ist es möglich, die Unterweisungen wirklich in die Tat umzusetzen? Die Antwort ist ein entschiedenes Ja. Genau jetzt haben wir dieses menschliche Leben erhalten. Zu unserem Glück haben wir geeignete spirituelle Meister kennengelernt, die mitfühlend sind und befähigt, uns auf dem rechten Pfad voranzubringen. Wir haben zudem die Freiheit und Gelegenheit, uns spirituell zu betätigen.

Wir sollten nicht daran denken, unsere Übung des Dharma bis zum nächsten Leben aufzuschieben. Das wäre ein Fehler, weil es schwierig sein wird, in der Zukunft als Mensch geboren zu werden. Auch sollten wir nicht daran denken, unsere Praxis bis nächstes Jahr oder auch nur bis nächsten Monat zurückzustellen. Dass wir sterben werden, ist unvermeidlich, aber wir wissen nicht, wann das sein wird. Von den vielen Übungen, die uns zugänglich sind, ist das Entwickeln von Erleuchtungsgeist die bedeutendste.

Es ist wichtig, sich darauf zu besinnen, dass jeder im Innersten Buddhanatur besitzt und dass störende Emotionen nur vorübergehende Beschwerden des Geistes sind. Indem wir den Dharma angemessen üben, lassen sich diese störenden Emotionen vollständig beseitigen, und unsere Buddhanatur wird in ihrem ganzen Potenzial enthüllt werden.

Unsere spirituellen Übungen sollten allesamt darauf abzielen, die altruistische Denkweise des Erleuchtungsgeistes zu entwickeln. Damit diese wundervolle Denkweise entsteht, ist es unbedingt erforderlich, die missliche Lage empfindender

Wesen zu verstehen. Dies hilft uns, Güte und Mitgefühl anderen gegenüber zu entwickeln. Wenn wir nicht über einige Leiderfahrung verfügen, wird aus unserem Mitgefühl für andere nicht allzu viel werden. Daher geht der Wunsch, uns selbst von Leid zu befreien, jeder Empfindung eines Mitgefühls für andere voraus. Das Ziel all unserer spirituellen Übungen sollte der Erleuchtungsgeist sein. Von allen Lehren des Buddhas ist dies die höchste und kostbarste. Meditieren wir über den Tod und das Gesetz von Ursache und Wirkung, damit unsere Empfindung des Erleuchtungsgeistes wirkungsvoll und stark wird. Meditieren wir außerdem über das tückische Wesen des Existenzkreislaufs und die Vorteile von Nirwana. All diese Übungen ergänzen einander, weil uns jede von ihnen dazu bewegen soll, den Erleuchtungsgeist zu entwickeln.

Der zweite Schritt beim Entwickeln des Erleuchtungsgeistes besteht darin, über den Tod und die wesensmäßige Vergänglichkeit der Dinge nachzudenken - und ebenso darüber, welche Nachteile es mit sich bringt, wenn man dies nicht tut. Das Nachdenken über Tod und Vergänglichkeit macht es möglich, in diesem und dem nächsten Leben hervorragende Eigenschaften zu erreichen. Das Meditieren über den Tod und die Nöte der niederen Existenzbereiche ist für jene Übenden von elementarer Bedeutung, die versuchen, ihr Wohl in künftigen Leben sicherzustellen. Sie sind bestrebt, ihr Ziel dadurch zu erreichen, dass sie zu den Drei Juwelen Zuflucht nehmen und das Gesetz von Ursache und Wirkung besonders beachten. Solche Übende enthalten sich hauptsächlich der zehn unheilvollen Handlungen.

Durch den Meditationsprozess wird für diejenigen, die nach einer glücklichen Wiedergeburt trachten, immer klarer, dass der Körper vergänglich und dem Verfall unterworfen ist. Er steht unter dem Einfluss störender Emotionen und vergangener Handlungen, die beide letztlich aus der auf Unwissenheit beruhenden Vorstellung von einer wahren Existenz herrühren. Alles, was aufgrund von Unwissenheit entsteht, ist von Natur aus elend. Übende, die nur nach einer glücklichen Wiedergeburt trachten, meditieren vor allem über grobe Vergänglichkeit: Sie beobachten, dass wir alle sterben, dass Blumen verwelken und Häuser einstürzen. Jene, die nach dem Frieden von Nirwana streben, meditieren über subtile Vergänglichkeit: Sie gewahren, dass alle Erscheinungen in jedem Augenblick der Veränderung unterworfen sind. Wenn man hingegen nicht über den Tod nachdenkt und ihn einfach zu vergessen versucht, wird man sich nur auf Tätigkeiten einlassen, die dieses Leben betreffen. Selbst wenn man vorgibt, den Dharma zu üben, wird man das hauptsächlich im Hinblick auf die Annehmlichkeiten dieses Lebens tun. Sich nicht auf den Tod zu besinnen, führt also zu einer sehr begrenzten Daseinsweise. Aber das Nachdenken über den Tod gemahnt uns an das nächste Leben, und infolgedessen legen wir auf die Dinge dieses Lebens wesentlich weniger Wert. Natürlich müssen wir arbeiten, um unseren Lebensunterhalt aufzubringen, aber wir werden nicht das nächste Leben vergessen. Wir müssen über Tod und Vergänglichkeit nachdenken, weil wir zu sehr an den Gütern dieses Lebens haften: an unseren Besitztümern, Angehörigen und so fort.

Für jemanden, der den Dharma übt, bedeutet die Angst vor dem Tod nicht, Angst davor zu haben, von seinen Angehörigen, seinem Reichtum oder dem eigenen Körper getrennt zu werden. Von diesem Standpunkt aus ist Angst zwecklos, weil wir früher oder später sterben müssen. Mehr Sinn macht da schon die Angst, man könnte zu früh sterben - ohne dass es einem möglich war, das Nötige zu tun, um ein besseres künftiges Leben sicherzustellen.

Es ist allgemein bekannt, dass uns der Tod gewiss ist und dass ihm niemand entrinnen kann. Anstatt ihn auszuklammern, ist es besser, sich rechtzeitig auf ihn vorzubereiten. Zahlreiche Schriften erläutern die Vorteile, die einem daraus erwachsen, dass man sich auf den Tod besinnt, und welche Nachteile es mit sich bringt, wenn man ihn ignoriert. Wenn wir uns durch Meditation auf den Ernstfall vorbereiten, dann wird er, wenn er eintritt, nicht einen derartigen Schock auslösen oder so schwer zu bewältigen sein. Ahnen wir künftige Unannehmlichkeiten voraus, dann treffen wir Vorsorge. Wenn wir innerlich auf das vorbereitet sind, was geschehen könnte, werden wir nicht überrascht, wenn uns das jeweilige Verhängnis tatsächlich zustößt. Folglich meditieren wir über den Tod - nicht weil wir uns Entsetzen einjagen oder uns unglücklich stimmen wollen, sondern um uns das Rüstzeug zu geben, mit ihm fertigzuwerden, wenn er uns ereilt.

Solange wir im Existenzkreislauf bleiben, werden wir nicht frei von Krankheit, Alter oder Tod sein. Daher handeln wir einsichtig, wenn wir uns auf das Unausweichliche vorbereiten. Wir müssen uns mit dem Prozess vertraut machen, durch den der Tod eintritt, und mit dem sich anschließenden Stadium zwischen diesem und dem nächsten Leben. Tun wir das, dann werden wir mit diesen Geschehnissen, die von den uns geläufigen Erfahrungen abweichen, entschlossen und mutig fertigwerden können, wenn wir ihnen ausgesetzt sind.

Wie ich schon sagte: Beim Nachsinnen über den Tod muss

man sich drei zentrale Punkte vergegenwärtigen - dass der Tod gewiss ist, dass der Zeitpunkt des Todes nicht voraussagbar ist und dass zum Zeitpunkt des Todes außer unserem Verständnis des Dharma nichts mehr helfen wird. Die Unausweichlichkeit des Todes ist offenkundig und bedarf keiner Erläuterung. Trotzdem sollten wir darüber reflektieren, welche Rolle Zeit und Ort für das Eintreten des Todes spielen. Kein einziges Lebewesen wird dem Tod entgehen. Der Tod ist eine universell gültige Bedingung. Das war so in der Vergangenheit, bleibt so in der Gegenwart und wird in der Zukunft weiterhin gelten. Welche physische Existenzform wir auch annehmen, sie wird nicht gegen den Tod gefeit sein. Selbst Buddhas haben ihren Körper zurückgelassen, was kann man da von gewöhnlichen Wesen sagen?

Was den Ort angeht, so gibt es keinen, den man als todlose Zone betrachten könnte. Wo wir uns auch aufhalten, wir können dem Tod nicht entrinnen. Wir können uns nicht in den Bergen verstecken, wir können in keinem Raum bleiben, der für den Tod unerreichbar wäre. Der Tod trifft uns wie herabstürzende Massen eines riesigen Berges, aus denen es kein Entkommen gibt. Wir mögen unerschrocken, gerissen und schlau sein, aber was für eine Taktik wir auch anwenden, nirgendwo können wir dem Tod entkommen, nicht hoch droben im Gebirge, nicht tief unten in der See, nicht im dichtesten Wald noch auch in der von Menschen wimmelnden Großstadt. Es gibt in der Geschichte keine einzige Person, die nicht sterben musste. Selbst die spirituell Gereiftesten sind dahingegangen, ganz zu schweigen von den mächtigsten Königen und den tapfersten Kriegern. Jeder, ob reich oder arm, bedeutend oder gering, Mann oder Frau, muss sterben.

Wenn wir über den Tod meditieren, sollten wir seiner Unvorhersagbarkeit genaueste Beachtung schenken. Die Ungewissheit darüber, wann uns der Tod ereilen wird, behindert tatsächlich unsere spirituellen Bemühungen. Wir finden uns damit ab, dass der Tod zweifellos eines Tages eintreten wird; weil aber der Zeitpunkt dafür nicht feststeht, neigen wir stets zu der Annahme, er sei noch ziemlich weit entfernt. Das ist eine trügerische Ansicht. In Wirklichkeit rasen wir unablässig auf unseren Tod zu, ohne auch nur einen einzigen Augenblick innezuhalten.

Wir mögen heute vital und lebendig sein, aber manchmal überrascht uns der Tod, ohne dass wir noch die Zeit fänden, den Dharma zu üben. Wir können unser Leben um kein Stückchen verlängern. Das Leben geht fortwährend und ununterbrochen dem Ende zu. Jahre werden von Monaten aufgezehrt, Monate werden von Tagen aufgezehrt, und der Tag wird von Stunden aufgezehrt. Unser Leben wird so schnell zunichte sein wie eine Zeichnung auf der Wasseroberfläche. Geradeso wie der Schäfer seine Herde zur Hürde treibt, treiben uns Alter und Krankheit auf den Tod zu.

Aufgrund unserer physischen Struktur ist es unwahrscheinlich, dass wir länger als hundert Jahre leben. Unsere Lebensdauer wird durch unser Karma begrenzt. Sie lässt sich nicht mühelos ausdehnen. Selbstverständlich ist es denkbar, dass Gebete um ein langes Leben, Praktiken zur Festigung der Langlebigkeit und so fort das Leben des Einzelnen bis zu einem gewissen Grad stärken, aber es fällt sehr schwer, es zu verlängern oder etwas hinzuzufügen. Dinge, die wir erst vor ein paar Tagen taten, existieren jetzt nur noch in unserer Erinnerung. Wir können diese Erfahrungen nicht zurückbekommen.

Dies trifft sogar auf die Erfahrungen zu, die wir heute Morgen machten. Seitdem sind ein paar Stunden vergangen, und das bedeutet, dass unser Leben um ein paar Stunden kürzer ist. Das Leben verebbt mit jedem Sekundenticken der Uhr.

Da jeder Woche eine weitere folgt, bemerken wir nicht, wie die Zeit vergeht. Manchmal, wenn ich mich deutlich an Einzelheiten meines Lebens in Lhasa erinnere, scheint es mir, als hätte ich sie erst vor ein paar Tagen erlebt. Wir sind nun über dreißig Jahre im Exil, aber erst wenn wir mit alten Freunden aus Lhasa oder mit ihren Kindern zusammentreffen, wird uns klar, was für eine lange Zeit das gewesen ist. Wir haben die Tendenz, uns die Vergangenheit als etwas vorzustellen, das rasch geschah, und die Zukunft als etwas, das sich in die Ferne erstreckt. Infolgedessen neigen wir stets dazu, zu meinen, dass wir immer noch viel Zeit zum Praktizieren haben. Ein Projekt für später - so sehen wir das. Wir lassen uns von dieser negativen Tendenz täuschen. Aber selbst während der ganzen Spanne unseres Lebens haben wir nicht viel Zeit, den Dharma zu üben. Die Hälfte unseres Lebens verbringen wir schlafend. Die ersten zehn Jahre sind wir noch Kinder, und nach zwanzig Jahren beginnen wir zu altern. Unterdessen wird unsere Zeit von Leid, Sorge, Streit, Krankheit und so weiter ausgefüllt, die allesamt unsere Fähigkeit zu üben einschränken.

Heute in hundert Jahren wird keiner von uns noch am Leben sein, ausgenommen vielleicht die ein oder zwei Neugeborenen der letzten paar Tage. Wir haben die seltsame Angewohnheit, davon zu reden, dass der und der an dem und dem Ort stirbt, ohne daran zu denken, dass uns der gleiche Tod dahinraffen wird. Es kommt uns nie in den Sinn, dass auch wir sterben werden. Das Fernsehen berichtet über Menschen, die getötet wurden, aber wir bleiben immer nur die Zuschauer, wir sind nicht diejenigen, die bald sterben werden. Deswegen sollten wir, da wir uns die Unausweichlichkeit des Todes vor Augen halten, beschließen, den Dharma zu üben und das Hinauszögern einzustellen, indem wir heute mit dem Üben anfangen. Von den vielen Ebenen der Praxis ist die Meditation über den Erleuchtungsgeist die wichtigste; darum sollten wir uns entschließen, diese jetzt durchzuführen.

In der buddhistischen Kosmologie ist unser Planet der Südliche Kontinent[50]. Da wir diesen Kontinent bewohnen, ist unsere Lebensspanne äußerst ungewiss, wohingegen die Lebensspanne von Wesen auf dem Nördlichen Kontinent eindeutig festgelegt sein soll. Es fällt schwer, die in den Schriften gegebene Schilderung dieser Welten wörtlich zu nehmen. Das Bedeutsame an der Lehre des Buddhas sind seine Erläuterung der Vier Edlen Wahrheiten und seine Unterweisungen darüber, wie man den Geist umwandelt.

Manchmal gebe ich den Leuten scherzhaft zu bedenken, dass der Buddha nicht nach Indien kam, um die Karten der Welt zu zeichnen. Wenn wir auf Widersprüche zwischen der wissenschaftlichen Darstellung und der in den buddhistischen Schriften gegebenen Schilderung des Universums stoßen, sollten wir jeweils das akzeptieren, was sich durch Beobachtung bestätigen lässt. Man braucht diesbezüglich nicht dogmatisch oder engstirnig zu sein.

Damit werden freilich nicht die elementaren Lehren des Buddhas verächtlich gemacht. Indem wir über diese nachdenken, können wir die unermessliche Tiefgründigkeit des Dharma richtig einschätzen. Was die Schriften nun tatsächlich behaupten, ist, dass die Lebensspanne der Wesen unserer Welt nur äußerst schwer voraussagbar ist. Manche Menschen sterben, wenn sie noch sehr jung sind, und manche leben bis ins hohe Alter.

In unserer Meditation über den Tod sollten wir die Faktoren betrachten, die ihn verursachen. Die Bedingungen, die das Leben erhalten, sind begrenzt. Ironischerweise bewirken manchmal sogar diese den Tod. Nahrung und Unterkunft zählen zu unseren Grundbedürfnissen, aber gelegentlich können schlechte Nahrung oder übermäßiger Nahrungsverzehr zum Tod führen. Unser Körper besteht aus Elementen, die einander von Natur aus entgegengesetzt sind[51]. Wenn wir von guter Gesundheit reden, dann meinen wir, dass sich diese einander entgegenwirkenden Elemente im richtigen Gleichgewicht befinden. Wenn dieses Gleichgewicht gestört ist, leiden wir an verschiedenen Krankheiten. Äußerlich sind unsere Körper scheinbar kompakt und stark, aber der menschliche Stoffwechsel ist ausgesprochen subtil und vielschichtig: Wenn einem einzigen Körperteil etwas zustößt, kann das die Funktionen der übrigen Organe völlig durcheinanderbringen. Der Körper ähnelt einer Maschine mit vielen empfindlichen Komponenten. Das Herz zum Beispiel muss täglich vierundzwanzig Stunden schlagen. Es könnte jederzeit stillstehen. Und was wollen wir dann machen?

Selbst in der allerbesten Lebenslage gibt es keine Garantie, dass wir nicht morgen sterben werden. Wir glauben vielleicht, dass eine bestimmte Person noch lange nicht sterben wird, weil sie sich bester Gesundheit erfreut. Wir denken vielleicht, dass jemand bald sterben wird, weil er schwach und krank ist. Aber das sind bloß Vermutungen. Es gibt so viele Ursachen und Bedingungen für das Sterben, dass wir nicht sicher wissen, wann der Tod eintreten wird. Man denkt vielleicht, dass man ja, sollte sich ein Erdbeben ereignen, ein sehr stabiles Haus hat. Man denkt vielleicht, dass man ja, sollte ein Feuer ausbrechen, flinke Beine hat und davonlaufen kann. Und doch haben wir keinerlei Garantie dafür, dass wir uns gegen jede Möglichkeit schützen können. Daher sollten wir alle erdenklichen Vorkehrungen treffen und uns darauf vorbereiten, mit dieser unbekannten Situation fertigzuwerden. Wir können sicher sein, dass unser Tod kommen wird; wir sind uns nur nicht sicher, wann.

Zum Zeitpunkt des Todes schließlich kann uns nichts helfen außer unserer Dharmapraxis. Wenn wir sterben, müssen wir ganz allein fortgehen und alles zurücklassen. Wir haben vielleicht viele wundervolle Freunde und Angehörige, aber zu diesem Zeitpunkt kann uns keiner von ihnen helfen. Wer immer uns am nächsten steht - er ist absolut hilflos. Vielleicht sind wir reich, aber Reichtum hilft uns nichts zum Zeitpunkt des Todes, denn wir können keinen einzigen Pfennig mitnehmen. Es ist weitaus wahrscheinlicher, dass er Verdruss bewirkt. Unser bester Freund kann uns nicht in unser nächstes Leben begleiten. Selbst ein spiritueller Meister kann seine oder ihre eifrigsten Schüler nicht in die nächste Welt bringen. Jeder von uns muss allein gehen, vorwärts getrieben von der Kraft seines Karmas.

Ich denke oft über meine eigene Situation als Dalai Lama nach. Ich bin sicher, dass es Menschen gibt, die bereit sind, ihr Leben für mich zu opfern. Aber wenn mein Tod kommt, muss ich allein damit fertigwerden. Sie können mir überhaupt nicht helfen. Selbst mein Körper muss zurückbleiben. Und unter dem Einfluss meiner eigenen Handlungen werde ich mich zum nächsten Leben begeben. Was wird uns also helfen? Nur die Prägungen positiver Handlungen, die auf unserem Geist zurückgeblieben sind.

Sowohl positive als auch negative karmische Prägungen werden auf dem subtilen Bewusstsein abgelagert. Dieses subtile Bewusstsein kennt man als das Grundbewusstsein oder klare Licht[52], das weder Anfang noch Ende hat. Dieses ist das Bewusstsein, das aus früheren Leben kam und ins nächste Leben fortdauert. Die darauf befindlichen karmischen Prägungen sind es, die Erfahrungen von Schmerz und von Glück hervorrufen. Wenn wir schließlich sterben, werden nur die Prägungen durch unsere positiven Handlungen hilfreich sein. Daher ist es wichtig, dass wir uns im Lauf unseres Lebens auf den Tod vorbereiten, insbesondere solange wir jung, geistig unverbraucht und fähig sind, systematisch zu üben. Dann werden wir dem Tod auf angemessene Weise begegnen können, wenn es so weit ist.

Der Sterbeprozess vollzieht sich als allmähliche Auflösung unserer inneren Elemente. Haben wir unseren Geist mit diesem Prozess vertraut gemacht, dann werden wir, wenn er tatsächlich stattfindet, also zum Zeitpunkt des Todes, mit ihm zurechtkommen können. Haben wir uns mit der Meditation über Liebe und Mitgefühl und dem Eintauschen unseres Glücks gegen das Leid anderer empfindender Wesen vertraut gemacht, dann werden uns diese Übungen gleichermaßen helfen. Falls wir uns wahrhaft im Dharma geübt haben, werden wir dem Tod bereitwillig gegenübertreten.

Glaubt man allerdings, dass wir nur dieses gegenwärtige Leben haben, dann geht im Tod alles zu Ende. Akzeptiert man aber die Möglichkeit künftiger Leben, dann ist der Tod bloß so, als wechselte man die Kleidung. Das Kontinuum des Geistes dauert fort. Da wir jedoch keine Ahnung haben, was die Zukunft birgt, ist es notwendig, dass wir uns jetzt den Übungen widmen, die uns dann helfen werden. Auch in dieser Welt brauchen wir in schweren Zeiten Freunde und Beistand. Wenn wir dem Unbekannten allein gegenübertreten müssen, werden wir nur eines haben, das uns beisteht - das, worin wir uns zuvor geübt haben.

Nun, wenn wir von Dharmapraxis sprechen, missverstehen die Leute manchmal, was damit gemeint ist. Ich möchte es darum in die richtige Perspektive rücken. Den Dharma zu üben bedeutet nicht, dass man seinen Beruf aufgeben oder seine Besitztümer loswerden muss. Es gibt unterschiedliche Praxisebenen, die der jeweiligen individuellen Fähigkeit und geistigen Veranlagung entsprechen. Nicht jeder kann der Welt entsagen und in den Bergen meditieren. Das ist nicht praktikabel. Wie lange könnten wir überleben? Wir würden bald sterben. Wir brauchen Landwirte, die Nahrungsmittel produzieren, und wir brauchen ebenso den Rückhalt der arbeitenden Bevölkerung. Auch diese Menschen können die Unterweisungen in die Tat umsetzen und ihr Leben ganz im Bereich des Dharma einrichten. Geschäftsleute müssen Profit machen, um ihren Lebensunterhalt zu verdienen, aber der Profit sollte relativ gering sein. Auf ähnliche Weise können Menschen in anderen Branchen und Berufen ehrlich und gewissenhaft arbeiten, ohne zum Dharma in Widerspruch zu geraten. Auf diese Art können sie der Gemeinschaft dienen und das wirtschaftliche Gesamtsystem unterstützen.

Für gewöhnlich rate ich den Leuten, die Hälfte ihrer Zeit den weltlichen Angelegenheiten und die andere Hälfte der

Dharmapraxis zu widmen. Ich denke, dass dies für die meisten Menschen ein ausgewogener Ansatz ist. Selbstverständlich brauchen wir die wahren Entsagenden, die ihr gesamtes Leben der Praxis widmen. Sie verdienen unsere Hochachtung und Verehrung. Wir können sie innerhalb aller Überlieferungslinien des tibetischen Buddhismus finden. Viele von ihnen meditieren im Himalaja.

Wir verschwinden nicht nach unserem Tod; wir werden wieder geboren. Aber wir können nicht sicher sein, dass wir nicht in elenden Verhältnissen wieder geboren werden. Wir werden nicht freiwillig wieder geboren; wir werden durch die Kraft unserer Handlungen dazu gezwungen. Unsere Handlungen sind von zweierlei Art: positiv und negativ. Wollen wir unser zukünftiges Wohlergehen sicherstellen, dann ist es wichtig, dass wir uns ernstlich um heilsame Handlungen bemühen. Weil ein Dasein als Tier, als Hungergeist oder als Höllenbewohner äußerst elend ist, streben Übende nach einer günstigeren Wiedergeburt. Dieser Wunsch lässt sich hauptsächlich dadurch verwirklichen, dass man sich der zehn unheilvollen Handlungen enthält. Diese zehn verwerflichen Taten umfassen drei physische Aktivitäten - einem Wesen das Leben zu nehmen, zu nehmen, was einem nicht gegeben wird, und abartiges Sexualverhalten; vier verbale Aktivitäten - Lügen, üble Nachrede, grobe Worte und seichtes Geschwätz; und drei geistige Aktivitäten - Habsucht, Böswilligkeit und falsche Ansicht. Es ist entscheidend, dass wir diese zehn Handlungen unterlassen, wenn wir eine günstige Wiedergeburt erreichen wollen. Die Ausübung eines solchen sittlichen Verhaltens sollte vor dem Hintergrund des Karma- oder Handlungsgesetzes gesehen werden. Jede Handlung muss zwangsläufig Folgen hervorrufen. Das heißt: Je nach den positiven oder negativen Aktivitäten, die man verrichtet, wird man entsprechend positive oder negative Resultate erhalten. Welche Handlungen man auch begeht, sie werden einem geradeso nachfolgen wie der Schatten einem Vogel, der über den Himmel fliegt. Handlungen haben auch das Potenzial, sich zu vergrößern und zu vervielfältigen. Selbst wenn man eine kleine positive oder negative Handlung ausführt, kann sie schließlich ein gewaltiges Ergebnis bewirken. Wir sollten nicht denken, dass auch nur eine einzige verwerfliche Handlung bedeutungslos ist und uns nicht in Zukunft schaden wird. Geradeso wie ein großes Gefäß von einzelnen Wassertropfen gefüllt wird, wird auch geringfügig Negatives uns später schaden. Haben wir keine Handlung vollzogen, werden wir nicht ihre Folgen tragen müssen, doch sobald eine Handlung erst einmal ausgeführt wurde, werden ihre Auswirkungen niemals einfach verschwinden. Das heißt, wir haben ihre Folgen zu tragen.

Nachdem man das bedacht hat, sollte man alle negativen Aktivitäten einstellen und sich Mühe geben, heilsame Handlungen anzusammeln. Deren wichtigste ist das Sich-Schulen im kostbaren Erleuchtungsgeist mit dem Bestreben, zum Nutzen aller empfindenden Wesen Erleuchtung zu erlangen. Andererseits müssen wir uns bewusst sein, dass das Wirken des Karmas subtil und schwer zu verstehen ist. Das subtile Spiel von Handlung und Folge ist äußerst schwer zu begreifen, und möglicherweise können wir es mit unserem Verstand überhaupt nicht ergründen. Darum bleibt uns nur der Ausweg, uns auf die Erklärung von jemandem zu verlassen, der Erfahrung hat. Wenn wir darauf bauen sollen, brauchen wir erst einen Nachweis, dass die betreffende Person zuverlässig und glaubwürdig ist. Den können wir bekommen, indem wir sein oder ihr Verhalten beobachten und von seinen oder ihren Darlegungen diejenigen prüfen, die uns verständlich sind. Können wir uns dann von ihrer Stichhaltigkeit überzeugen, ist das ein hinreichender Grund, den Lehrer für glaubwürdig zu halten.

In unserem täglichen Leben sehen wir viele Dinge unmittelbar und können sie sofort verstehen. Wir können sagen, dass dies ein Pfirsichbaum oder das eine Bananenstaude ist, und müssen dabei nicht auf eine vernunftgemäße Begründung zurückgreifen oder uns auf eine glaubwürdige Autorität verlassen. Wenn jedoch etwas hinter mir ist, sehe ich es nicht direkt mit den Augen. Aber falls ich das Miauen einer Katze höre, kann ich, weil mir Katzen vertraut sind, folgern, dass sich hinter meinem Sessel eine Katze befindet. Es gibt auch partiell unklare Phänomene, die wir nicht unmittelbar mit den Sinnen wahrnehmen können, die wir aber auf der Basis bestimmter Zeichen und Andeutungen erschließen können. Zum Beispiel fällt mein Geburtstag auf den fünften Tag des fünften Monats im tibetischen Kalender[53]. Das zählt nicht zu den Dingen, die ich durch eigene Beobachtung feststellen kann. Ich muss mich schlicht auf das verlassen, was meine Eltern mir gesagt haben. Ich weiß, dass sie keine Veranlassung haben, diesbezüglich zu lügen, und dass sie geistig gesund waren. Ich kann ihren Worten ruhig glauben, auch wenn ich die Sache nicht direkt sehen oder rational ergründen kann.

Also, das subtilste Wirken von Handlungen und ihren Folgen oder ihrem Karma ist für den menschlichen Geist äußerst schwer zu verstehen. Gewöhnliche Menschen wie wir können solche höchst unklaren Phänomene weder durch direkte Wahrnehmung noch auf dem Weg logischer Beweisführung erfassen. Keine noch so umfangreichen Untersuchungen und Prüfungen können uns hier helfen. Wir müssen uns auf jemanden verlassen, der diese Phänomene kennt und auf ihrem Gebiet Erfahrung hat, wie etwa Buddha Shakyamuni. Wir tun das nicht, indem wir lediglich sagen, dass er groß oder dass er kostbar ist. Wir verlassen uns auf seine Worte. Das ist gerechtfertigt, weil ein Buddha nicht lügt; er besitzt großes Mitgefühl und den allwissenden Geist, der daraus hervorgegangen ist, dass alle Befleckungen und Behinderungen restlos von ihm entfernt wurden. Die Herzensgüte des Buddhas ist bedingungslos und allumfassend. Seine einzige Mission ist es, empfindenden Wesen jeweils auf die Weise zu helfen, die für sie sinnvoll ist. Zusätzlich zu seinem allumfassenden Mitgefühl ist der Buddha mit der Weisheit begabt, die die Leerheit unmittelbar erfasst. Diese Attribute des Mitgefühls und der Weisheit charakterisieren den Buddha als echten Lehrer. Er ist jemand, auf den wir bauen können, wenn unser eigener Verstand versagt.

Die ethische Disziplin, unter der man sich der zehn unheilvollen Handlungen enthält, ist die eigentliche Zuflucht, die uns davor beschützt, in verhängnisvolle Existenzzustände zu fallen. Diese Praxis wird durch den Glauben an das Karma oder das Gesetz von Ursache und Wirkung wach gehalten. Einen derartigen Glauben erwirbt man, indem man auf die Worte des Buddhas vertraut. Ebendeswegen müssen wir uns einen Nachweis verschaffen, dass er verlässlich und glaubwürdig ist, und dies tun wir, indem wir seine Lehren prüfen. Die Lehre des Buddhas ist umfangreich und tiefgründig. Seine Lehren von den Vier Edlen Wahrheiten sind makellos. Ihre Bedeutung und Gültigkeit stehen außer Frage. Seine Erläuterung der

Selbstlosigkeit als einer Methode, mittels derer man Nirwana und Buddhaschaft erreicht, ist einleuchtend und rational. Wenn wir diese Lehren logisch denkend analysieren und nachvollziehen, werden eben dadurch unser Vertrauen und unsere Hochachtung zunehmen. Wir können die Menschen in drei Hauptkategorien einstufen: in jene, die an Religion glauben, jene, die gegen sie sind, und jene, die sich diesbezüglich nicht festlegen. Die Mehrheit fällt unter die dritte Kategorie. Solche Einstellungen spiegeln wider, auf welch unterschiedliche Art die Menschen ihr eigenes Wohlergehen jeweils zu erreichen suchen. Da gibt es jene, die auf materielle Annehmlichkeiten vertrauen, und jene, die vor allem auf spirituelle Erfüllung vertrauen.

Die kommunistischen Chinesen sind generell gegen Religion und insbesondere gegen Buddhismus. Sie brandmarken Religion als Gift und behaupten, dass sie wirtschaftlichem Wachstum schade und ein Mittel zur Ausbeutung sei. Sie sagen sogar, Religion sei ein hohles und sinnloses Unterfangen. Die Tibeter hingegen glauben an die Lehre des Buddhas und sehen in ihr eine Quelle des Friedens und Glücks. Im Großen und Ganzen sind die Tibeter tatsächlich glücklich und friedlich und lassen sich in schwierigen Lagen nicht entmutigen. Jene, die Religion bekämpfen, neigen dazu, ängstlicher und engstirniger zu sein. Es fällt auch auf, dass Tibeter ihr gutes Auskommen finden, ohne besonders hart arbeiten zu müssen, während sich die Chinesen viel härter abmühen müssen, um zu überleben.

Ganz eindeutig: Verdienstvolles Tun zeitigt Glück und Erfolg. Die am Gesetz von Ursache und Wirkung beteiligten Kräfte sind keine physischen Gegebenheiten, aber wenn wir sie sorgfältig studieren, können wir lernen, wie sie funktionieren. Als wir Tibeter Flüchtlinge wurden, war unser Leben anfangs sehr hart. Wir besaßen keinen Zentimeter Land und waren zwangsläufig auf die Unterstützung anderer angewiesen. Im Lauf der Zeit verbesserte sich unsere Situation. Das ist unser gutes Karma, das nachgerade Früchte trägt. Ähnlich verhält es sich bei manchen Menschen, die im gewöhnlichen Leben ohne offensichtlichen Grund mehr Erfolg haben als andere. Wir sagen einfach, er oder sie habe Glück, aber dies sind Beispiele für das Wirken von positivem Karma.

Wir sollten nicht nur alle negativen Aktivitäten einstellen, sondern auch die Motivation, die sie verursacht, unterbinden. Es ist wichtig, die zehn unheilvollen Handlungen zu unterlassen, und zwar sowohl aus spiritueller Sicht als auch deswegen, weil sie mit einem akzeptablen menschlichen Verhalten unvereinbar sind. Mutwilliges Abschlachten von Tieren, das Töten von Menschen und abartiges Sexualverhalten wie etwa Vergewaltigung sind überall gesetzwidrig. Heutzutage erleben wir, dass viele neue Gesetze beschlossen werden, aber ganz gleich, welche Strafen vorgeschrieben sind, die Menschen finden offenbar immer einen Weg, ihnen zu entgehen. Wenn es vonseiten der Einzelpersonen kein Gefühl des Anstands und der Zurückhaltung gibt, wird es schwerfallen, Frieden und Ruhe in der Gesellschaft zu gewährleisten. Schamgefühl und Gewissensskrupel sind wirkungsvoller als die Bedrohung, Ärger mit der Polizei zu bekommen und eine Strafe zu riskieren. Wenn wir eine spirituelle Praxis haben, die eine wirkliche Umwandlung im Geist hervorruft, werden wir nicht mehr notgedrungen auf äußere Kräfte angewiesen sein. Wenn im Geist der Einzelpersonen Kontrolle herrscht, werden überall in der Gesellschaft Disziplin und Frieden herrschen.

Daher sollten wir alle uns bemühen, die zehn unheilvollen Handlungen während unseres ganzen Lebens zu vermeiden; zumindest sollten wir tunlichst vermeiden, uns häufig auf sie einzulassen. Wir sollten uns besonders mit dem Töten in Acht nehmen. Wenn wir auch nur ein kleines Insekt aus großer Wut, begehrlichem Anhaften oder Unwissenheit töten, kann das bereits genügen, um uns in eine unglückliche Wiedergeburt zu treiben. Selbst falls wir es schaffen, als Mensch wieder geboren zu werden, wird unsere Lebenserwartung gering sein, und wir werden dazu neigen, abermals zu töten. Auf diese Weise wird man ständig negative Aktivitäten ansammeln und darum viele zukünftige Leben lang Negatives erfahren. Man kann dies andeutungsweise bei kleinen Kindern erkennen, die, auch wenn sie erst zwei oder drei Jahre alt sind, mit großer Vorliebe Insekten töten. Auf ihrem Geist sind noch starke Prägungen zurückgeblieben, die diese Neigung zu töten zur Folge haben.

Wenn wir jung sind, sind wir eher dafür empfänglich, uns an unsere Handlungen und Erfahrungen aus früheren Leben zu erinnern, weil sie noch nicht von der gegenwärtigen Erfahrung überlagert werden. Während wir heranwachsen, beginnen diese deutlichen Erfahrungen, seien sie nun positiv oder negativ, sich zu verringern. Später bleibt der Einfluss unserer Handlungen weiter im Geist vorhanden, auch wenn wir womöglich keine deutliche Erinnerung mehr daran haben. Entsprechendes gilt für vergangene Handlungen aus diesem Leben. Sie behalten auch dann noch ihr Potenzial, wenn wir uns ihrer später womöglich nicht mehr entsinnen. Ein einzelner negativer Akt ist nicht nur zu dem Zeitpunkt negativ, an dem er ausgeführt wird; später kann er uns in einen elenden

Existenzzustand treiben, in dem uns unaufhörliches Leid widerfährt.

Wenn wir darüber nachdenken, werden wir vorsichtiger sein. Wenn wir uns der Schattenseiten des Tötens bewusst sind, werden wir es zu vermeiden suchen. Selbst wenn uns eine Stechmücke belästigt und wir einen Grund zu haben glauben, sie zu töten - bemühen wir uns, es zu unterlassen. Wir sind vielleicht nicht in der Lage, Blut zu spenden, aber dann wollen wir wenigstens keines vergießen. Das fällt freilich nicht besonders leicht, wie ich aus eigener Erfahrung weiß. Wenn einen die Stechmücke zum ersten Mal sticht, ist man möglicherweise nachsichtig gegen sie. Doch beim zweiten Mal gerät man vielleicht etwas mehr in Wallung, und wenn sie es zum dritten Mal tut, denkt man langsam daran, sie zu töten.

Es ist wichtig, über den Irrweg des Tötens nachzudenken. Falls man dann die Gelegenheit hat, jemanden zu töten, dies jedoch unterlässt, dann handelt man wirklich in der Gesinnung des Nicht-Tötens. Wenn man sagt, man vermeide es zu töten, und dabei nicht wirklich in der Lage ist zu töten, dann bedeutet das nicht sehr viel. Eine Folge des Nicht-Tötens ist, dass man in der Zukunft unter günstigen Bedingungen wieder geboren wird, etwa als Mensch. Man wird lange leben, eine natürliche Abneigung gegen das Töten haben und es vermeiden, anderen Wesen das Leben zu nehmen. Handlungen verursachen nicht nur in diesem Leben positive oder negative Erfahrungen, sondern haben auch in künftigen Leben eine ähnliche Wirkung.

Prüfen wir unser gegenwärtiges Verhalten und unsere innere Veranlagung, dann können wir mühelos den Schluss ziehen, dass wir uns in der Vergangenheit auf negative Handlungen eingelassen haben. Auf der Basis unserer gegenwärtigen Erfahrung können wir ebenso mühelos erkennen, mit welcher Art von Handlungen wir besser vertraut sind. Manche Menschen, die sich offenbar völlig daran gewöhnt haben, ihre Morgengebete zu sprechen, haben damit nachgerade keinerlei Mühe. Aber jenen von uns, denen eine solche Gewöhnung fehlt, fällt es sehr schwer, täglich dazusitzen und die eigenen Gebete zu verrichten. Selbst jene unter uns, die ordiniert und seit Jahren Dharma-Schüler sind, verlieren noch immer wegen störender Emotionen leicht die Kontrolle über sich. Dies zeigt, dass wir in der Vergangenheit negative Handlungen vollzogen haben.

Diese Negativität läutern wir dadurch, dass wir uns all unsere negativen Aktivitäten ins Gedächtnis zurückrufen und sie offen eingestehen. Um dies zu tun, können wir Zuflucht zu den Drei Juwelen nehmen und den Erleuchtungsgeist entwickeln. Im Gefühl der Reue über alle unheilvollen Handlungen, die wir begangen haben, versprechen wir dann, sie in Zukunft niemals zu wiederholen und uns beharrlich der spirituellen Praxis zu widmen. Dies sollten wir so lange fortsetzen, bis wir, zum Beispiel in unseren Träumen, einen klaren Hinweis erhalten, dass unsere unheilvollen Handlungen mittlerweile geläutert wurden.

Wenn wir nicht ernstlich versuchen, über die Leiden des Existenzkreislaufs nachzudenken, werden wir kein wirkliches Verlangen nach Befreiung entwickeln. Und wenn wir nicht darüber nachdenken, wodurch wir in den Existenzkreislauf geraten, werden wir die Methode nicht verstehen, mit der man dem ein Ende macht. Wir sollten über die Leiden meditieren, die den Existenzkreislauf insgesamt betreffen, und ebenso über die Leiden einzelner Existenzbereiche. Im Existenzkreislauf gibt es keine Gewissheit. Manchmal wird aufgrund der wiedergeburtlichen Veränderungen unser Freund zu unserem Feind, und unser Feind wird zum Freund, der Vater wird zum Sohn, die Mutter wird zur Gattin und so fort. Nichts ist gewiss, darum wissen wir nicht, wer unser wahrer Feind und wer unser wahrer Freund ist. Schon in diesem Leben gibt es keine Gewissheit. Wir bezeichnen jemanden, der uns glücklich macht, als Freund. Wir halten Reichtum und Freunde für verlässliche Quellen des Glücks, aber wenn wir gründlicher nachdenken, sind sie unzuverlässig, weil sie der Veränderung unterworfen sind.

Mangel an Befriedigung ist eines unserer größten Leiden. Wir genießen einen gewissen Besitz- oder Erfahrungsstand, in der Hoffnung, er werde uns einigermaßen zufriedenstellen, aber die Befriedigung bleibt aus. Je mehr wir in den Genuss von etwas kommen, desto mehr begehren wir etwas anderes. Wir sehen viele von Reichtum und Aufmerksamkeit umgebene Menschen, die immer noch keine Zufriedenheit kennen. Und wenn sie spüren, dass ihnen Befriedigung und Zufriedenheit abgehen, halten sie sich für die unglücklichsten Menschen auf der Welt. Solange wir den Existenzkreislauf nicht tatsächlich als bloße Abfolge von Höhen und Tiefen erleben, wird unsere spirituelle Praxis nicht erfolgreich sein.

Wir müssen auch immer wieder aufs Neue unseren Körper aufgeben, indem wir immer wieder geboren werden und die Höhen und Tiefen unserer sich wandelnden Leben durchmachen. Zu irgendeinem Zeitpunkt werden wir möglicherweise als Könige eines himmlischen Reichs geboren, aber in unserem darauf folgenden Leben fallen wir dann womöglich in einen Zustand unerträglichen Leidens. Jeglichen Reichtum, den wir ansammeln, müssen wir schließlich zurücklassen. Wie hoch geachtet unser Name, wie weit verbreitet unser Ruhm und wie groß unser Reichtum auch sein mögen - zuletzt werden wir sie aufgeben müssen. Alles, was zusammengekommen ist, muss sich schließlich trennen. Wir mögen unser Leben mit unseren Freunden und Angehörigen genießen, aber am Ende müssen wir uns alle trennen.

Wenn wir sterben, gehen wir allein, und das einzige Licht, das uns begleitet, rührt von der spirituellen Praxis oder den positiven Handlungen her, die wir ausgeführt haben. Der Existenzkreislauf ist folglich unzuverlässig. Er ist unzuverlässig, weil wir immer wieder unseren Körper aufgeben müssen, uns nicht darauf verlassen können, dass uns die einen Hilfe leisten und die anderen Schaden zufügen, uns nicht darauf verlassen können, zu Wohlstand zu kommen, und uns nicht auf unsere Gefährten verlassen können. Ganz gleich, wie sehr wir die Freuden des Lebens genießen - es gibt keine Zufriedenheit. Weil wir immer und immer wieder in den Mutterschoß hineingekommen sind, ist die Abfolge unserer Geburten nicht ausfindig zu machen; das deutet darauf hin, dass wir seit anfangsloser Zeit im Existenzkreislauf umherwandern.

Denken wir jetzt über die Schattenseiten des menschlichen Daseins nach, das wir augenblicklich erleben. Es ist gekennzeichnet durch die Leiden von Geburt, Krankheit, Alter und Tod. Es gibt keinen, der diesen Nöten entrinnen könnte. Wir haben keine Erinnerung daran, wie wir bei unserer Geburt litten, und die Leiden des Alterns sind ebenso schwer greifbar für uns. Die Kadampa-Meister pflegten zu sagen, es sei gut, dass das Alter nur nach und nach über uns kommt. Würde es mit einem Mal eintreten - würden wir eines Morgens plötzlich faltig, gebeugt und weißhaarig aufwachen -, der Schock wäre unerträglich.

All diese Leiden entstehen aus unserem Gefühl des Begehrens, der Abneigung und anderer störender Emotionen. Unwissenheit ist ihrer aller Wurzel. Die Menschen werden infolge der Kraft von Karma und störenden Emotionen geboren. Daher ist die Geburt weit entfernt davon, ein guter Anfang zu sein: Sie ist bloß der Anfang einer langen Leidensflut. Aus dieser Sicht entbehrt es nicht einer gewissen Ironie, dass wir die Geburt als etwas Besonderes feiern und dann weiterhin jedes Jahr den Geburtstag begehen. Weil wir unter dem Einfluss von Karma und störenden Emotionen geboren werden, sind wir von vielen negativen Kräften beherrscht. Wie können wir da erwarten, Freude und Glück zu finden? Wir gleichen alle den Tibetern, die unter der Herrschaft der kommunistischen Chinesen stehen. Wie könnten sie unter einer so tyrannischen Obrigkeit, die keinen Respekt vor dem Gesetz von Ursache und Wirkung hat und die kein Erbarmen, kein Gefühl der Scham oder des Anstands kennt, Frieden und Glück genießen?

Das Leiden des Alters schleicht sich an uns heran; darum bemerken wir es kaum. Streng genommen beginnt das Altern genau mit dem Moment, in dem wir geboren werden. Es befällt uns sacht, und obwohl das Alter nicht angenehm ist, macht sein allmähliches Einsetzen es erträglich. Mit zwanzig Jahren werden wir erwachsen. Wenn wir ungefähr die vierzig erreichen, werden einige unserer Haare weiß, und noch ein paar mehr fallen aus. Merkwürdigerweise hält man das für Zeichen der Reife und Würde. Weil das Altern nicht sehr augenfällig ist, sehen wir nicht, wohin es führt. Und den einen wichtigen Punkt darf man nicht vergessen: Altern gehört zu unserer physischen Beschaffenheit. Es ist nichts von außen Auferlegtes. Solange wir diesen verunreinigten Körper haben, werden wir den Leiden von Geburt, Alter, Krankheit und Tod unterworfen sein. Das intelligenteste und wirkungsvollste Mittel zur Überwindung solcher Not besteht darin, ihre Ursache zu beseitigen.

Heutzutage führt die fortgeschrittene Medizin viele Krankheitsursachen auf äußere Agenzien wie etwa Bakterien und Viren zurück. Aber die Grundursache liegt in unserer physischen Beschaffenheit. Unsere Körper sind anfällig für Krankheit. Alles, was uns in physischer und geistiger Hinsicht ausmacht, einschließlich unseres Körpers, ist das Produkt verunreinigter Handlungen und störender Emotionen. Daher haben unsere Krankheiten sowohl physische als auch geistige Aspekte. Wir leiden, weil das dem Wesen unseres Körpers entspricht. Aber es ist sinnlos, eine Abneigung gegen unseren Körper zu entwickeln. Die verständigste Taktik ist es, die Leidensursachen herauszufinden und sie zu beseitigen. Solange wir unter der Herrschaft störender Emotionen stehen, wird wahres Glück schwer zu finden sein.

Das Meditieren über das Leiden bezweckt nicht, uns noch mehr zu beunruhigen, sondern uns dazu anzuregen, die Leidensursachen auszutilgen. Die Praxis der Meditation über den wahren Pfad führt zur Beendigung des Leids und seiner Ursachen. Aus dieser Sicht kann ein intelligenter Mensch erkennen, wie unergründlich weise es vom Buddha ist, seine Lehren mit den Vier Edlen Wahrheiten zu beginnen. Schätzt der Einzelne die Vorzüge von Nirwana und die Schattenseiten des Existenzkreislaufs richtig ein, so wird er dadurch ganz natürlich angespornt, sich in Übungen wie den drei Schulungen - der Schulung in ethischem Verhalten, in Konzentration und in Weisheit - zu betätigen. Dies ist der Pfad, der uns zum Zustand der Befreiung hinführen kann.

Die altruistische Gesinnung des Erleuchtungsgeistes ist das Tor zum Großen Fahrzeug. Diese bezieht sich ganz buchstäblich auf das Ausdehnen oder Erweitern des Geistes. Im Großen und Ganzen sind wir normalerweise mit unseren eigenen Interessen und unserem eigenen Wohl beschäftigt. Diese Interessen betreffen jedoch nur ein einziges Individuum, wie bedeutend dieses auch sei. Die Anzahl der anderen Wesen ist unendlich groß, und daher sind ihre Interessen und ihr Wohl weitaus bedeutender als die eines einzelnen Individuums. Wenn man den Erleuchtungsgeist entwickelt, dehnt man seine Sorge und Anteilnahme auf das Wohlergehen aller anderen aus. Das Bestreben, um aller empfindenden Wesen willen den voll erwachten Zustand eines Buddhas zu erlangen, ist ein reines und starkes Vorhaben. Infolgedessen werden sowohl andere als auch wir selbst dauerhaften Frieden und dauerhaftes Glück genießen. Es ist wichtig, sich darüber im Klaren zu sein, dass störende Emotionen und die Hindernisse für vollständiges Wissen nur zufällig erworbene Flecken auf dem Geist sind. Sie gehören nicht zur eigentlichen Natur des Geistes und lassen sich daher vollständig entfernen. Und das ist von großer Tragweite: Wir können tatsächlich allwissend werden. Natürlich haben wir im Zustand der Allwissenheit die allerbesten Voraussetzungen, anderen zu helfen. Will man echte Hilfe leisten, dann reichen bloße Ernsthaftigkeit und Hingabe nicht aus. Es ist unbedingt erforderlich, das Interesse, die geistige Fähigkeit und innere Veranlagung jedes einzelnen

Individuums zu erfassen. Dann werden unsere Bemühungen, das Wohl empfindender Wesen zu verwirklichen, Erfolg haben, und wir werden diese nach und nach zur Buddhaschaft führen können.

Der Erleuchtungsgeist ist die im höchsten Grad positive Gesinnung. Es lohnt sich, jedes Mittel und Verfahren anzuwenden, um ihn zu entwickeln. Selbst in unserem gewöhnlichen Alltagsleben sind Liebenswürdigkeit und Gutherzigkeit hoch geschätzt. Dies ist sogar im Hinblick auf Tiere wie Hunde und Katzen offenkundig. Liebere, friedlichere Hunde finden größere Zuwendung als aggressive. Das Gleiche gilt in der menschlichen Gesellschaft. Wir alle sind gern mit liebenswürdigen Leuten zusammen. Ihr friedliches und ungezwungenes Wesen ist wohltuend und erfreulich.

Wenn das Familienoberhaupt liebevoll und großzügig ist, haben die übrigen Familienmitglieder inneren Frieden. Selbstverständlich kommt es zu Auseinandersetzungen und Meinungsverschiedenheiten, aber wenn man sie nach dem Grundsatz »vergeben und vergessen« bewältigt, dann sind sie nicht mehr so destruktiv. Unter diesen Umständen genießt eine solche Familie bestimmt Frieden und Glück. Wenn eine aggressive, engstirnige und selbstsüchtige Person das Familienoberhaupt ist, trifft das Gegenteil zu. Auch auf individueller Ebene schätzt jeder von uns die Liebenswürdigen und Offenherzigen. Wenn wir unseren Mitmenschen grollen, werden wir ihnen gegenüber natürlich misstrauisch. Dies führt zu einem Teufelskreis des Hasses. Können wir erwarten, unter solchen Umständen Frieden und Glück zu genießen?

Menschen sind nicht eigentlich oder wesensmäßig selbstsüchtig, weil Selbstsucht eine Form von Abkapselung ist. Wir sind von Grund auf soziale Lebewesen und zur Befriedigung unserer Bedürfnisse auf andere angewiesen. Wir erreichen Glück, Wohlstand und Fortschritt durch soziale Interaktion. Daher ist eine liebevolle und hilfsbereite Einstellung die Quelle des Glücks. Und der Erleuchtungsgeist nimmt unter allen derart segensreichen Gesinnungen den höchsten Rang ein. Ebendies motiviert den Einzelnen dazu, nach den unbegreiflichen Eigenschaften eines voll erwachten Buddhas zu streben, um so zahllosen empfindenden Wesen zu nützen. Diese kostbare Gesinnung untermauert die edlen Taten der Bodhisattvas, der Helden des Erwachens[54], die sich auf den Pfad zur Erleuchtung eingelassen haben. Deshalb sollten wir, da wir den Wert des Erleuchtungsgeistes klar erkennen, diesen zum zentralen Inhalt unserer Praxis machen.

Kapitel 5

Der Erleuchtungsgeist

Der einzige Zugang zum Pfad des Großen Fahrzeugs ist das Entwickeln des Erleuchtungsgeistes. Innerhalb des Großen Fahrzeugs gibt es nur zwei Fahrzeuge:

das Sutra-Fahrzeug und das Tantra-Fahrzeug[55]. Welches man auch besteigen will - der Einstieg gelingt nur mit dem Erleuchtungsgeist. Wenn wir den Erleuchtungsgeist besitzen, gehören wir zum Großen Fahrzeug, aber sobald wir ihn aufgeben, kehren wir uns vom Großen Fahrzeug ab. Auch wenn wir in die Leiden des Existenzkreislaufs verstrickt sind - in dem Moment, in dem wir den Erleuchtungsgeist, den Geist des Erwachens, entwickeln, werden wir sogar die Hochachtung der Buddhas, die selber Erwachte sind, genießen. Genauso wie ein Diamantsplitter ein erlesenes Kleinod ist, das alle anderen Schmuckstücke übertrifft, überstrahlt der diamantgleiche Erleuchtungsgeist, auch wenn er schwach ist, all die Eigenschaften, über die jene verfügen, die auf persönliche Befreiung hinarbeiten. Nagarjuna sagt in seinem *Kostbaren Kranz,* falls jemand den unübertrefflichen Zustand höchster Erleuchtung erlangen wolle, sei der Erleuchtungsgeist dessen Quelle. Erzeugen wir daher einen Erleuchtungsgeist, der so gefestigt ist wie der König der Berge[56].

Wer den Erleuchtungsgeist nicht entwickelt hat, kann nicht in die geheime Praxis des Tantra eintreten. Der Zugang zu tantrischen Unterweisungen ist auf jene beschränkt, die Initiation und Ermächtigung erhalten haben, und wenn man nicht den Erleuchtungsgeist besitzt, kann man keine tantrische Initiation erhalten. Das ist eine klare Aussage: Auch der Einstieg zum geheimen Fahrzeug hängt davon ab, dass man den Erleuchtungsgeist besitzt.

Der Erleuchtungsgeist ist wie die Saat zur Buddhaschaft. Er ist wie ein Feld für den Anbau aller positiven Qualitäten. Er ist wie das Fundament, auf dem alles beruht. Er ist wie der Gott des Reichtums, der alle Armut beseitigt. Er ist wie ein Vater, der alle Bodhisattvas beschützt. Er ist wie ein wunscherfüllendes Kleinod. Er ist wie eine Wundervase, die all unsere Wünsche erfüllt. Er ist wie eine Lanze, die den Widersacher, die störenden Emotionen, bezwingt. Er ist wie eine Rüstung, die uns vor unrechten Gedanken schützt. Er ist wie ein Schwert, das die störenden Emotionen enthauptet. Er ist wie eine Axt, die den Baum der störenden Emotionen fällt. Er ist wie eine Waffe, die jede Art von Angriff abwehrt. Er ist wie ein Haken, dazu bestimmt, uns aus den Gewässern des Existenzkreislaufs herauszuziehen. Er ist wie der Wirbelsturm, der alle geistigen Hindernisse und deren Ursprünge zerstreut. Er ist wie die verdichtete Lehre, die alle Gebete und Tätigkeiten der Bodhisattvas umfasst. Er ist wie ein Heiligtum, vor dem jeder Opfer darbringen kann. Wir sollten deshalb den Erleuchtungsgeist hochhalten - nun, da wir zu diesem kostbaren Leben als freier und glücksbegünstigter Mensch gelangt und auf die vollständigen Lehren des Buddhas gestoßen sind. Was die Überlieferung des tibetischen Buddhismus so wertvoll macht, ist die Tatsache, dass sie kostbare Techniken zum Erzeugen des Erleuchtungsgeistes in sich schließt. Das Vorhandensein dieser Überlieferung, in der es darum geht, Liebe und Mitgefühl herauszubilden und die Sorge um das Wohl anderer empfindender Wesen zu entwickeln, ist ein ausgesprochener Glücksfall. Ich selbst komme mir überaus glücksbegünstigt vor, dass ich solche Lehren in Zeiten wie diesen erläutern kann. Und ebenso hat auch jeder, dem es vergönnt ist, diesen Text über eine solch unschätzbare Einstellung zu lesen, großes Glück.

Wir sollten den Erleuchtungsgeist nicht bloß als etwas Bewunderungswürdiges, hoch zu Achtendes ansehen. Er ist etwas, das wir in uns entwickeln sollten. Wir haben die Fähigkeit und Möglichkeit dazu. Vielleicht war ja jemand in seinem bisherigen Leben eine schrecklich selbstsüchtige Person, aber mit fester Entschlossenheit kann jeder seinen Geist umwandeln. Wir werden dann vielleicht wie die in einem Gebet geschilderte Person, die »nie im Sinn hat, für ihr eigenes Ziel zu arbeiten, sondern immer zum Besten anderer wirkt«.

Als Menschen besitzen wir Intelligenz und Mut. Sofern wir sie einsetzen, werden wir erreichen können, was wir uns zu tun vorgenommen haben. Ich persönlich habe den Erleuchtungsgeist bislang nicht erfahren, aber früher, als ich in den Dreißigern war, dachte ich über die Vier Edlen Wahrheiten nach und stellte Vergleiche an zwischen der Möglichkeit, Befreiung zu erlangen, und der, den Erleuchtungsgeist zu entwickeln. Ich dachte damals, es sei möglich, Befreiung für mich selbst zu erlangen. Wenn ich jedoch den Erleuchtungsgeist in Betracht zog, schien er mir in ziemlich weiter Ferne zu liegen. Ich dachte, er sei zwar eine wundervolle Fähigkeit, aber wirklich schwer zu erreichen.

Die Zeit verging, und ich überschritt die vierzig und dann die fünfzig, und obwohl ich den Erleuchtungsgeist immer noch nicht entwickelt habe, habe ich das Gefühl, dass ich ziemlich dicht davor bin. Ich denke jetzt, dass ich ihn möglicherweise entwickeln kann, wenn ich hart genug arbeite. Vom Erleuchtungsgeist zu hören und über ihn nachzudenken - das stimmt mich glücklich und traurig zugleich. Wie alle anderen erlebe auch ich negative Emotionen wie Wut, Eifersucht und Konkurrenzdenken, aber aufgrund wiederholter Vertrautheit habe ich auch das Gefühl, dass ich dem Erleuchtungsgeist näher komme. Der Geist hat einen einzigartigen Grundzug: Sobald wir mit einem bestimmten Gegenstand vertraut werden, gewinnt unser Geist diesbezüglich an Stabilität. Im Gegensatz zu physischer Fortentwicklung, die naturgegebenen Einschränkungen unterworfen ist, können die Eigenschaften des Geistes unbegrenzt entfaltet werden. Der Geist ist wie ein Feuer: Unterhält man es ständig, dann wird es immer heißer. Es gibt nichts, was uns nicht leichter fällt, wenn es uns vertraut ist.

Entwickelt man nun den konventionellen Erleuchtungsgeist, dem an den Interessen anderer gelegen ist[57], so besteht der erste Schritt darin, die Fehler der Ichbezogenheit und die Vorteile des liebevollen Besorgtseins um andere voll und ganz einzusehen. Eine grundlegende Praxis für das Entwickeln dieses Erleuchtungsgeistes ist die Übung, in der man sich selber mit anderen vertauscht. Es gibt verschiedene Erläuterungen darüber, wie man in dieser Übung vorgehen soll. In *einem* stimmen alle Erläuterungen überein: Es ist von Anfang an unerlässlich, empfindenden Wesen Zuneigung entgegenzubringen. Wir sollten uns die Wesen als angenehm und anziehend vorstellen und versuchen, ein starkes Gefühl der Zuneigung zu ihnen auszubilden. Das macht es erforderlich, ein Gefühl des

Gleichmuts zu entwickeln, das unsere schwankenden Emotionen gegenüber anderen empfindenden Wesen reguliert.

Dafür ist es sehr hilfreich, wenn wir drei vor uns stehende Menschen visualisieren: einen, der unser Angehöriger oder Freund ist, einen zweiten, der unser Feind ist, und jemanden, der uns innerlich gleichgültig ist. Beobachten wir, wie wir spontan auf sie reagieren. Normalerweise sind wir im Voraus dazu geneigt, uns unseren Angehörigen verbunden zu fühlen, unseren Feinden distanziert zu begegnen und gegen alle anderen innerlich indifferent zu sein. Wenn jemand an seine Freundin denkt, fühlt er sich ihr verbunden und ist augenblicklich von der Sorge um ihr Wohl bewegt. Wenn man an seinen Feind denkt, ist man schlagartig unangenehm berührt und fühlt sich nicht wohl in seiner Haut. Vielleicht würde man sich sogar freuen, falls er in Schwierigkeiten geriete. Wenn man über die Person nachdenkt, die einem innerlich gleichgültig ist, stellt man fest, dass es einen in Wirklichkeit wenig bekümmert, ob diese Person verzweifelt oder glücklich ist. Man ist innerlich gleichgültig. Wenn wir solche schwankenden Gefühle erkennen, sollten wir uns fragen, ob sie gerechtfertigt sind. Stellt man sich vor, dass einem seine Freundin Schaden zufügt, wird man feststellen, dass man anders auf sie reagiert.

Jene, die wir in diesem Leben unsere Freunde nennen, waren nicht zu allen Zeiten unsere Freunde; noch waren jene, die wir momentan für Gegner halten, zu allen Zeiten feindselig. Ebendie Person, die in diesem Leben ein Freund oder Angehöriger ist, könnte in einer vergangenen Lebensspanne unser Feind gewesen sein. Dementsprechend könnte die Person, die wir jetzt als Feind betrachten, in einem früheren Leben unser Vater oder unsere Mutter gewesen sein. Es ist daher töricht, nur um die besorgt zu sein, die wir jetzt für Freunde halten, und jene nicht zu beachten, die wir für Feinde halten. Das Ziel ist hier, die Anhänglichkeit an unsere Angehörigen und Freunde abzubauen, während wir gleichzeitig unsere Wut und unseren Hass auf unsere Feinde verringern. Denken wir darüber nach, dass es kein empfindendes Wesen gibt, das nicht unser Freund gewesen ist. Auf diese Weise entwickeln wir Gleichmut gegenüber allen anderen empfindenden Wesen.

Auch können wir einzig und allein im Bezug zu anderen empfindenden Wesen ein moralisch untadeliges Betragen üben, etwa wenn wir Töten, Stehlen und sexuelles Fehlverhalten unterlassen. Man kann die zehn heilsamen Handlungen jeweils nur im Bezug zu anderen empfindenden Wesen ausführen. Entsprechend gilt, dass wir uns dem Üben von Freigebigkeit, sittlichem Verhalten und Geduld nur im Bezug zu anderen empfindenden Wesen widmen können. Nur im Bezug zu ihnen können wir Liebe, Mitgefühl und den Erleuchtungsgeist entfalten. Mitgefühl ist zum Beispiel ein Geisteszustand, der sich einstellt, wenn wir uns auf die Leiden anderer empfindender Wesen konzentrieren und den starken Wunsch entwickeln, dass diese von solchen Leiden frei sein mögen. Daher wären wir ohne andere empfindende Wesen, ohne unseren Bezug zu ihnen, nicht imstande, Mitgefühl zu entwickeln.

Jegliche Verwirklichung, die wir auf dem Pfad erreichen, ist von anderen empfindenden Wesen abhängig. Obwohl empfindende Wesen selber womöglich nicht beabsichtigen, uns zu helfen, diese Verwirklichung zu erreichen, ist das kein Grund, sie nicht sehr zu schätzen. Nirwana zum Beispiel schätzen wir sehr und streben danach, indem wir dem Pfad folgen, aber weder der Pfad noch Nirwana haben die leiseste Absicht, uns zu helfen. Und was noch wichtiger ist: Es kommt bisweilen vor, dass Wesen mit spürbar feindseligen Absichten uns zu höchster Verwirklichung verhelfen können. Feinde sind sehr wichtig, denn einzig und allein im Bezug zu ihnen können wir Geduld entwickeln. Nur sie geben uns die Gelegenheit, unsere Geduld zu erproben und zu üben. Weder unser spiritueller Meister noch unsere Freunde und Verwandten lassen uns eine so große Gelegenheit zuteilwerden. Normalerweise würde das opponierende Verhalten des Feindes unsere Wut erregen, aber indem wir unsere Einstellung ändern, können wir es in eine Gelegenheit umwandeln, Geduld zu erproben und zu üben. Ebendeshalb wird der Feind manchmal als der größte spirituelle Freund bezeichnet, denn er bietet uns nicht nur die Gelegenheit, Geduld zu üben, sondern auch, Mitgefühl zu entwickeln.

Güte ist nicht unseren Freunden und Angehörigen vorbehalten; sie ist allen empfindenden Wesen gemeinsam. Selbst wenn sie nicht unsere Mütter waren, haben sich alle empfindenden Wesen direkt oder indirekt als gütig erwiesen. Die Nahrung, Kleidung und Unterkunft, die wir in diesem Leben haben, verdanken wir nur der Güte empfindender Wesen. Unser Überleben verdanken wir nur der Güte empfindender Wesen. Schon unsere Geburt war von der Güte unserer Eltern abhängig. All die Möglichkeiten, die wir genießen, verdanken wir dem Wirken vieler empfindender Wesen. Sie sind nicht von allein zustande gekommen - so als hätten wir einen verborgenen Schatz entdeckt.

Auch zu den Errungenschaften dieses Lebens - Ruhm, Reichtum und Freunde - kann man nur in Abhängigkeit von anderen empfindenden Wesen gelangen. Ruhm hängt davon ab, dass andere Menschen uns kennen; wir können nicht in einem leeren, öden Land berühmt werden. Wir müssen uns bewusst sein, dass die Güte empfindender Wesen nicht auf diejenigen begrenzt ist, die unsere Eltern oder Freunde sind oder waren; sie erstreckt sich ebenso auf diejenigen, die unsere Feinde sind oder waren. Das ist etwas, worüber man gründlich nachsinnen sollte. Es wird uns als sehr gute Inspiration dienen, Mitgefühl zu entfalten. Wenn wir uns auf diese Weise die besondere Güte empfindender Wesen ins Gedächtnis zurückrufen, wird unser Wunsch, sie ihnen zu vergelten, viel stärker sein. Wir sollten uns fragen, ob es denn richtig wäre, sie jetzt zu missachten. Das natürliche Verlangen, ihnen ihre Güte zu vergelten, weckt Liebe, Mitgefühl und die umfassendere Zielsetzung. Daraus geht schließlich der Erleuchtungsgeist hervor.

Nachdem wir anderen empfindenden Wesen Zuneigung entgegengebracht haben, müssen wir uns nun wirklich mit anderen gleichstellen. Das ist der Gleichmut, der alle anderen Wesen als uns gleich ansieht, weil sie Glück ersehnen und Leid vermeiden wollen. Die Teile unseres Körpers - der Kopf, die Hände, die Füße und so fort - sind grundverschieden, und doch betrachten wir sie naturgemäß als Teile des Ganzen und behandeln sie nicht unterschiedlich. Ähnliches gilt in Bezug auf die empfindenden Wesen: Ihre Zahl ist unendlich groß, und es gibt vielerlei Arten; die einen helfen, und die anderen schaden, aber im Hinblick darauf, dass sie sich Glück wünschen und Leid meiden, sind sie gleich. Durch diese Sicht entwickeln wir Gleichmut. Genauso wie wir immer versucht haben, um jeden Preis unser eigenes Wohlergehen und Glück durchzusetzen, sollten wir jetzt also - mit diesem Gleichmut als Grundlage - versuchen, allen empfindenden Wesen zu nützen, und zwar ohne Voreingenommenheit oder Gefühle des Verbundenseins mit den einen und der Distanziertheit zu den anderen. Ein solcher Einsatz lohnt sich wahrlich, wie es diese Strophe so treffend zum Ausdruck bringt:

> Da keiner auch nur das geringste Leid will,
> noch je mit dem Glück zufrieden ist,
> das er genießt,
> gibt es keinen Unterschied zwischen mir
> und anderen:
> Darum beflügle mich zu aufrichtiger Freude,
> wenn ich andere glücklich sehe.

Uns widerfahren Leid und Missgeschick. Wir erdulden die schlimmeren Wiedergeburtszustände und die Leiden von Geburt, Alter, Krankheit und Tod, die die Menschen quälen. Alle diese Leiden und Missgeschicke ergeben sich aus dem undisziplinierten Geisteszustand, der von der Ichbezogenheit herrührt. Wie kommt das? Weil wir ausschließlich von unserem persönlichen, eigennützigen Wohl in Anspruch genommen sind, missachten wir das Glück anderer und sehen über die Mühen hinweg, die sie sich unseretwegen machen. Stattdessen töten wir und stehlen, vergewaltigen und begehen Ehebruch, wir lassen uns auf das Ausstreuen von Gerüchten, neidische Habsucht, Gehässigkeit und irrige Ansichten ein.

Je ichbezogener wir sind, desto mehr ignorieren wir andere Menschen und desto anfälliger sind wir dafür, sie zu täuschen und zu schikanieren. Auch im Fall irriger Ansicht gibt es sehr viel selbstherrlichen Stolz. Wir denken an nichts als an uns, und sobald etwas nicht mit unseren vorgefassten Meinungen übereinstimmt, verwerfen wir es mit den Worten: »Das glaub ich nicht!« Ichbezogenheit ist die Basis der zehn unheilvollen Handlungen. Infolgedessen sind alle Fehler dieses Lebens und künftiger Leben auf unsere ichbezogene Einstellung zurückzuführen. Daher heißt es im Text:

> Verbannt das eine, das an allem schuld ist.

Uns widerfahren zahllose Leiden, die wir nicht wollen, und wir sind unfähig, in dem, was wir sehnlich begehren, Erfolg zu haben. Ohne zu erkennen, dass Ichbezogenheit die Ursache dafür ist, machen wir immer wieder irgendeinen äußeren Faktor ausfindig, der dafür verantwortlich sein soll. Dass wir in Daseinszustände hineingeboren werden, in denen uns aufhörliches Leid widerfährt, geschieht nicht ohne Ursachen und Voraussetzungen. Ungünstige Ursachen entstehen aus Handlungen und störenden Emotionen. Zu Handlungen kommt es hauptsächlich aufgrund von störenden Emotionen. Und unter den störenden Emotionen ist die Unwissenheit, die krampfhaft an einer falschen Auffassung von einem Selbst oder Ich festhält, die Quelle von allem Leid. Somit entstehen alles Unheil, alles Leid und alle Angst in der Welt aus der falschen Auffassung von einem Selbst oder Ich. Wozu taugt dieses große Gespenst, das sich in mir breit macht?

Wer von uns sich in der Gewalt störender Emotionen befindet, ist sich instinktiv selber lieb und teuer. Wir schätzen die Ichbezogenheit und die falsche Auffassung von einem uns innewohnenden Selbst oder Ich sehr. Wir müssen prüfen, ob diese natürliche Regung, uns um den eigenen Vorteil zu kümmern, nützlich oder schädlich ist. Glück für uns ist das, wonach wir streben; aber solange wir unter dem Einfluss der Ichbezogenheit stehen, ist das, was wir bekommen, Leid. Die ichbezogene Einstellung und die falsche Auffassung von einem Selbst oder Ich, die wie zwei enge Freunde kooperieren, arbeiten in Wirklichkeit gegen unsere eigenen Interessen.

Die falsche Auffassung von einem Selbst oder Ich führt zu einer ichbezogenen Einstellung, die sich in unserem innersten Wesenskern friedlich breit macht. Der daraus resultierende Mangel an Rücksichtnahme auf andere ist wie eine scharfe Waffe aus irrigen Ansichten, mit der wir jegliche Skrupel über gute und schlechte Taten abschneiden. Auf diese Weise ersticken wir die Möglichkeit, eine bessere Wiedergeburt, Befreiung oder Erleuchtung zu erlangen.

Irrige Ansichten kommen aufgrund unseres so starken Empfindens zustande, es gebe da in uns ein Selbst, welches aus sich heraus besteht. Aufgrund dessen ignorieren wir andere und gehen dabei so weit, auch die Lehre des Buddhas zu ignorieren und den Buddha zu verhöhnen. Dies ist auf unsere falsche Auffassung von einem Selbst zurückzuführen. Mit ihr ergeht es uns so, als würde sich ein übler Schlächter in uns breit machen. Diese selbstsüchtige Denkweise, die einen Sack voller Begierde, Widerwillen und Unwissenheit mit sich herumschleppt, ist wie ein Dieb, der uns um den Ertrag heilsamer Handlungen bringt.

Die Keime oder Samen des Bewusstseins[58] werden auf den Feldern des Handelns angepflanzt. Sie werden von dem Züchter in uns, der die Schösslinge der Wiedergeburtszustände zieht, immer wieder mit den Wassern der Begierde und des heftigen Verlangens berieselt. Das kommt ebenfalls von unserer ichbezogenen Einstellung. Obwohl in der Vergangenheit unzählige Buddhas und Bodhisattvas aufgetreten sind, haben wir nicht eine einzige von ihren Eigenschaften entwickeln können. Aufgrund unserer Ichbezogenheit bleiben wir träge und stehen nackt und bloß mit leeren Händen da. Ganz gleich, wo wir uns im Existenzkreislauf aufhalten - wir werden von Leid gepeinigt. Ganz gleich, mit wem wir uns zusammentun - es bringt uns Leid ein. Ganz gleich, was wir genießen - es wird zum Gegenstand von Qualen. Der Buddha hat dies zwar klargemacht, aber immer noch denken wir aufgrund unserer ichbezogenen Einstellung voll neidischer Habsucht ausschließlich daran, Reichtum aufzuhäufen.

Da wir nicht wissen, ob etwas gut oder schlecht ist, hegen wir infolge unserer Ichbezogenheit diesbezüglich unnütze Erwartungen und Bedenken. Aufgrund unserer Ichbezogenheit beginnen wir Kriege und riskieren unser Leben, mit dem Gedanken, dass wir schon irgendwie überleben und am nächsten Tag noch da sein werden, um zu kämpfen.

Werden wir auch nur mit dem geringfügigsten Problem konfrontiert, dann geben wir stets unserem Abt oder Lehrer, unserem Freund oder unseren Eltern die Schuld daran. Unser Gefühl der Ichbezogenheit ist schamlos. Wir sind neidisch auf die uns Überlegenen, in Wetteifer mit unseresgleichen, stolz und geringschätzig gegenüber den uns Unterlegenen. Wir fühlen uns glücklich, wenn wir gelobt, und verstimmt, wenn wir kritisiert werden. Wie ein ungezäumtes Pferd geraten unsere störenden Emotionen außer Kontrolle - und dies alles nur infolge unserer ichbezogenen Einstellung.

Wir sind so ichbezogen, dass wir, wenn wir Rattenexkremente auf unserem Kissen entdecken, befürchten, eine Ratte könnte unsere Ohren anfressen. Hören wir ein Donnerkrachen, dann befürchten wir, ein Blitz könnte in unseren Kopf einschlagen. An einem Ort, an dem es spukt, ist unsere erste Befürchtung, wir könnten von den bösen Geistern gepackt werden, die dort hausen. Ichbezogenheit ist die Quelle unserer Angst. Manche Menschen leiden, weil sie keine schlechten Nachrichten hören wollen, andere leiden, weil sie unfähig sind, ihren Feinden Einhalt zu gebieten oder ihre Angehörigen zu versorgen. Das Beklagenswerte in all diesen Fällen ist voll und ganz der Selbstsucht anzulasten.

All unsere Missgeschicke entstehen infolge unseres undisziplinierten Geistes. Ungebärdig ist der Geist aufgrund unserer ichbezogenen Einstellung. Sie gleicht dem Akonit[59], der Quelle des Giftes. Sie erzeugt eine Unmenge Emotionen wie etwa Hoffnung und Beklemmung, und aufgrund dieser Empfindungen sind wir ständig mit Misserfolg und Elend konfrontiert. Normalerweise zeigen wir mit dem Finger auf andere und geben ihnen die Schuld an allem, was danebengeht. Aber die wirkliche Wurzel des Problems, die Quelle aller Unannehmlichkeiten, der Ursprung aller ungünstigen Aussichten und schlimmen Vorzeichen ist die ichbezogene Einstellung, die sich ungestört in unseren Herzen breit macht. Seit anfangsloser Zeit folgen wir ununterbrochen und treu ergeben ihrer Führung. Darum sollten wir ihr all unsere Fehler anlasten.

Um unseren Geist umzuwandeln, sollten wir dem praktischen Beispiel der Kadampa-Meister folgen. Während er seinen Ziegeltee zerkleinerte, pflegte ein Geshe[60] vor sich hin zu sagen: »Möge ich den Sieg über die ichbezogene Einstellung davontragen.« Dabei stellte er sich vor, dass er sie gleichfalls zerkleinerte. Ein zweiter pflegte zu sagen: »Ich werde mich mit der scharfen Lanze der Achtsamkeit bewaffnen und so am Eingang meines Geistes Wache halten. Greift die Ichbezogenheit an, dann werde ich meinerseits angreifen. Lässt sie nach, dann werde auch ich nachlassen.«

Geshe Lang-ri Tang-pa pflegte zu sagen: »›Gib Gewinn und Sieg den empfindenden Wesen.‹ Warum denn? Weil alle vorzüglichen Eigenschaften und alles Glück in Abhängigkeit von ihnen entstehen. ›Nimm jeglichen Verlust und jegliche Niederlage auf dich.‹ Warum denn? Weil alles Leid und aller Schaden davon herrühren, dass du dir selber lieb und teuer bist.«

Es ist wichtig, die Mängel unserer ichbezogenen Einstellung zu erkennen und diese als den Feind anzusehen. Mag sein, dass wir auf Schritt und Tritt nur Misserfolg erleben und im tiefsten Elend stecken. Aber wenn wir wissen, dass die Misere in der falschen Auffassung von einem Selbst, in unserer ichbezogenen Einstellung ihren Ursprung hat, ist uns klar, dass unsere vordringliche Aufgabe darin besteht, sie zunichtezumachen. Dann werden ungünstige äußere Faktoren aufhören, uns zu beherrschen, und die unaufhörliche Flut aus Angst, Hoffnung und Beklemmung wird abebben. Von ihnen befreit, können wir uns entspannen.

Und sollte jemand auch Mönch oder Nonne werden und so viele Roben abtragen, dass nur ein Yak sie alle schleppen könnte, oder tausendmal mit der Initiationsvase seinen Kopf rituell berühren lassen oder sein ganzes Leben damit verbringen, den Dharma anzuhören - wenn man nicht fähig ist, auf die eben geschilderte Art zu üben, wird man kein Schüler des Großen Fahrzeugs werden. Können wir aber das, worüber wir gesprochen haben, anwenden, so üben wir uns im Sinne des Großen Fahrzeugs. Unser Geist wird an Weite gewinnen. Wir werden andere beflügeln können und große Weisheit entfalten.

Wenn die Buddhas der drei Zeiten - der Vergangenheit, Gegenwart und Zukunft - Weltalter lang Erläuterungen zu den Nachteilen und Mängeln der ichbezogenen Einstellung und der störenden Emotionen, die sie hervorruft, geben müssten, dann nähme das kein Ende. Die kurze Erläuterung jedoch, die wir gerade besprochen haben, reicht aus, um uns die Mängel der ichbezogenen Einstellung bewusst zu machen. Sie sollte uns dazu anregen, diese Haltung zu beseitigen.

Unsere vergangenen, durch äußere Ereignisse stimulierten Erfahrungen und unsere verschiedenen Pläne für die Zukunft haben ihre gemeinsame Basis im Geist. Das Wesen des Geistes ist nichts als Klarheit und reines Bewusstsein. Vergangene Erfahrung ist jetzt bloß noch ein Gegenstand der Erinnerung. Unsere Zukunftspläne sind nur Spekulation. Solche vergangenen und künftigen Ereignisse sind schlicht Geschöpfe des Geistes. Folglich werden all unsere Erfahrungen, seien sie nun positiv oder negativ, schädlich oder nützlich, vom Geist geschaffen. Der indische Meister Chandrakirti[61]sagt:

> Die mannigfaltigen Welten empfindender
> Wesen und
> deren Daseinsbedingungen werden vom Geist
> geschaffen.
> Alle empfindenden Wesen werden durch
> Handeln hervorgebracht.
> Ist jedoch der Geist nicht da, gibt es auch
> keine Handlungen.

All unsere unterschiedlichen Erfahrungen sind Manifestationen des Geistes. Was für Handlungen man vollzieht, hängt jeweils davon ab, ob der eigene Geist befriedet oder ungebärdig, positiv oder negativ ist. Die inneren Daseinsbedingungen, der materielle Körper des Einzelwesens, und das Umfeld, in dem es lebt, die äußeren Daseinsbedingungen, entstehen durch die Kraft des Handelns. Die Qualität dieses Handelns hängt davon ab, ob der eigene Geist diszipliniert ist oder nicht. Daher hängen die abertausend Ebenen von Glück und Leid und selbst das konkrete Gefüge der Daseinsbedingungen weitgehend davon ab, ob der eigene Geist gezähmt oder ungezähmt ist. Ebendeshalb ist eine Beratung darüber, wie man den Geist diszipliniert, so wichtig.

Generell kann man Religion körperlich und verbal ausüben. Aber die eigentliche Praxis besteht darin, den Geist umzuwandeln. Sie ist darauf gerichtet, den undisziplinierten, unbefriedeten und ungebärdigen Geist davon abzuhalten, blindwütig herumzutoben. Sie ist darauf gerichtet, den Geist nach und nach umzuwandeln, der es nicht versteht, die Glücksursachen auszubilden oder das Leid zu tilgen, obwohl es genau das ist, was wir sehnlich begehren.

Man kann den Geist nicht mit Gewalt umwandeln; Messer und Schusswaffen helfen da nichts. Er mag einem schwach vorkommen, hat er doch weder Farbe noch Form, aber in Wirklichkeit ist er zäh und unverwüstlich. Der Geist lässt sich nur dadurch verändern, dass er selber eingesetzt wird. Denn nur der Geist kann zwischen dem, was zu tun ist, und dem, was aufzugeben ist, unterscheiden. Auf ebendie Art kann man das Dunkel der Unwissenheit zerstreuen. Wenn der Geist die zeitweiligen und endgültigen Vorteile heilsamer Betätigung und die Mängel unheilvoller, verwerflicher Akte einzusehen vermag, wird er dementsprechend handeln können.

Wenn wir Buddhisten zu den Drei Juwelen Zuflucht nehmen, suchen wir für gewöhnlich Zuflucht bei jemand anderem, dem Buddha und seinen Qualitäten. Aber die eigentliche Zuflucht - das, was *wir* irgendwann in der Zukunft werden erlangen müssen - ist der Dharma der wahren Beendigung und des wahren Pfades. Um dieser Qualitäten teilhaftig zu werden, nehmen wir im Augenblick Zuflucht zu jemandem, der bereits das Wissen verwirklichen und die Negativität beseitigen konnte. Wir versuchen, durch die Erfahrungen der Buddhas Wissen zu erwerben, und bitten sie, uns zu leiten und uns mit ihren Segnungen und ihrem Schutz zu überhäufen. Primär geht es freilich darum, zu begreifen, dass unsere Zukunft ganz in unseren Händen liegt. Wie der Buddha gesagt hat: »Ich habe euch den Pfad zu Nirwana gezeigt, es liegt allein bei euch.«

In diesem Zusammenhang bedeutet Segnung, dass unser Geist verbessert wird. Wenn wir jemanden bitten, uns zu segnen, bitten wir diese Person eigentlich, uns dabei zu helfen, unseren Geist zu verbessern. Daher sollten wir als äußerst gewissenhafte Dharma-Schüler zuallererst an eines denken: »Meine Praxis ist dazu da, meinen Geist zu disziplinieren und umzuwandeln.« Andernfalls könnten wir womöglich meinen, Dharmapraxis bedeute, Rituale durchzuführen, Trommeln und Becken zu schlagen oder bloß die Schriften zu lesen. Das sind Randerscheinungen gegenüber der Hauptpraxis, die dazu da ist, den Geist zu ändern oder zu verwandeln.

Aus historischen Berichten erfahren wir, wie Kadampa-Meister über die Stufen des spirituellen Pfades meditierten. Sie begannen, indem sie mit klarer Stimme ihre Gebete aufsagten. Dann verharrten sie vollkommen still in tiefer Meditation, als ob der Schlaf sie übermannt hätte. Ähnliches erzählten mir Bekannte des verstorbenen Khun-nu Lama: Wann sie ihn auch besuchten, für gewöhnlich trafen sie ihn in tiefer Meditation an; seine obere Robe hing ihm über dem Kopf. In keinem dieser Fälle rezitierte er laut Gebete. Und doch deckte er sofort seinen Kopf auf, wenn sich jemand näherte, und fragte den Betreffenden, weswegen er gekommen sei.

Menschen wie diese sind die wahren Übenden. Anstatt laut Gebete oder Mantras zu rezitieren, geben sie auf ihren Geist acht. Wenn die Grundtendenz positiv ist, freuen sie sich sehr und versuchen, sie zu fördern, und wenn die Grundtendenz negativ ist, wenden sie Gegenmittel an. Genau so verbringen sie ihre Zeit: Sie geben auf den Geist acht, erhalten ununterbrochene Achtsamkeit aufrecht. Selbstverständlich fällt das anfangs sehr schwer.

Einige Dharma-Schüler aus meinem Bekanntenkreis haben mir gesagt, auf den Geist achtzugeben sei schwieriger, als sich in einem chinesischen Gefängnis aufzuhalten. Das ist ihre persönliche Erfahrung. Einsgerichtet zu meditieren[62], das heißt, seine ganze geistige Aufmerksamkeit auf einen einzigen Gegenstand zu konzentrieren, ohne ihn dabei analytisch zu zergliedern, fällt sehr schwer. Wie schwer es fällt, steht jedoch in direktem Verhältnis zum Grad der eigenen Vertrautheit mit dieser Meditationsform.

Erhält man seine Praxis lange Zeit aufrecht, dann wird sich der Geist ganz bestimmt schrittweise entwickeln. Sicherlich gibt es unter meinen Lesern oder Hörern einige, die diese Erfahrung bereits gemacht haben. Die meisten von uns befinden sich noch auf einer durchschnittlichen Entwicklungsstufe. Aber wenn wir unser gegenwärtiges Verhalten mit unserem vergangenen Verhalten vergleichen - als wir noch nicht von der Übung des Dharma beeinflusst wurden -, dann sollten wir wohl einen gewissen Unterschied bemerken. Ich bin sicher, dass wir alle unseren Geist verbessern können, wenn wir uns Mühe geben. Im Text heißt es:

> Meditiert über die Güte aller empfindenden Wesen.

Empfindende Wesen sind überaus gütig zu uns. Der große indische Meister Chandrakirti rühmte das Mitgefühl: Es sei am Anfang, in der Mitte und am Ende unserer Praxis gleichermaßen wichtig. Dieses Mitgefühl wird entwickelt, indem man über die Hilflosigkeit und das Leid empfindender Wesen reflektiert. Mitgefühl ist der Wunsch, dass empfindende Wesen von Leid frei sein mögen. Gäbe es keine empfindenden Wesen, dann fehlte uns die grundlegende Voraussetzung dafür, es zu entwickeln.

Die Mängel unserer ichbezogenen Einstellung und die Vorteile der Besorgnis um andere werden in der *Darbringung an den spirituellen Meister*[63] erläutert:

> Diese chronische Krankheit der Ichbezogenheit
> ist die Ursache unerwünschten Leidens.
> Möge mich diese Einsicht dazu beflügeln,
> diesem grässlichen Dämon der Selbstsucht
> jede Schuld anzulasten, ihm nichts mehr zu
> gönnen und ihn zu vernichten.

Für meine Mütter zu sorgen und zu versuchen,
ihnen ihr Glück zu gewährleisten,
ist das Eingangstor zu grenzenloser Tugend.
Möge mich dieses Wissen dazu beflügeln,
dass sie mir teurer werden als mein Leben,
selbst wenn sie als meine Feinde auftreten sollten.

Es ist wichtig, über die Vorteile der Besorgnis um andere und die Mängel der Ichbezogenheit immer wieder nachzudenken. Dies kann man tun, indem man über seine ganz persönlichen Erfahrungen nachsinnt, indem man andere beobachtet und indem man etwas liest. Zwei Menschen mögen dasselbe Buch lesen, aber wegen ihrer unterschiedlichen Einstellungen wird das, was sie lesen, für sie jeweils einen anderen Sinn ergeben. Ein gewöhnlicher Mensch wird beim Lesen einer Geschichte dazu neigen, noch mehr begehrliches Anhaften und Hass zu entwickeln. Jemand mit einiger Erfahrung im Erleuchtungsgeist wird die Geschichte unter dem Blickpunkt erfassen können, welche Vorteile es mit sich bringt, anderen Menschen zu helfen. Und für jemanden, der tatsächlich eine gewisse geistige Umwandlung erreicht hat, wird alles, was vorfällt oder sich zeigt, zu einer Lehre werden. Für ein solches Individuum wird sogar die tagtägliche Erfahrung eine Quelle spiritueller Einsichten sein. Ebendies bedeutet: in allem Sichtbaren eine Unterweisung gewahren können.

Es gibt viele Methoden, über die Mängel der Ichbezogenheit, die Vorzüge der Besorgnis um andere und die tatsächliche Absicht, sich selbst gegen andere einzutauschen, nachzusinnen. Die *Darbringung an den spirituellen Meister* erklärt es wiederum knapp und klar:

Kurz, die Kindischen plagen sich nur zu ihrem
eigenen Nutzen,
während Buddhas ausschließlich für andere
wirken.
Möge ich verstehen, wie sich deren Qualitäten von
den Fehlern der Erstgenannten unterscheiden,
und dazu inspiriert werden, mich selbst mit
anderen vertauschen zu können.

Der Unterschied zwischen kindischen, unreifen Wesen, die unbedingt nur ihre eigenen Interessen verfolgen wollen, und voll erwachten Buddhas, die nur um anderer willen wirken, ist leicht einzusehen. Gewöhnliche kindische Wesen wie wir werden vollständig und bereitwillig von der ichbezogenen Einstellung beherrscht. Die Buddhas, die die Mängel der Selbstsucht wahrnehmen, befassen sich aus freiem Entschluss mit dem Wohl der anderen. Uns selbst gegen andere auszutauschen, bedeutet nicht bloß, sich die anderen als uns und uns als die anderen vorzustellen. Es bedeutet, unsere Einstellung, wonach wir so kostbar sind, auf andere zu übertragen - und nun diese, nicht uns, für sehr kostbar zu halten. Die missachtende Haltung, mit der wir bisher immer andere betrachtet haben, sollten wir jetzt auf uns beziehen.

Das heißt nicht, dass man überhaupt nicht an sich denken sollte. Aber insofern das Anliegen der anderen zum Tragen kommen soll, sollten wir unsere Interessen vernachlässigen. Wenn wir zwischen den eigenen Interessen und dem Wohl anderer wählen müssen, dann gehen deren Interessen vor. Kurz, wenn wir uns anderen zur Verfügung stellen, werden wir in diesem Leben und in künftigen Leben Glück finden, und schließlich werden wir den Zustand der Allwissenheit erreichen. Wenn wir uns anderer zum eigenen Nutzen bedienen, werden wir uns viele Feinde machen, und die Leute werden schlecht über uns reden. Unser Stolz wird sich mächtig regen, und wenn er sich entfaltet, wächst die Eifersucht. Dann wollen wir immer der Erste sein, verachten andere und werden unverschämt gegenüber Höhergestellten. Haben wir folglich eine hohe Meinung von uns und beachten andere nicht, dann werden wir schon in diesem Leben unaufhörlich in katastrophale Situationen geraten. Wenn wir am Ende sterben, wird jeder, der uns kennt, hocherfreut sein und sagen: »Es ist gut, dass diese gemeine Person tot ist.« Vielleicht sagen dann sogar einige, dass unser Tod längst fällig war.

Stellen wir uns hingegen anderen zur Verfügung, da wir ihnen ja höchste Wichtigkeit beimessen und ihnen auf jede erdenkliche Weise zu helfen versuchen, dann wird uns jeder für einen Freund halten und in sein Herz schließen. Wenn hier so von den anderen die Rede ist, dann sind damit nicht notwendigerweise alle empfindenden Wesen gemeint, weil wir uns nicht wirklich auf alle empfindenden Wesen beziehen können. Gemeint ist die konkrete Ausrichtung auf die anderen: unser Versuch, den empfindenden Wesen, mit denen wir leben und umgehen, nach besten Kräften zu helfen. Haben wir dann mit Schwierigkeiten zu kämpfen, wird uns jeder zu Hilfe eilen. Wenn wir krank werden, werden die Leute uns besuchen und sich um uns kümmern, selbst wenn sie uns nicht mehr als ein Glas Wasser geben. An unserem Todestag schließlich wird jeder den Verlust empfinden und sagen: »Ach! Wir haben einen guten Freund verloren, er wird uns fehlen.« So wird sich unsere Erfahrung in diesem Leben gestalten. Und in künftigen Leben wird sich unser Glück nur noch steigern: Wir haben ja Verdienst angesammelt, weil es uns vordringlich um andere ging.

Man braucht daher nicht Belegstellen aus den Schriften zu zitieren und zu logischer Beweisführung zu greifen, um die Mängel der Ichbezogenheit und die Vorteile der Besorgnis um andere glaubhaft zu begründen. Das ist aus unserer täglichen Erfahrung klar ersichtlich. Wir haben menschliche Intelligenz erhalten, und jeder Einzelne von uns begreift, wie sehr es darauf ankommt, das zu tun, was auf Dauer nützlich ist. Wir haben zwar seit anfangsloser Zeit nur an Glück und die Vermeidung von Leid gedacht, aber unsere gegenwärtige Misere liegt allen deutlich vor Augen. Ungeachtet dessen, ob wir hohen oder niedrigen Rang besitzen, ob wir reich oder arm sind - wir werden täglich mit einer Unmenge von Schwierigkeiten und Missgeschicken konfrontiert. Jedes Mal, wenn wir jemanden treffen, erkundigen wir uns als Erstes nach dem gegenseitigen Befinden. Anfangs wird die Unterhaltung angenehm und heiter sein, aber wenn wir genügend Zeit haben, um zwanglos zu plaudern, werden sich unvermeidlich Klagen einschleichen.

Seit unermesslicher Zeit haben wir uns selber eigennützig mit liebevoller Sorge umhegt, aber die Art, in der wir dabei vorgegangen sind, war die eines starrköpfigen Narren. Infolgedessen haben wir nichts erreicht, auf das wir uns sicher verlassen könnten. Jetzt haben wir die Gelegenheit, diese kostbaren Unterweisungen zu studieren, und die Befähigung, zwischen dem, was getan werden sollte, und dem, was aufgegeben werden sollte, zu unterscheiden. Wir müssen die ichbezogene Einstellung als unseren Todfeind erkennen und dürfen uns von ihr nicht überwältigen lassen. Wir müssen mit unserer ganzen

Kraft gegen sie kämpfen. Sofern wir erkennen, dass die Besorgnis um andere die Quelle aller positiven Eigenschaften ist, müssen wir unser Möglichstes tun, um sie auszubilden. Wir sollten also letztlich die Verantwortung für das Wohl derjenigen übernehmen, die wir bisher missachtet haben. Ebendies nennt man: sich selbst gegen andere austauschen.

Um die innere Stärke zu vergrößern, wird die Übung des Gebens und Nehmens gelehrt. Dadurch, dass wir uns auf die Übung konzentrieren, in der wir die Leiden anderer auf uns nehmen, steigern wir das Mitgefühl, und dadurch, dass wir uns auf die Übung konzentrieren, in der wir anderen unser Glück geben, festigen wir ein Gefühl der Liebe. Die Übung des Gebens und Nehmens ist also eng mit der Meditation über Liebe und Mitgefühl verknüpft. Einigen Unterweisungen zufolge wird zuerst die Übung des Nehmens, danach die Übung des Gebens durchgeführt. Andere Unterweisungen geben die umgekehrte Reihenfolge an. Gleichgültig, in welcher Abfolge wir sie durchführen - die Übung, in der man voller Mitgefühl nimmt, und die Übung, in der man mit Liebe gibt, lassen uns den ganz besonderen Entschluss fassen, alle Wesen vom Leid zu befreien, und dies führt zum Erleuchtungsgeist.

Das Entwickeln von Liebe und Mitgefühl ist für unsere Praxis äußerst wichtig, und zwar gleichermaßen am Anfang, mitten in ihr und zum Schluss, wenn wir zur Buddhaschaft erwachen. Und einzig und allein dadurch, dass wir in diesen voll erwachten Zustand eines Buddhas gelangen, können wir die Anliegen empfindender Wesen verwirklichen. Übungen wie die vier Mittel, Schüler zu gewinnen (zu geben, ansprechend zu formulieren, zu lehren und den Lehren gemäß zu handeln)[64], und die sechs Vollkommenheiten (Freigebigkeit, sittliches Verhalten, Geduld, Anstrengung, Konzentration und Weisheit) kommen letztlich nur in Abhängigkeit von empfindenden Wesen zustande. All die Übungsformen des Großen Fahrzeugs, die so viel Gutes erbringen, haben in der Besorgnis um das Wohl anderer empfindender Wesen ihren Ursprung. Wenn daher unser Blick auf ein empfindendes Wesen fällt, so wollen wir es voll Liebe und Mitgefühl betrachten und dabei denken: »Von solchen Wesen wie diesem hänge ich ab, und ebendadurch werde ich völlig erwachen.«

Geradeso wie man gute Feldfrüchte ernten kann, wenn man gesunde Keime in fruchtbaren Boden pflanzt, wird man dadurch, dass man sich liebevoll um empfindende Wesen sorgt, die schöne Frucht der Buddhaschaft ernten. Indem man sich liebevoll um das Wohl empfindender Wesen kümmert, wird man nicht nur eine gute Wiedergeburt erreichen können, sondern auch, dass man zur vollen Buddhaschaft erwacht. Die mannigfaltigen Leiden, denen Tiere, Hungergeister und die Höllenbewohner ausgesetzt sind, ergeben sich jeweils daraus, dass empfindenden Wesen Schaden zugefügt wurde. Missachten wir das Wohl empfindender Wesen, so werden uns die Nöte des Fressens und Gefressenwerdens, von Hunger und Durst und überwältigenden, nicht nachlassenden Schmerzen widerfahren.

Selbstverständlich mag es uns so vorkommen, als seien einige empfindende Wesen durchaus schädlich für uns. Das ist dann größtenteils die Folge unserer eigenen negativen Aktivitäten, die von störenden Emotionen über viele Leben hin angeregt wurden. Die Tatsache, dass wir anderen empfindenden Wesen in der Vergangenheit geschadet haben, tritt als weitere Bedingung hinzu. Wenn die Ursachen und Bedingungen aktiviert werden und negative Gedanken im Gemüt anderer Wesen entstehen, dann schaden uns diese. Ebendie empfindenden Wesen, die uns jetzt schaden, sind jedoch in früheren Leben viele Male unsere Mütter gewesen. Zu anderen Lebzeiten, in denen sie als Tiere wieder geboren waren, haben wir ihr Fleisch gegessen, ihr Blut getrunken, ihre Knochen abgenagt, ihre Haut verwendet, ihre Milch geschlürft und so fort.

Bekommen wir also dieses Mal mit den genannten empfindenden Wesen gewisse Probleme, dann sollten wir unsere Aufmerksamkeit mehr darauf richten, ihnen die große Güte zu vergelten, die sie uns in der Vergangenheit erwiesen haben. Wir sollten ihnen gegenüber Dankbarkeit und Liebe empfinden und wünschen, dass sie glücklich sein mögen. Wir wollen daran denken, dass sie uns, selbst wenn sie uns schaden, eine Gelegenheit verschaffen, Geduld zu entwickeln. Dies ist ein Beispiel dafür, wie man sich dem Üben der sechs Vollkommenheiten in Abhängigkeit von der Güte empfindender Wesen widmet.

Empfindende Wesen geben uns das in die Hand, was Buddhaschaft ausmacht. Ob nun jemand unser Feind oder Freund ist - wenn wir in jenen, auf die wir sonst unsere störenden Emotionen richten, spirituelle Helfer sehen können, werden wir glücklich sein, wo immer wir sind. Wir halten den spirituellen Lehrer für sehr gütig, der uns Unterweisungen gegeben hat, die zur Ursache unserer Befreiung und Erleuchtung werden können. In ähnlicher Weise sollten wir uns auch auf die Güte empfindender Wesen besinnen, die uns die Chance geben, Geduld zu entwickeln. Diese Güte unbeachtet zu lassen - das ist so, als bekäme man etwas Köstliches zu essen und würde es dann ausspucken.

Vermag man auf diese Weise zu üben, so wird man, wie es heißt, »wenn man beherzt ist, die Ebenen der Schwerter durchqueren können, weil man stets Waffen bei der Hand haben wird«, oder man wird, »wenn man auf der Suche nach Juwelen zu den Schatzinseln reist, so viele Juwelen entdecken, dass man keinen gewöhnlichen Stein finden wird, um die Hunde abzuwehren«. Es wird keine Zeit geben, in der wir nicht den Geist schulen. Nichts werden wir als Hindernis für unsere Übung betrachten. Wir sollten die Nachsicht entwickeln, die sich nicht entmutigen lässt, wenn man uns schadet oder mit Ablehnung begegnet.

Je mehr man uns schadet, desto mehr Geduld und Mitgefühl sollten wir gegenüber dem entwickeln, der uns gerade Schaden zufügt. Sind wir dazu fähig, dann wird sogar die Konfliktsituation, in der wir von Gegnern bedrängt werden, zur Quelle von Verdienst und Mitgefühl. Im Hinblick auf diese Praxis stimmen alle Lehren überein. Unsere Übung wird wie ein Universalheilmittel für alle Krankheiten sein. Haben wir eine solche Praxis der Geistesschulung, dann ist es gleichgültig, wie wir sie bezeichnen. Die Göttin Palden Lhamo[65] hat hundert Namen und tausend charakteristische Merkmale; jeder Name, mit dem man sie bezeichnet, ist ihr Name. Dieser Rat, Missgeschick in den Pfad der Erleuchtung umzuwandeln, wird in der *Darbringung an den spirituellen Meister* wiederum knapp und klar ausgedrückt:

> Mögen auch die Welt und ihre Wesen von den
> Früchten verwerflicher Taten strotzen
> und unerwünschte Leiden wie Regen auf mich
> niederprasseln –

beflügle mich, in ihnen das Mittel zu sehen,
mit dem sich die Folgen negativer Handlungen abbauen lassen,
und diese elenden Bedingungen als Pfad zu nehmen.

Wo wir auch leben - an allen Menschen, mit denen wir uns zusammentun oder verkehren, haben wir immer etwas auszusetzen und weisen auf das hin, was sie falsch gemacht haben. Infolgedessen sind wir dauernd unglücklich. Man braucht die Vorteile der Besorgnis um das Wohl empfindender Wesen und die Nachteile der Ichbezogenheit nicht bis ins Einzelne darzulegen. Es bedarf keiner weiteren Worte; schauen wir uns einfach den Unterschied an zwischen durchschnittlichen unreifen Menschen, die aus reinem Eigennutz arbeiten, und dem Buddha, der sich der Sache der anderen annimmt. Zwischen den beiden Ansätzen, die Besorgnis um das Wohl empfindender Wesen zu entwickeln, besteht ein Unterschied. Wir können empfindende Wesen in einem angenehmen Licht betrachten, indem wir uns auf ihre Güte besinnen, die sie uns über viele Leben hin erwiesen. Man reagiert auf sie, weil sie einem genützt haben. Diese Einstellung grenzt jedoch an das opportunistische »Ich werde mich um euch kümmern, weil ihr gütig zu mir gewesen seid. Wozu sollte ich mir Sorgen machen, wenn das nicht der Fall wäre?«. Wenn wir hingegen die Besorgnis um das Wohl anderer empfindender Wesen schlicht deswegen entwickeln, weil sie uns darin gleichen, dass sie sich Glück wünschen und kein Leid wollen, denken wir nicht darüber nach, ob sie uns genützt haben oder nicht. Wir denken einfach, dass es genauso in ihrer wie in unserer Natur liegt, sich Glück zu wünschen und kein Leid zu wollen, und dass sie dasselbe Recht darauf haben, Glück zu erleben und Leid zu vertreiben.

Ich meine, dass dieser Gedankengang für manche Menschen wirkungsvoller und zweckmäßiger ist. Wenn wir uns mit anderen empfindenden Wesen vergleichen, wird uns klar, dass zwar auch wir ein Recht auf Glück haben, aber nur eine einzige Person sind, während die Anzahl der anderen empfindenden Wesen unendlich groß ist. Wir sind nicht nur in unserem Glück und Leid mit anderen verknüpft, sondern je mehr wir diesen helfen, desto glücklicher werden wir sein. Je mehr wir ihnen schaden oder sie missachten, desto unglücklicher werden wir sein. Daher ist der intelligentere Ansatz der, unsere eigenen Interessen der Mehrheit zuliebe zu opfern. Kurz, genau so übt man, sich selbst gegen andere auszutauschen.

Wir können uns die Praxis, den Erleuchtungsgeist zu entwickeln, zu Herzen nehmen, indem wir erst über die Liebe und dann über das Mitgefühl meditieren. Im Text heißt es:

> Übt eine Kombination aus Geben und Nehmen.

In der Meditation über die Liebe meditieren wir darüber, dass wir unseren Körper, unser Vermögen und unsere positiven Eigenschaften anderen empfindenden Wesen geben. Wenn wir unseren Körper, unser Vermögen und unsere positiven Eigenschaften anderen widmen, werden sie einem Zweck dienen. Wenn wir sie für uns selber horten und schützen, werden sie nur Frustration bringen. Zunächst müssen wir uns auf die Vorteile besinnen, die es hat, wenn wir den Geist darin schulen, durch das Weggeben dieser Dinge Liebe zu entwickeln. In einem Sutra heißt es: »Selbst wenn man unzähligen höchsten Wesen Opferungen im Ausmaß der unzähligen Bereiche des Universums darbringen wollte, ließe sich der daraus erwachsende Nutzen nicht mit jenem vergleichen, der davon herrührt, dass man bloß einen Augenblick lang Liebe entwickelt.« Ähnlich sagt Nagarjuna: »Das Verdienst, das man ansammelt, indem man bloß einen Augenblick lang über die Liebe meditiert, übertrifft jenes, das man dadurch ernten würde, dass man den Hungernden dreimal am Tag dreihundert Töpfe Essen gibt.« Jedes Mal, wenn wir erkranken oder uns etwas anderes zustößt, worüber wir unglücklich sind, neigen wir Tibeter dazu, von bösen Geistern zu reden, unter deren störendem Einfluss wir gerade zu leiden hätten - anstatt über Liebe und Mitgefühl zu meditieren. Das ist eine Schande für Anhänger des Buddhismus. Wir versichern, dass wir nicht an äußere Schöpfungskräfte glauben. Aber dennoch immer auf negative Kräfte hinzuweisen, die angeblich an unseren Störungen schuld sind, anstatt über die Macht unseres eigenen Geistes nachzudenken, ist selbst eine große Störung. Zu behaupten, dass wir nicht an einen Schöpfergott glauben, und uns gleichzeitig so zu verhalten, als wären unsere ganzen Erfolge auf uns wohlgesinnte Geister zurückzuführen und als würden unsere ganzen Leiden dadurch hervorgerufen, dass wir diesen Geistern missfallen, kommt einer Verwässerung des Dharma gleich. Es mag sein, dass unsere Schwierigkeiten in wenigen Fällen das Werk von bösen Geistern sind. Die Hauptquelle der Unannehmlichkeiten liegt jedoch in uns. Wir machen negative Erfahrungen infolge unserer negativen Handlungen.

Manchmal, wenn wir meinen, dass uns negative Kräfte oder böse Geister behindern, versuchen wir das abzustellen, indem wir jemanden bitten, ein Ritual durchzuführen. Angeblich soll dies die bösen Geister vertreiben. Aber die wahre Methode, solche Probleme zu überwinden, besteht darin, uns in Liebe und Mitgefühl zu üben.

Entdecke ich hin und wieder, dass bestimmte schädliche Geister am Werk sind, dann meditiere ich ganz bewusst über Liebe und Mitgefühl für sie. Mir scheint, dass das wirklich hilft. Meditation über Liebe und Mitgefühl ist unser bester Schutz.

Ein Bodhisattva, der sich in die Einsamkeit begeben hat, versenkt sich in den eigenen Geist und meditiert aus tiefstem Herzen darüber, wie er oder sie anderen Menschen helfen kann. Diese Meditation hat zwei Aspekte: Hingabe an die empfindenden Wesen, die die Erde bewohnen; und Hingabe an die Umwelt, in der sie leben. Selbstverständlich können wir anfangs vielleicht noch nicht wirklich unseren Körper weggeben. Wir sollten das erst tun, wenn unsere Übung der Methode wie auch der Weisheit[66] gefestigt und tief ist. Doch ohne uns mit dieser Vorstellung vertraut zu machen, werden wir schwerlich den nötigen Mut aufbringen, es zu tun. Daher können wir zunächst einmal visualisieren, dass wir unseren Körper weggeben. Wie machen wir das?

Bedenken wir zuallererst: Sämtliche empfindenden Wesen gleichen sich völlig darin, dass sie sich Glück wünschen und kein Leid wollen, und auch darin, wie sie dieses Glück entbehren. Sobald wir dies in uns stark empfinden, stellen wir uns vor, wie gut es wäre, wenn wir sie glücklich machen könnten. Widmen wir ihnen also aus tiefstem Herzen all unsere positiven Eigenschaften, unsere körperlichen, geistigen und sprachlichen Qualitäten, unser Vermögen und alles, was wir haben, mit dem Wunsch, dass sie Glück erfahren und alles, was sie brauchen, erhalten mögen. In unserer Vorstellung verändern wir unsere positiven Eigenschaften jeweils in Entsprechung zu den Bedürfnissen der verschiedenartigen empfindenden Wesen, wo immer diese auch sein mögen, selbst wenn sie die acht heißen oder die acht kalten Höllen bewohnen. Dann stellen wir uns vor, dass durch das Befriedigen der Bedürfnisse dieser Wesen eine günstige Bedingung für ihren Einstieg in die Praxis des Großen Fahrzeugs geschaffen wird.

Wenn wir darüber meditieren, dass wir unseren Körper anderen Wesen geben, so visualisieren wir ihn nicht in Gestalt von unreinem Blut, Fleisch und so fort. Wir sollten unseren Körper geistig in ein wunscherfüllendes Juwel umwandeln, dann können wir ihn den empfindenden Wesen in jeglicher für sie zweckmäßigen Form geben. Für jene, die Hunger leiden, visualisieren wir den Körper in Nahrung transformiert. Wir visualisieren uns als Beschützer für jene, die ohne Schutz sind, oder als Weg-Weiser für jene, die sich auf einer unbekannten Wegstrecke befinden.

Auf die gleiche Art visualisieren wir, dass wir andere mit den inneren, für das Üben des Pfades nötigen Voraussetzungen ausstatten, etwa mit Vertrauen, Eifer, Konzentration und Weisheit. Nachdem wir die inneren Möglichkeiten und Voraussetzungen bereitgestellt haben, stellen wir uns vor, dass wir den anderen nun die äußeren Voraussetzungen für die Praxis geben, etwa einen voll befähigten Lehrer des Großen Fahrzeugs und Schriften. Wir sollten uns vorstellen, dass die unmittelbaren Wünsche aller empfindenden Wesen erfüllt sind. Infolgedessen sind diese fähig, den Einfluss ihrer störenden Emotionen zu überwinden. Kurzum, wir sollten denken, dass sie fähig sind, Liebe und Mitgefühl, die Wurzel des Erleuchtungsgeistes, zu entwickeln. Sie können die sechs Vollkommenheiten üben: Freigebigkeit, sittliches Verhalten, Geduld, Bemühung, Konzentration und Weisheit. Sie können die zwei Ansammlungen erwerben, die des Verdienstes und die der Einsicht[67], und so zur vollen Buddhaschaft erwachen. Zum Abschluss jedes einzelnen Durchgangs des Gebens, den wir visualisieren, entwickeln wir ein tiefes Gefühl der Freude.

Wir können auch visualisieren, dass wir unseren transformierten Körper solchen empfindenden Wesen, die besondere Leiden durchmachen, jeweils auf die Art geben, die ihnen Erleichterung bringen wird. Wir sollten uns vorstellen, dass wir Bewohnern der heißen Höllen ihre durch die Hitze verursachten Leiden lindern. Ähnlich sollten wir uns in Bezug auf Hungergeister, die von Hunger und Durst überwältigt werden, zunächst vorstellen, dass wir ihre elementare Angst, nicht genug zu essen zu finden, beseitigen.

Stellen wir uns dann vor, dass wir sie nach und nach auf den Pfad der Erleuchtung führen. Auf diese Weise können wir zuerst in Gedanken dabei verweilen, dass wir die besonderen Leiden empfindender Wesen in jedem der sechs Existenzbereiche (der Götter, Halbgötter, Menschen, Tiere, Hungergeister und Höllenwesen) erleichtern. Wir führen sie dann nach und nach auf den spirituellen Pfad und veranlassen sie dazu, zur vollen Buddhaschaft zu erwachen.

Kraft unseres Erleuchtungsgeistes und der Macht der Wahrheit bitten wir all jene vor uns hinzutreten, die uns Schaden zufügen. Wir sagen ihnen, dass sie seit anfangsloser Zeit viele Male unsere Mütter gewesen sind, uns zu jenen Zeiten genützt und uns vor vielen Leiden beschützt haben. Wir sagen ihnen, dass wir jetzt die Verpflichtung haben, uns für ihre Hilfe erkenntlich zu zeigen, und bitten sie, sich alles zu nehmen, was sie wollen, sei es nun unser Fleisch, unser Blut, unsere Knochen oder unsere Haut. Wir entwickeln ihnen gegenüber eine starke Empfindung des Mitgefühls und geben ihnen diese Dinge. Wir erinnern uns an ihre große Güte und besinnen uns auf alles, was wir ihnen schulden - mit dem Gedanken, dass jetzt die Zeit gekommen ist, diese Schulden zurückzuzahlen. Wir versorgen jene, die Unterkunft, Nahrung, Vermögen und Kleidung begehren, mit allem, was sie sich wünschen, und bitten sie höflich, sich in Ruhe zu bedienen. Wir stellen uns vor, dass sie genießen, was wir ihnen geben, dass es ihre Wünsche erfüllt und dass sie am Ende zufriedengestellt sind. Wir stellen uns vor, dass dies ihre schädlichen Absichten beschwichtigt und ihren Geist für die Praxis des Dharma empfänglich macht, die sie schließlich dahin bringt, sich der Wonne der Erleuchtung zu erfreuen. Obwohl empfindende Wesen Glück ersehnen und Leid vermeiden wollen, verstehen sie es nicht, ihre Wünsche angemessen zu verwirklichen. Wir stellen uns vor, dass wir ihnen durch das Umwandeln unseres Körpers, Vermögens und so weiter das geben, was sie begehren, und zudem eine Anleitung, wie sie selbst dazu gelangen können.

Die zweite Gruppe empfindender Wesen, denen wir unseren Körper geben können, besteht aus jenen, die den Pfad betreten haben. Wir denken darüber nach, wie wir jenen empfindenden Wesen, die nach Befreiung streben, helfen können, die erforderlichen äußeren und inneren Möglichkeiten zu erhalten. Wir stellen uns vor, dass wir unseren Körper in wirkungsvolle Mittel transformieren, um sie dazu anzuregen, den Pfad des Großen Fahrzeugs zu betreten, der im Erreichen der

Buddhaschaft gipfelt. Wir bringen dann unsere Körper der Überlieferungslinie der spirituellen Meister und den Buddhas dar, die in den zehn Richtungen weilen (im Norden, Osten, Süden, Westen, Nordosten, Nordwesten, Südosten, Südwesten, oben im Zenit und unten im Nadir). Wir können unseren Körper als Nachbildung unzähliger brennender Butterlampen visualisieren oder uns bildlich vorstellen, dass unzählige Emanationen unseres Körpers Niederwerfungen vollziehen. Auf diese Weise können wir den heiligen Objekten der Zuflucht eine unendliche Anzahl von Opfern darbringen.

Als Nächstes folgt die Übung des Gebens an die Umwelt. In Gedanken verwandeln wir unseren Körper wieder in ein wunscherfüllendes Juwel, das die ganze Umwelt von negativen Merkmalen wie etwa ödem Land, dornigen Büschen oder steinigem Boden befreien kann. Die ganze Umwelt wird geläutert und freundlich. Selbst das Säuseln des Windes in den Bäumen regt empfindende Wesen dazu an, den Dharma zu üben. Wenn wir zu der Übung kommen, in der wir unser Vermögen und unsere Habe weggeben, dann stellen wir uns vor, dass wir sie in Objekte transformieren, die dazu da sind, andere empfindende Wesen zufriedenzustellen. Wenn sie angenommen werden, dienen sie dann als Bedingungen, durch die sich empfindende Wesen dazu anregen lassen, den Dharma zu üben.

Als Nächstes folgt die Meditation über das Weggeben unserer inneren Qualitäten. Im Unterschied zu der vorherigen Opferungsreihe, in der wir Gegenstände weggeben, die wir momentan besitzen, können wir anderen die inneren Qualitäten widmen, die wir geschaffen haben, die wir gegenwärtig schaffen und die wir schaffen werden. Wir sollten uns mit freudiger

Bewunderung an die heilsamen Handlungen unseres Körpers, unserer Rede und unseres Geistes erinnern - ausgehend von einfachen Dingen wie der Futtergabe für ein Tier bis hinauf zur Entwicklung des Erleuchtungsgeistes. Wir stellen uns bildlich vor, dass wir sie allen empfindenden Wesen geben. Es ist sehr wichtig, zuerst große Liebe zu anderen empfindenden Wesen und Besorgnis um sie zu entwickeln. Im Widerspruch zu ihrem Verlangen nach Muße und Glück haben sie Schmerzen und Kummer, und das Leid und seine Ursachen lasten schwer auf ihnen. Wir stellen uns vor, dass wir alle Wesen in allen Welten durch das Geschenk unserer inneren Qualitäten von ihrem Elend befreien. Wir denken, dass jedes einzelne von ihnen die vollständigen Ursachen und Bedingungen für das Erwachen zur Erleuchtung erwirbt.

Eine solche Meditation über Freigebigkeit mag anderen zwar praktisch und konkret nicht unmittelbar helfen, aber man darf ihren Wert nicht unterschätzen. Mittels solcher Übungen entwickeln wir den Mut, wahrhaft freigebig zu sein. Unseren Geist auf diese Art im Geben zu schulen ist deshalb so bedeutsam, weil wir uns dadurch aus den Klauen des Geizes befreien werden. Im Augenblick sind wir möglicherweise nicht fähig, tatsächlich zum Wohl anderer zu wirken, aber es ist sehr wichtig, dass wir uns in einer freigebigen Einstellung schulen. Indem wir dies auf imaginärer Ebene tun, machen wir uns mit dem Geben vertraut. Die Zeit wird kommen, in der wir ohne Bedenken wirklich werden geben können.

Je mehr wir etwas bedenken, desto besser lernt unser Geist es kennen. Die Zeit wird kommen, in der unser Geist ganz von selbst in diese Richtung fließt. Auch wenn wir im Moment möglicherweise nicht fähig sind, anderen Menschen zu nützen, müssen wir uns im Geist darauf vorbereiten, es zu tun. Jeder, der solche Gedanken hat, wird sie am Ende in konkrete Praxis umsetzen. Indem wir diese heilsamen Handlungsweisen geistig durchspielen und unsere Freude an ihnen haben, gelangen wir nach und nach zu wirklichem Geben. Welchen Nutzen bringt eine solche Visualisierung? Wenn jemand eine direkte karmische Verbindung zu einer anderen Person hat, kann er dieser Person schon durch die Visualisierung helfen. Für diejenigen, mit denen wir keine besondere karmische Verbindung haben, ergibt sich möglicherweise kein großer direkter Nutzen, aber wir werden in einer solchen Übung unseren Geist stärken können.

Nachdem wir nun visualisiert haben, dass wir unseren Körper, unser Vermögen und unsere spirituellen Eigenschaften weggeben, und sie allesamt anderen empfindenden Wesen gewidmet haben - können wir uns ihrer da noch weiterhin bedienen? Wir haben unser Vermögen und so fort aufrichtig anderen gewidmet: Wenn wir also selber davon Gebrauch machen, sollten wir das nicht auf selbstsüchtige, besitzbetonende Weise tun, sondern in der Absicht, anderen zu nützen. Wir sollten denken, dass sogar unser eigenes Überleben zum Besten anderer Wesen erfolgt, geradeso wie wir ihnen unsere Körper und all diese materiellen Möglichkeiten zur Verfügung gestellt haben. Es ist nichts daran auszusetzen, wenn wir von unserem Vermögen Gebrauch machen, sofern wir dies mit der richtigen geistigen Einstellung tun. Es beunruhigt uns vielleicht, dass wir anderen diese Dinge bloß in unserer Vorstellung widmen, während wir sie in Wirklichkeit selber behalten. Wir fragen vielleicht: Was für einen Sinn hat es, sie anderen zu widmen? Der Sinn liegt darin, dass man dadurch den Geist aus den Klauen des Geizes befreit, der ein Produkt der ichbezogenen Einstellung ist.

Die Übungen des Gebens und Nehmens ergänzen sich gegenseitig. Wir müssen sie abwechselnd in die Praxis umsetzen. Um uns zu motivieren, sollten wir einerseits über die missliche Lage leidender Wesen und andererseits über die Vorteile des Mitgefühls nachdenken. Empfindende Wesen stehen unter dem Einfluss störender Emotionen wie Unwissenheit, Begierde, Feindseligkeit und Eifersucht. Folglich können sie sich nicht des Glücks erfreuen, das sie sich wünschen, sondern erdulden fortwährend mannigfaltiges Leid. Mitgefühl ist die Quelle des Erleuchtungsgeistes, der weitere verdienstvolle Handlungen auslöst.

Der Buddha sagte, dass Bodhisattvas kaum fähig sein dürften, sich auf viele Übungsformen einzulassen, und vielmehr eine einzige Eigenschaft hegen und schätzen sollten. Und wenn sie diese eine Eigenschaft haben, dann halten sie mit ihr alle Eigenschaften des Buddhas in Händen. Welche Eigenschaft ist das? Es ist das große Mitgefühl. Überall, wo großes Mitgefühl waltet, ist die Lehre des Buddhas gegenwärtig. Wenn ein Bodhisattva großes Mitgefühl hat, werden alle anderen edlen Eigenschaften zugegen sein. Es ist wie die Lebensfähigkeit, aus deren Vorhandensein die Sinnesfähigkeiten hervorgehen. Sich im Mitgefühl zu schulen, ist letztlich gleichbedeutend damit, dass man die Lehren des Buddhas in ihrer ganzen Tragweite anwendet. Der große indische Gelehrte Chandrakirti pries es als den Keim am Anfang, die Feuchtigkeit in der Mitte und das eigentliche Reifen der Erleuchtungsfrucht am Ende.

Wir haben von Natur aus das Potenzial für Mitgefühl in uns. Ebendeshalb reagieren wir unwillkürlich, wenn wir sehen, dass jemand von heftigen Schmerzen gepeinigt wird. In uns allen steckt ein Keim Herzensgüte. Diese Fähigkeit in uns sollten wir unbedingt erforschen und entfalten. Um das zu tun, müssen wir Wut und Hass überwinden, die Produkte unserer ichbezogenen Einstellung sind. Daher ist es die Praxis von Bodhisattvas, sich in erster Linie um das Wohl anderer Wesen und nicht um ihr eigenes zu kümmern. Wenn wir eine derartige Haltung einnehmen, dann mögen zwar unser Mitgefühl und unsere Güte zunächst sehr schwach sein, aber sie lassen sich unbegrenzt weiterentwickeln. Das Hauptziel unserer Übung, das Leid von anderen zu übernehmen, besteht darin, die ichbezogene Einstellung zu beseitigen. Wenn wir uns dieser Übung mit Hingabe widmen, werden wir ihre Wirksamkeit kennenlernen. Die Übung, Leid zu übernehmen, ist eines der wirkungsvollsten Verfahren zur Eindämmung der Ichbezogenheit.

Beim Entwickeln von Mitgefühl sollten wir das Leid anderer empfindender Wesen bedenken und uns vergegenwärtigen, dass wir, sobald es um uns geht, kaum fähig sind, auch nur das geringfügigste Leid zu ertragen. Empfindende Wesen wollen kein Leid, können es aber aus Unwissenheit nicht überwinden. Der einzige Weg, ihnen zu helfen, besteht darin, die besondere geistige Einstellung zu entwickeln, in der wir uns aus tiefstem Herzen verpflichten, ihr Leid zu beseitigen. Wir sollten das nicht mit dem Gedanken tun: »Wenn ich die Übung des Gebens und Nehmens durchführe, werde ich letzten Endes davon profitieren.« Das ist die falsche Motivation. Wir sollten über das Leid anderer empfindender Wesen nachdenken und den Vorsatz fassen, dieses Leid auf uns zu nehmen. Und wenn wir über unsere positiven Eigenschaften nachdenken, sollten wir versuchen, sie anderen empfindenden Wesen zu geben oder sie mit ihnen zu teilen. Ohne eine solche reine, altruistische Motivation könnten wir die Praxis des Gebens und Nehmens womöglich als eine Art täglicher Übung verrichten und sie nachgerade für eine Quelle unseres eigenen Nutzens halten. Wenn wir das tun, wird unsere Praxis keinen Erfolg haben. Wenn wir hingegen daran denken, anderen empfindenden Wesen zu helfen, und ihr Leid auf uns nehmen, werden alle Nöte, die uns widerfahren, unsere Praxis nur umso wirksamer machen. Das Leid anderer empfindender Wesen zu übernehmen bedeutet, dass wir ernstlich erwägen sollten, ihre ichbezogene Einstellung, ihre Krankheiten und deren jeweilige Ursachen zu übernehmen. Wir nehmen all diese Leiden im Innersten unseres Herzens auf.

Und entsprechend gilt: Wenn wir eine blinde Person sehen oder jemanden, der ein Körperglied verloren hat, dann stellen wir uns zumindest bildlich vor, dass wir dieser Person eins von unseren Augen oder eins von unseren Gliedmaßen geben. Führen wir diese Meditation aufrichtig durch, so wird das zweifellos unsere ichbezogene Einstellung schwächen und unsere Übung des Gebens und Nehmens stärken.

Im Text heißt es:

> Geben und Nehmen sollte man abwechselnd üben,
> und ihr solltet mit dem Nehmen bei euch beginnen.

Um unseren Geist mit der Praxis, Leid zu übernehmen, nach und nach vertraut zu machen, sollten wir bei unserem eigenen Leid beginnen. Als Erstes sollten wir ernstlich erwägen, alles Leid auf uns zu nehmen und zu akzeptieren, dass wir es in Zukunft erdulden müssen. Wir übernehmen es jetzt. Wir stellen uns vor, dass wir in diesem gegenwärtigen Leben das Leid übernehmen, das wir in künftigen Leben erdulden müssen. Dann stellen wir uns vor, dass wir in diesem Jahr das Leid auf uns nehmen, das wir in unserem restlichen Leben erdulden müssen. Wir stellen uns vor, dass wir heute das Leid übernehmen, das wir im restlichen Zeitraum dieses Jahres erdulden müssen. Wir sollten uns vorstellen, dass wir nicht nur dieses Leid an sich übernehmen, sondern auch seine Ursachen und Bedingungen - irrige Vorstellungen und störende Emotionen. Dann stellen wir uns vor, dass wir das Leid anderer Wesen samt seiner Ursachen und Bedingungen auf uns nehmen.

Das Leid anderer zu übernehmen bedeutet nicht, dass wir diesen Prozess des Vorstellens durchlaufen und ihr Leid damit einfach verschwindet. Auch verhält es sich nicht so, als nähmen wir ihr Leid entgegen und legten es einfach beiseite. Wir sollten uns denken, dass wir ihr Leid ins Innerste unseres Herzens hineinnehmen. Das hat eine besondere Wirkung: Die dort verankerte ichbezogene Einstellung wird hart getroffen. Wir stellen uns vor, dass all die Leiden anderer empfindender Wesen mitsamt ihren Ursachen und Bedingungen von den Betroffenen entfernt werden, und zwar geradeso, wie Büschel dunklen Haares mit einer scharfen Klinge abrasiert werden. Dann stellen wir uns vor, dass wir all diese dunklen Büschel, die das Leid verkörpern, in unser Herz hineinnehmen und dass somit alle empfindenden Wesen von ihrem Leid und den dazugehörigen Leidensursachen und -bedingungen befreit sind.

Um die Wirksamkeit unserer Meditation zu verbessern,

sollten wir vernünftigerweise nicht global über alle empfindenden Wesen, sondern vielmehr über bestimmte Einzelwesen und Bereiche meditieren. Wir können visualisieren, dass wir das Leid und die jeweiligen Leidensursachen der Wesen in himmlischen Welten[68] und dann das der Menschenwelt auf uns nehmen. Wir setzen die Meditation fort, indem wir das Elend und die jeweiligen Elendsursachen der Wesen in den Welten der Tiere, der Hungergeister und in den Höllen übernehmen. Hinsichtlich des Meditationsgegenstandes gibt es keine strengen Regeln. Wir können ihn nach Geschmack und entsprechend unserer spirituellen Entwicklung variieren. Zu gewissen Zeiten können wir visualisieren, dass wir das Leid und die Leidensursachen der Wesen in allen Existenzbereichen während einer einzigen Meditationssitzung übernehmen. Ein andermal möchten wir vielleicht darüber meditieren, dass wir das Leid eines bestimmten Bereichs wochen- und monatelang auf uns nehmen. Wir können uns auch vorstellen, dass wir das Leid von Wesen übernehmen, die den spirituellen Pfad betreten haben. Selbst Bodhisattvas, die die zehnte spirituelle Stufe[69] erreicht haben, weisen Einprägungen der falschen Auffassung von einem Selbst auf, die noch entfernt werden müssen. Selbstverständlich haben die Buddhas kein Leid, das man übernehmen könnte. Auch an unserem spirituellen Meister gibt es nichts, das wir auf uns nehmen könnten.

In jedem Fall hat die gesamte Meditation den einen Zweck, die ichbezogene Einstellung zu schwächen und zu beseitigen und zugleich unser teilnahmsvolles Besorgtsein um andere empfindende Wesen zu fördern und zu stärken. Die Übung muss aus dem Innersten unseres Herzens kommen. Sie sollte nicht durch Eigennutz verunreinigt werden, durch den Gedanken, dass uns diese heilsame Handlung innere Ruhe, Glück und ein langes Leben einbringen wird. Besorgtsein um andere - damit ist hier gemeint, dass einem die anderen lieb und teuer sind, und zwar nicht aufgrund von Anhänglichkeitsgefühlen, sondern infolge der klaren Erkenntnis ihrer Wichtigkeit. Im Grunde genommen können alle empfindenden Wesen den voll erwachten Zustand eines Buddhas erlangen, weil jedem Wesen die essenzielle Buddhanatur innewohnt. In dieser Meditation beziehen wir die Perspektive, aus der wir uns normalerweise selber betrachten würden, auf andere.

Man sollte die Visualisierung des Gebens und Nehmens energisch durchführen, damit sie auf unsere instinktiv selbstsüchtige Haltung auch spürbar einwirken wird. Schließlich empfinden wir dann einen heftigen Widerwillen gegen unsere Ichbezogenheit. Sobald unsere Liebe zu anderen stark entwickelt ist, werden wir uns unwillkürlich fragen, was wir eigentlich für andere tun. Ob nun unser Wirken für andere empfindende Wesen diese tatsächlich der Erleuchtung näher bringt oder nicht - eine solche Visualisierung hilft wirklich, unser Mitgefühl und unsere Liebe zu stärken. Dabei koppelt man das Visualisieren des Gebens und Nehmens mit dem Atemvorgang.

So heißt es im Text:

> Diese beiden sollte man auf dem Atem reiten
> lassen.

Wir visualisieren beim Ausatmen, dass wir unseren Körper, unsere Besitztümer und unsere inneren Qualitäten aus den drei Zeiten (der Vergangenheit, Gegenwart und Zukunft) den empfindenden Wesen geben, deren Zahl so grenzenlos ist wie der Raum. Wir stellen uns vor, dass ihnen nichtverunreinigte Glückseligkeit zuteilwird. Wir visualisieren beim Ausatmen, dass wir das Leid und Fehler anderer empfindender Wesen mitsamt den Ursachen ins Innerste unseres Herzens hineinnehmen. Wir stellen uns vor, dass die Wesen vom Elend und seinen Ursachen vollständig frei werden.

Wenn wir uns auf diese Weise schulen können, werden wir, da ja der Geist und der Atem in derselben Richtung fließen werden, die Zerstreutheit überwinden und die Achtsamkeit stärken. Dies wird sich auf unsere Meditation positiv auswirken. Und was noch wichtiger ist: Schon die gewöhnliche Atemtätigkeit wird zu einem Faktor in unserem Wirken für das Wohl anderer empfindender Wesen werden.

Wir sollten unser eifriges Bemühen nicht ausschließlich auf die Meditationssitzungen beschränken. In der Nach-Meditationsphase müssen wir genauso wachsam und gewissenhaft sein. Welche Einsichten wir auch während der Meditation gewinnen - sie müssen ihren Wert in der Nach-Meditationsphase beweisen. Und entsprechend gilt, dass jedes in diesem Zeitraum gewonnene Verständnis unsere Meditation fördern und intensivieren sollte. Es ist ein alltägliches Phänomen, dass Menschen während ihrer Meditation ernsthaft bei der Sache sind, aber nach der Sitzung eine Art Laxheit dulden und sich undisziplinierten Handlungen des Körpers, der Rede und des Geistes hingeben. Wir müssen uns vergewissern, dass wir nicht in diese Falle gehen. Es ist äußerst wichtig, dass wir auf unseren Geisteszustand achtgeben. Im Text heißt es:

Was die drei Objekte, drei Gifte und drei
Tugenden[70] betrifft,
so besteht die zu befolgende Anweisung,
kurz gefasst, darin,
diese Worte bei allen Tätigkeiten zu beherzigen.

Der Geist hat das Potenzial, alle möglichen negativen Gedanken und Emotionen hervorzurufen, wenn er mit Sinnesobjekten in Berührung kommt. Wenn wir jemanden treffen, der uns sehr lästig fällt, oder über den Betreffenden nachdenken, entstehen Wut und Feindseligkeit. Wenn wir auf etwas stoßen, das wir haben wollen, entsteht Begierde. In solchen Situationen dürfen wir nicht zulassen, dass uns diese störenden Emotionen überwältigen. Wir haben ebendann die Gelegenheit, sie uns zunutze zu machen, um unsere Geistesschulung zu stärken. Wir sollten Mitgefühl gegenüber allen empfindenden Wesen entwickeln, die in ähnlicher Weise geplagt werden. Denken wir über die Mängel störender Emotionen und die unangenehmen Folgen nach, zu denen sie führen.

Beispielsweise können wir, wenn uns Wut überkommt, uns wünschen, dass durch unser Wut-Erleben alle anderen Wesen von Wut frei sein und dem Leid entgehen mögen, das aus ihr erwächst. In dieselbe Richtung können wir unsere Gedanken lenken, wenn wir begehrliches Anhaften, Unwissenheit und so fort erleben. Abschließend denken wir, dass alle Wesen inneren Frieden und Glückseligkeit genießen. Bodhisattvas versuchen generell zu verhindern, dass störende Emotionen entstehen. Wenn sie spontan entstehen, lassen sie sich davon nicht deprimieren, sondern klären vielmehr rational den Vorgang und beten, dass alle anderen empfindenden Wesen nicht auf dieselbe Weise zu leiden haben mögen. Was immer wir in der Nach-Meditationsphase tun, ob wir nun arbeiten, essen, nur dasitzen oder gehen - wir müssen voll bewusst und wachsam sein.

Besonders wenn wir einem aktiven Leben in der Gesellschaft nachgehen, sollten wir es nicht dazu kommen lassen, dass wir angesichts schwer zu bewältigender Umstände zu einem Opfer der Verhältnisse werden. Vielmehr sollten wir widrige Umstände in Faktoren zur Schulung des Geistes umwandeln. Um uns daran zu erinnern, ist es vielleicht hilfreich, bestimmte Verse aufzusagen, etwa die folgenden[71]:

> Mögen ihre verwerflichen Taten bei mir reifen,
> und mögen all meine heilsamen Handlungen bei
> ihnen reifen.
> Mögen die Leiden aller empfindenden Wesen
> bei mir zur Reife kommen
> und die Wesen alle dank meiner heilsamen
> Handlungen glücklich sein.
> Unter welch schlimmen Qualen die Wesen auch
> leiden mögen -
> bei mir allein mögen sie ausreifen.
> Mögen dank all der Bodhisattva-Qualitäten
> wandernde Wesen[72] Glückseligkeit genießen.

Geben und Nehmen ist eine Übung, die man mit großem geistigem Mut und innerster Entschlossenheit durchführen sollte. Der große Sha-ra-wa sagte: »Wenn wir unseren Geist wirklich an eine solche Ausbildung gewöhnen wollen, sollte unsere Übung nicht bloß einem Stein gleichen, der einen steilen Hang hinunterpurzelt, auch sollte sie nicht lauwarmem Wasser in einem stillen Tümpel gleichen. Sie sollte rot wie Blut und weiß wie geronnene Milch sein.« Das bedeutet, dass wir, wenn wir unseren Geist schulen wollen, nicht halbherzig, unschlüssig oder ängstlich, sondern gänzlich einsatzbereit und entschlossen sein sollten. Wir sollten den Unterschied zwischen Schwarz und Weiß kennen. Sich einen Tag eifrig in der Geistesschulung üben und am nächsten Tag irgendetwas anderes tun - von dieser Voraussetzung darf man nicht ausgehen, wenn man sich Erfolg erhofft.

Nachdem man sich in Liebe und Mitgefühl geschult hat, könnte man sich womöglich fragen, weshalb man eigentlich zur vollen Buddhaschaft erwachen muss. Die großen Wesen, die eifrig mit ihrer persönlichen Befreiung beschäftigt sind[73], und die Bodhisattvas auf der zehnten Stufe spiritueller Entwicklung[74] sind überaus befähigt, anderen Wesen zu helfen. Doch nur dadurch, dass sie vollständig erleuchtet werden, können sie zahllose Wesen in den Zustand jenseits des Leids[75] versetzen. Daher sollten wir das feste Bestreben entwickeln, den Zustand eines voll erwachten Buddhas zu erreichen, der es gestattet, unsere eigenen Ziele und die von anderen zu verwirklichen.

Heutzutage könnten wohl viele von uns zweifeln, ob es tatsächlich möglich ist, den Zustand der Buddhaschaft zu erreichen. Wenn von Buddhaschaft die Rede ist, denken wir womöglich nur an Buddha Shakyamuni, der in dieser Welt doch schon vor über 2500 Jahren erschien. Daher ist es wichtig, dass man ein fundiertes Verständnis vom Wesen der Erleuchtung hat. Als Erstes müssen wir begreifen, dass es möglich ist, die Fehler zu beseitigen, die unseren Geist verunreinigen. Ebendies macht Erleuchtung möglich. Wenn wir das begreifen können, wird es unser Bemühen beflügeln, den Erleuchtungsgeist zu entwickeln. Daher heißt es, dass sich die Weisheit auf die Erleuchtung richtet und dass sich das Mitgefühl auf die Bedürfnisse anderer empfindender Wesen richtet. Sobald wir voll und ganz erkennen, dass unser Geist wirklich erleuchtet werden kann, werden wir danach streben.

Kapitel 6

Die Erwachten als Zeugen anrufen

Wir wollen nun in der überlieferten Form den kostbaren Erleuchtungsgeist entwickeln. Dazu ist erforderlich, dass wir aufmerksam bleiben,

die Gebete sprechen und die Visualisierungen sorgfältig mitmachen.

Die höchste Praxisform des Dharma ist die Praxis des Großen Fahrzeugs. Grundlegend für das Große Fahrzeug ist die Entwicklung des Erleuchtungsgeistes, jener Gesinnung, in der man sich mehr um andere sorgt als um sich selber. Der Erleuchtungsgeist ist die Quelle alles Guten. Alles vorläufige und endgültige Glück entsteht unwillkürlich und mühelos in Abhängigkeit von diesem Geist. Schon die geringste altruistische Sorge bewirkt Glück und beruhigt die anderen. Wenn wir hingegen auf der Jagd nach unserem eigenen Glück das Wohl anderer nicht beachten und darauf aus sind, ihnen zu schaden, wird das sowohl auf lange Sicht als auch auf kurze Sicht negative Folgen haben. Wir stehen unvermutet isoliert und ohne Freunde da, ohne jemanden, auf den wir uns verlassen oder dem wir vertrauen könnten.

Als intelligente menschliche Wesen können wir zwischen vorläufigem und endgültigem Nutzen unterscheiden. Wir sind imstande, kleinere Ziele aufzugeben, um ein größeres zu erreichen. Hat jemand kein Unterscheidungsvermögen, dann wird er sich auf Dinge von nur oberflächlichem Wert fixieren und nicht darüber hinaus planen und denken können.

Doch da wir ja kraft unserer menschlichen Intelligenz über dieses Unterscheidungsvermögen verfügen, werden wir, falls wir auf kurze Sicht gewisse Schwierigkeiten durchmachen müssen, um ein dauerhafteres Glück zu erringen, dies gerne tun. Aus der größeren Perspektive des menschlichen Unterscheidungsvermögens werden wir bereit sein, bedeutenderen Zielen zuliebe auf geringere Vorteile zu verzichten. Wie es das tibetische Sprichwort ausdrückt: »Mach hundert zunichte, und fordere tausend heraus.«

Jetzt, wo wir das Potenzial eines Menschen erhalten haben, kommt es darauf an, dass wir es weise gebrauchen. Wenn wir unsere kritische Intelligenz nur dazu verwenden, andere zu beunruhigen und aus der Fassung zu bringen, dann vergeuden wir unser menschliches Leben. In diesem Fall wäre es zweifellos besser gewesen, wenn wir es nicht bekommen hätten. Da wir gegenwärtig mit diesem kostbaren Leben als freier und glücksbegünstigter Mensch ausgestattet sind, ist das Beste, was wir machen können: darauf hinwirken, dass in Zukunft endgültig positive Qualitäten zum Tragen kommen. Auch wenn wir dazu nicht fähig sind, ist es wichtig, dass wir dieses Leben auf positive Weise vollenden. Als Erstes sollten wir die positiven Eigenschaften der Praxis begreifen. Zweitens werden wir, wenn wir die Geschichten von beispielhaften Gestalten der Vergangenheit hören oder lesen, ein Vorbild finden, dem wir folgen können und das uns begeistern wird.

In seinen früheren Leben auf dem Pfad war der Buddha ein gewöhnliches Individuum wie wir. Aber dank der Kraft seines

Erleuchtungsgeistes, der Gesinnung, in der er sich mehr um andere sorgte als um sich selber, ließ er es nie zu, dass er durch störende Emotionen und negative Handlungen die Kontrolle über sich verlor. Er unternahm nur, was anderen zugutekam. Über viele Weltalter hinweg widmete er sich von einem Leben zum anderen den schwierigen Übungen eines Bodhisattvas. Infolgedessen erreichte er schließlich den voll erwachten Zustand eines Buddhas - den Zustand, in dem man gänzlich frei von Fehlern ist und alle Qualitäten[76] besitzt. Ebendeshalb betrachten wir ihn jetzt als unsere höchste Zuflucht und bezeichnen ihn als den allwissenden Lehrer.

Der mitfühlende Buddha konnte ein Erleuchteter werden, weil das Wesenhafte oder die Essenz des Geistes, auch des verunreinigten, Leerheit ist, die letztgültige Wirklichkeit. Aus ebendiesem Grund können Fehler beseitigt, Qualitäten herausgebildet und der allwissende Geist erreicht werden. Demgemäß können auch wir den Versuch machen. Vorbedingung ist, dass wir uns fortwährend in heilsamem Handeln üben, unsere Praxis also dem ununterbrochenen Strömen des Wassers gleicht; dann haben wir die natürlichen Hilfsmittel, um uns von Leben zu Leben zu verbessern. Die letztgültige Essenz ist von Natur aus in uns, und wir müssen sie nicht von Neuem herausbilden. So wird in Maitreyas *Schmuck der klaren Erkenntnis* betont[77]:

> Da der Körper des Buddhas strahlend ist[78],
> da es keinen Unterschied in der Wirklichkeit gibt,
> da alles und jedes die eine Herkunft hat,
> besitzen alle verkörperten Wesen
>   die Buddha-Essenz[79].

Wir sollten also immer an die Erfahrung unseres Lehrers denken und hauptsächlich üben, den Erleuchtungsgeist zu entwickeln, die Gesinnung, in der uns an anderen mehr liegt als an uns. In unserem täglichen Leben sollten wir mit unseren Gedanken immer wieder bei den Unterweisungen zur Schulung im Erleuchtungsgeist sein und dabei oft die folgende Strophe aufsagen:

> Ich nehme Zuflucht zum Buddha, zum Dharma
>   und zur spirituellen Gemeinschaft,
> bis ich den Zustand der Erleuchtung erlange.
> Möge ich durch Freigebigkeit und andere
> heilsame Handlungen Buddhaschaft erreichen,
> um allen empfindenden Wesen von Nutzen zu sein.

Das ist äußerst wichtig, denn so entwickelt man eine positive Einstellung und vermeidet es, von widrigen Kräften überwältigt zu werden. Je mehr wir eine solche Haltung entfalten und je mehr wir unseren Geist mit positiven Eigenschaften vertraut werden lassen und deren Vorteile zu schätzen wissen, desto gefestigter und unverführbarer wird unser Geist werden. Ohne eine solche Übung können wir möglicherweise einen halbwegs positiven Geist erzeugen. Machen wir uns aber nicht ständig damit vertraut, dann wird er wie schwacher Tee werden. Das ist nur natürlich.

Die Schriften schildern 22 Arten des Erleuchtungsgeistes. Es heißt: Ehe wir nicht die Widerstandsfähigkeit des erdgleichen Erleuchtungsgeistes oder des goldgleichen Erleuchtungsgeistes erlangt haben[80], besteht Gefahr, dass unser Erleuchtungsgeist missrät. Aus diesem Grund ist es wichtig, dass Weisheit hinzukommt, wenn man Mitgefühlsqualitäten entwickelt, und dass Mitgefühl hinzukommt, wenn man Weisheitsqualitäten entwickelt. Das Üben von Mitgefühl sollte mit dem Üben von Weisheit einhergehen und umgekehrt. Vertrautheit mit der Praxis ist ein Schlüsselfaktor. Und da viele unter uns gern von »allen mütterlichen empfindenden Wesen« oder den »empfindenden Wesen der sechs Existenzbereiche« reden, ist es wichtig, dass wir eine Vorstellung davon haben, was der Erleuchtungsgeist ist, und uns mit ihm durch wiederholtes Üben vertraut machen.

An dieser Stelle werden wir das Gebet sprechen, mit dem wir in feierlicher Form unser Streben nach Erleuchtungsgeist entwickeln. Falls wir ein Bildnis des Buddhas haben, dann visualisieren wir, dass der Abgebildete tatsächlich der vielbegabte und mitfühlende Buddha ist. Wir sollten nicht denken, dass sich da vor uns nur ein gemaltes Porträt befindet, sondern wir stellen uns vor, dass der Buddha selbst zugegen ist - er, der von Mitgefühl Angespornte, der das Mitgefühl verkörpert und der mit den grundlegenden und den untergeordneten Kennzeichen eines voll erwachten Wesens geschmückt ist. Wir visualisieren rings um ihn Bodhisattvas, die in ihrer himmlischen Gestalt erscheinen[81], und ebenso solche, die in Menschengestalt erscheinen, wie etwa die großen indischen Lehrer Asanga und Nagarjuna. Wir visualisieren all die erhabenen Übersetzer und Gelehrten des alten buddhistischen Indien.

Wir visualisieren, dass aus Tibet, dem Land des Schnees, große Lehrer aus der Zeit der alten Übersetzungen zugegen sind, wie etwa der Abt Shantarakshita und der Meister Padmasambhava und seine 25 Schüler. Wir visualisieren ebenso die

Lehrer der wichtigeren Schulen und Überlieferungslinien aus der Zeit der neuen Übertragung des Buddhismus. Kurzum, wir visualisieren all die erhabenen Wesen und Bodhisattvas der vier Überlieferungen des tibetischen Buddhismus, ganz gleich, ob sie nun der Sakya-, Gelug-, Kagyü- oder Nyingma-Linie angehören. Wir visualisieren, dass sie alle hier direkt vor uns zugegen sind, um zu bezeugen, dass wir den Erleuchtungsgeist entwickeln.

Die tatsächliche Gegenwart dieser Wesen liegt wirklich im Bereich des Möglichen. Denn sie alle haben, mehr um andere besorgt als um sich, den Erleuchtungsgeist erzeugt. Sie haben sich alle in der schwierigen Lebensführung der Bodhisattvas geschult und Erleuchtung angestrebt. Sie haben den Erleuchtungsgeist im Interesse aller empfindenden Wesen entwickelt, also auch für uns. Wenn wir daher unsererseits diese Wesen als positive Beispiele ansehen und unseren Geist in eine positive Richtung lenken, werden wir ganz natürlich und wie von selbst ihren mitfühlenden Segen erhalten.

Wir visualisieren, dass die Buddhas und Bodhisattvas der zehn Richtungen direkt vor uns zugegen sind. Wir visualisieren, dass wir ringsum von den unzähligen empfindenden Wesen der sechs Existenzbereiche umgeben sind. Wir denken daran, dass diese empfindenden Wesen, die unsere Mütter gewesen sind, uns in ihrem Verlangen, Glück zu erringen und Leid zu vermeiden, gleichen. Obwohl sie Glück wollen, müssen sie es entbehren. Und obwohl sie kein Leid wollen, werden sie davon geplagt. Ebendarin gleichen sie uns. Wo liegt dann der Unterschied? Wie bedauernswert wir auch sein mögen - wir wissen zumindest, dass unerwünschtes Leid das Ergebnis negativer Handlungen ist. Wir wissen, dass diese negativen Handlungen ungeachtet ihrer Vielfalt allesamt auf unseren unbefriedeten und undisziplinierten Geist zurückzuführen sind.

Die Hauptursache dafür, dass unser Geist voller Hindernisse und ungebärdig ist, besteht in unserer falschen Auffassung von wahrer Existenz; sie ist die Wurzel der Verblendung. Unsere falsche Auffassung ist ein vorübergehendes Phänomen, ohne gültigen Bestand; daher lässt sie sich beseitigen. Wenn wir dies überdenken, können wir die Ursache des Leidens erkennen. Nachdem wir die Ursache des Leidens entdeckt haben, können wir schließen, dass es sich gleichfalls beseitigen lässt. Ob sich nun ein derartiges Verständnis für uns konkret bewahrheitet hat oder nicht - es verändert unseren Ausblick auf den künftigen Verlauf unseres Lebens.

Nachdem wir den vortrefflichen Wunsch erzeugt haben, unendlich vielen empfindenden Wesen zu nützen, müssen wir unverzüglich darauf hinarbeiten, ihre vorläufigen und endgültigen Ziele zu verwirklichen. Aus diesem Grund müssen wir zur vollen Buddhaschaft erwachen. Demgemäß müssen wir danach streben, diesen unübertrefflichen Zustand der Vollendung und Läuterung um aller mütterlichen empfindenden Wesen willen zu erreichen. Infolgedessen unternehmen wir es, im Beisein der vor uns zusammengekommenen Buddhas und Bodhisattvas das nötige Verdienst anzusammeln und einen solchen Geist zu erzeugen.

Wir entwickeln zuerst ein starkes Gefühl von Liebe und Mitgefühl gegenüber den empfindenden Wesen, die uns dank der Visualisierung umgeben. Dann denken wir: »Um ihr großes Ziel zu verwirklichen, werde ich den Erleuchtungsgeist entwickeln, und zu diesem Zweck werde ich mithilfe des

Sieben-Zweige-Rituals[82] Verdienst ansammeln. Die Buddhas und Bodhisattvas sind dabei meine Zeugen.« Anschließend sprechen wir diese Bitte um den Erleuchtungsgeist nach:

> Lehrer, bitte hör mich an. Jene, die so gegangen sind[83], jene, die befreit worden sind, die makellosen und voll erwachten Buddhas und die erhabenen Bodhisattvas der Vergangenheit haben als Erstes den unübertrefflichen, makellosen und vollständigen Erleuchtungsgeist entwickelt. O Lehrer, hilf in deiner Güte auch mir, ... mit Namen, auf entsprechende Weise den Geist des unübertrefflichen, makellosen und vollständigen Erwachens zu entwickeln.

Hier und in den unten stehenden Gebeten nennen wir unseren eigenen Namen, um das Gefühl zu verstärken, dass wir uns tatsächlich beteiligen. Das vervollständigt die Bitte. Als Nächstes nehmen wir Zuflucht. Wir denken an die Buddhas und Bodhisattvas, die wir bereits vor uns visualisiert haben. Die Buddhas - die spirituelle Gemeinschaft jener, welche die Praxis vollendet haben - und die Bodhisattvas - die spirituelle Gemeinschaft der noch Übenden - sind unsere Zuflucht. Was macht sie so kostbar? Es sind die durch sie repräsentierten Eigenschaften. Und was für Eigenschaften sind das? Die wichtigste ist der Dharma. Der Dharma ist die eigentliche Zuflucht, die uns vor Angst schützt. Daher ist der Dharma - die wahre Beendigung und der wahre Pfad - im Bewusstsein der vor uns befindlichen Buddhas und Bodhisattvas die eigentliche Zuflucht. Rufen wir uns also deutlich die Qualitäten des vor uns befindlichen Buddhas, Dharma und Sangha ins Gedächtnis.

Was ist nun der Inhalt der Bitte? Die Wesen, die wir rings um uns visualisiert haben, begehren Glück und wollen kein Leid. Wir alle haben das gleiche Anrecht darauf, Glück zu erringen und Leid zu beseitigen. Aber aus Unwissenheit, eben weil wir nicht wissen, was zu üben und was aufzugeben ist, können wir dem Leiden kein Ende machen. Heute haben wir durch den mitfühlenden Segen der Drei Juwelen den von Natur aus vorhandenen Umstand erkannt, der uns befähigt, Leid zu beseitigen und Glück zu erringen. Daher sollten wir beschließen, dass auch wir die Qualitäten der klaren Erkenntnis und des Verzichts verwirklichen werden, die den Buddhas und Bodhisattvas eigen sind.

Zuflucht bei den Drei Juwelen zu suchen - das ist nicht ein Akt des bloßen Aufsagens von Worten. Es ist das Bestreben, dieselben Qualitäten von Erkenntnis und Verzicht zu erlangen wie die Buddhas und die Bodhisattvas, zu denen wir jetzt gleich Zuflucht nehmen. Wir sollten denken, dass wir Zuflucht nehmen, damit wir und alle anderen empfindenden Wesen den Rang eines Juwels der spirituellen Gemeinschaft erlangen, und zwar dadurch, dass wir den Dharma der wahren Beendigung und des wahren Pfades in uns entwickeln. Und schließlich werden wir ein Mitglied der spirituellen Gemeinschaft werden, das sich nicht mehr schult, ein voll erwachter Buddha.

Wir wollen die gesamte von mir geschilderte Visualisierung aufrechterhalten, und dabei wiederholen wir dreimal die Strophe für die Zufluchtnahme. Wer gesund und kräftig ist, sollte auf sein rechtes Knie niederknien, wer aber in schlechter Verfassung ist oder wem dies körperlich schwerfällt, kann auch einfach sitzen. Wir visualisieren, dass die Buddhas und Bodhisattvas direkt vor uns zugegen sind, und besinnen uns währenddessen aus tiefstem Herzen darauf, dass sie den vortrefflichen Geist erzeugt haben, der danach strebt, für alle die unendlich vielen empfindenden Wesen, uns inbegriffen, zu erwachen. Besinnen wir uns darauf, dass sich ihr umfassendes Mitgefühl zu jedem Zeitpunkt auf alle empfindenden Wesen erstreckt. Diese vor uns anwesenden Buddhas und Bodhisattvas sehen wir als unsere Zuflucht an. Das Wichtigste ist, zu visualisieren, dass wir ringsum von allen hilflosen empfindenden Wesen umgeben sind, und zu denken, dass wir zu voller Buddhaschaft erwachen müssen, um sie von Leid und seinen Ursachen befreien zu können. Aus diesem Grund und aus dieser Motivation nehmen wir Zuflucht zu den Buddhas und Bodhisattvas, während wir diese Strophe dreimal wiederholen:

> Lehrer, hör mich gütig an. Ich, ... mit Namen, nehme von diesem Zeitpunkt an Zuflucht zum Buddha, dem höchsten unter den menschlichen Wesen, bis ich die Essenz der Erleuchtung erlange. O Lehrer, hör mich gütig an. Ich, ... mit Namen, nehme von diesem Zeitpunkt an Zuflucht zum höchsten Dharma, dem Zustand der Ruhe, der frei von begehrlichem Anhaften ist, bis ich die Essenz der Erleuchtung erlange. O Lehrer, hör mich gütig an. Ich, ... mit Namen, nehme von diesem Zeitpunkt an Zuflucht zur höchsten spirituellen Gemeinschaft, den erhabenen Bodhisattvas auf der Stufe des Nicht-Wiederkehrers[84], bis ich die Essenz der Erleuchtung erlange.

Sucht jemand nur vorübergehend Schutz, so gibt es viele andere Zufluchtsmöglichkeiten, aber für jene, die danach streben,

Befreiung zu erlangen, sind unweigerlich der voll erwachte Buddha, der Dharma - die Lehre und Praxis des Buddhas - und der Sangha - die spirituelle Gemeinschaft - die Zuflucht.

Als Nächstes müssen wir mithilfe der Sieben-Zweige-Übung Verdienst ansammeln. Der erste der sieben Zweige beinhaltet, dass man sich tief verbeugt, um damit seine Achtung zu bezeugen. Sich niederzuwerfen wirkt als Mittel gegen Stolz. Stolz ist die Quelle vieler Fehler. Wir wissen, dass es bei uns Menschen sehr auf das Denken ankommt. Doch in gewisser Hinsicht scheinen wir in unserem Denken sogar Insekten unterlegen zu sein. Insekten haben keine Ahnung, was zu üben ist und was aufzugeben ist. Sie sind dazu weder physisch noch geistig gerüstet. Wir hingegen besitzen ein zu feinsten Unterscheidungen fähiges Bewusstsein - wir wissen, was zu üben ist und was aufzugeben ist -, und doch lassen wir uns wissentlich darauf ein, Dinge zu tun, die sich nicht gehören. Aus diesem Blickwinkel sind wir sogar Insekten unterlegen.

> Immer, wenn ich mit anderen verkehre,
> will ich lernen,
> mich selbst als den niedrigsten von allen anzusehen
> und aus tiefstem Herzen
> andere achtungsvoll hoch einzuschätzen.

Diese Strophe erläutert die Art von Einstellung, die wir anderen gegenüber entwickeln sollten. Wir sollten unter allen Umständen bescheiden bleiben. Es heißt, Bescheidenheit sei das Fundament für höhere Qualitäten. Sie ist der Ausgangspunkt für wirkliches Glück. Es hilft niemandem, wenn wir stolz sind und uns für bedeutende Personen halten. Aber wir sollten sehr wohl differenzieren zwischen einer geringen Selbstachtung, die sich darin zeigt, dass man sich für wertlos oder unfähig hält, und der Bescheidenheit, die sich darin äußert, dass man innerlich anspruchslos und von Stolz frei ist.

Eine geringe Selbstachtung, die uns glauben lässt, dass wir rein gar nichts zustande bringen können, sollten wir nämlich bei der Religionsausübung ebenso vermeiden wie bei unseren weltlichen Aktivitäten. Ein Bodhisattva erliegt niemals einer geringen Selbstachtung, sondern übernimmt mit ungeheurem Mut die Verantwortung dafür, das Wohl aller empfindenden Wesen zu verwirklichen. Ein Bodhisattva hat ein gesundes Selbstvertrauen, aber keine Spur von Stolz. Genau das brauchen wir. Macht man Niederwerfungen, um dadurch seine Achtung zu bezeugen, so wirkt das als Mittel gegen Stolz. Niederwerfungen kann man körperlich, verbal und geistig ausführen. Sich niederzuwerfen bedeutet hier, sich aufrichtig und ehrerbietig in Gedanke, Wort und Tat vor den Zufluchtsobjekten zu verbeugen.

Der zweite Zweig, das Opfern, dient dazu, Verdienst anzusammeln. Wir können entweder eine Reihe tatsächlicher Opfergaben zusammenstellen oder geistig visualisierte Opfer darbringen. Wenn wir meditative Stabilisierung entwickelt haben und fähig sind, unsere Konzentration auf den jeweiligen Gegenstand aufrechtzuerhalten[85], können wir geistig geschaffene Opfer darbringen. Andernfalls steht uns diese Alternative nicht offen. Mithilfe von meditativer Stabilisierung erreicht man das, was man Gestaltgebung durch spirituelle Kraft nennt[86]. Auch wenn wir keine derartige Kraft haben, können wir geistig Materialien opfern, die niemand Bestimmtem gehören oder in unserem Besitz sind.

Der dritte Zweig, in dem es um das Bekennen von Schuld geht, ist sehr wichtig. Unser Geist ist durch unsere vielen vergangenen Fehler und verwerflichen Taten verunreinigt und behindert. Zu ihrer Läuterung ist nichts weiter nötig, als sie zu bekennen und sich künftig zu zügeln. Milarepa sagte: »Erwägst du, deine verwerflichen Taten zu läutern, dann gelingt dir dies durch Reue.« Verwerfliche Taten lassen sich läutern, wenn wir über sie sehr zerknirscht sind. Unheilvolles Handeln kann man läutern, wenn man es offen und bedauernd eingesteht. Daher lohnt es sich, verwerfliche Taten zu bekennen und sie künftig zu unterlassen.

Der nächste Zweig zielt auf das Sichfreuen ab; durch dieses sammelt man auf sehr geschickte Weise Verdienst an. Wenn man sich über seine heilsamen Aktivitäten aufrichtig freut und das, was man getan hat, für bedeutungsvoll hält und für etwas, das wert ist, gefeiert zu werden, dann bekommt es mehr Gewicht. Wenn man etwas Heilsames tut und sich darüber rückhaltlos, ohne Anflug von Bedauern freut, wird sich das positive Potenzial vielfach multiplizieren. Das ist eine ausgezeichnete Methode, die angehäuften inneren Qualitäten zu vergrößern. Ebenso ist es im Hinblick auf die heilsamen Aktivitäten anderer Menschen besser, Bewunderung zu empfinden und sich von ganzem Herzen zu freuen, anstatt deswegen eifersüchtig zu werden oder Konkurrenzgefühle zu hegen. Auf diese Weise hat man an der heilsamen Aktivität teil und sammelt Verdienst an.

Das Sichfreuen über die inneren Qualitäten anderer bezieht sich nicht nur auf die heilsamen Handlungen anderer Menschen, sondern auch auf diejenigen der Bodhisattvas und nach persönlicher Befreiung trachtenden Wesen[87]. Bewunderung für die Qualitäten von Körper, Rede und Geist der Buddhas kann ebenfalls einbezogen werden. Das ist eine Übung mit sehr weitreichendem Potenzial. Indem wir uns einfach aufrichtig freuen, können wir in kurzer Zeit großes Verdienst ansammeln. Freilich gilt auch umgekehrt: Schon ein kurzer Augenblick der Wut oder des Hasses kann uns Weltzeitalter lang in elende Existenzzustände treiben.

Der fünfte Zweig besteht darin, die erwachten Wesen darum zu bitten, das Rad der Lehre zu drehen[88]. Wir bitten die Buddhas und Bodhisattvas, die wir vor uns visualisiert haben, von ganzem Herzen darum zu lehren. Man bittet sie, empfindenden Wesen beständig den Dharma zu lehren - Wesen, zu denen man selber zählt, die hilflos und ungeschützt sind und Richtig und Falsch nicht auseinanderhalten können.

Im sechsten Zweig ersuchen wir die Buddhas, nicht zu verscheiden[89]. Wenn der Buddha unter uns als irdischer Mensch erscheint, der geboren wird, Aktivitäten nachgeht und schließlich verscheidet, dann wird er als Emanationskörper[90] aufgefasst. Deshalb ist dies eine Bitte darum, dass die Buddhas unter uns bleiben und nicht aus dem irdischen Dasein scheiden.

Im letzten Zweig, der Widmung, treffen wir Vorkehrungen dagegen, dass die Frucht unserer heilsamen Handlungen leichtsinnig vergeudet wird. Wir tun dies, indem wir sie dem Nutzen und Wohl aller empfindenden Wesen widmen. Wir wünschen uns, dass wir durch die Kraft des von uns geschaffenen Verdienstes zu ihrem Besten zur Buddhaschaft erwachen mögen. Wir beten auch, dass der Dharma als Schrifttum wie auch als innere Verwirklichung gedeihen möge. Das, was in der Widmungsübung gewidmet wird, sind unsere heilsamen Handlungen und das durch sie entstandene Verdienst. Würde man einfach nur darum bitten, dass etwas Gutes geschehen möge, ohne etwas zu haben, das man widmen könnte, dann wäre das bloß ein Wunschgebet.

Wir konzentrieren uns also erneut auf die uns umgebenden empfindenden Wesen - wie zuvor visualisieren wir zugleich deutlich, dass die Buddhas und die Bodhisattvas vor uns zugegen sind - und entwickeln ihnen gegenüber starke Empfindungen der Liebe und des Mitgefühls. Dann besinnen wir uns auf die Bedeutung der verschiedenen Zweige der Sieben-Zweige-Übung.

Wir sind jetzt so weit, dass wir gleich in zeremonieller Form beginnen können, tatsächlich den Erleuchtungsgeist zu entwickeln. Damit dies gelingen kann und damit wir imstande sind, eine echte Verpflichtung einzugehen, müssen wir zunächst ein Empfinden für das entwickeln, was wir tun. Bloß die Worte zu sprechen reicht nicht aus. Mit Entwickeln des Erleuchtungsgeistes ist hier gemeint, dass man das altruistische Streben nach höchster Erleuchtung entwickelt. Zur Entwicklung des wirklichen Erleuchtungsgeistes kommt es erst nach jahrelanger Übung, und in manchen Fällen mag dies wohl auch mehrere Leben beanspruchen. Der Grund dafür ist, dass man den echten Erleuchtungsgeist erst hervorbringen kann, nachdem man sich mit ihm über einen längeren Zeitraum durch Meditation vertraut gemacht hat.

Immerhin können wir jetzt eines tun: nämlich ein gewisses Verständnis von dem gewinnen, was wir als Erleuchtungsgeist bezeichnen, und anfangen, uns mit ihm vertraut zu machen. Und was ist der Erleuchtungsgeist? Wie wir schon erörtert haben, ist er eine Gesinnung, die sich definitiv auf andere empfindende Wesen richtet, durchdrungen von dem Wunsch, ihre

Zielsetzungen zu verwirklichen. Das führt zu dem Wunsch, Erleuchtung zu erreichen. Folglich fungiert das Bestreben, die Zielsetzungen anderer zu verwirklichen, als die Ursache, und das Streben nach Erleuchtung wirkt als unterstützender Faktor. Der Erleuchtungsgeist umfasst somit diese zwei Bestrebungen.

Denken wir an die empfindenden Wesen, die wir ringsum visualisiert haben: Alle haben ein angeborenes »Ich«-Gefühl. Deshalb wollen sie alle instinktiv, dass dieses »Ich« Glück erfährt und kein Leid. Dieser Grundzug ist ihnen allen gemeinsam, selbst den winzigsten Insekten. Auch die Religionsausübung basiert auf diesem Grundgefühl. Eine solche Einstellung - sich Glück zu wünschen und kein Leid zu wollen - ist ganz vernünftig. Unsere Existenz ist naturgemäß darauf ausgerichtet, Glück zu erleben. Das Ziel des menschlichen Lebens ist, glücklich sein zu können. Unter diesem Aspekt ist nun die Buddhaschaft der endgültige Glückszustand, sie ist der Zustand andauernden Glücks, die Verwirklichung unserer eigenen Ziele und der der anderen. Mit anderen Worten: Buddhaschaft ist das größte Gut.

Wir alle wollen Glück und haben ein Recht darauf, es zu erlangen. Daher haben wir alle ein Recht auf andauerndes Glück, auf Erfolg und auf das größte Gut. Aber obwohl es genau das ist, was wir wollen, wissen wir nichts von den Ursachen des Glücks. Und obwohl wir kein Leid wollen, wissen wir ebenso wenig, was es verursacht. Also ist Leiden wie eine Unannehmlichkeit, die wir uns selber bereiten. Heute sind wir zu einem Leben als freier und glücksbegünstigter Mensch gelangt und auf die Lehre und Praxis des Buddhas gestoßen. Insbesondere haben wir einen gewissen Einblick in die Lehren des Großen Fahrzeugs gewonnen. Darum ist es äußerst wichtig, die Dinge aus einer weiter reichenden Perspektive, unter einem tiefgründigeren Blickwinkel zu betrachten und uns in unserer Denkweise nicht zu irren.

Wenn wir ganz bei der Sache sind, gewahren wir: Ein Faktor unserer misslichen Lage besteht darin, dass wir, wer wir auch sein mögen, andere missachten und um uns liebevoll besorgt sind. Wenn man nur mit sich beschäftigt ist, muss man sein Leben unter den übelsten Umständen verbringen. Man wird in elenden Verhältnissen wieder geboren werden. Selbst wenn man als Mensch wieder geboren wird, wird man ein kurzes Leben haben, häufig erkranken und ständiger Kritik und Beschimpfung ausgesetzt sein. Alle derartigen Missgeschicke rühren davon her, dass man ichbezogen andere missachtet.

Schwächen wir die Hartnäckigkeit unserer ichbezogenen Einstellung und stärken wir unsere Besorgnis um andere, indem wir versuchen, ihnen so viel wie irgend möglich zu helfen, dann werden wir glücklicher sein, mehr Freunde haben und nicht das geringste Bedauern verspüren. Daher ist die Sorge um andere die Wurzel allen Glücks, während die Ichbezogenheit zum Ruin führt. Betrübnis, Angst und Albträume sind alle der Ichbezogenheit zuzuschreiben. Wenn man um andere besorgt ist, hat man keinen Grund, sich zu ängstigen. Selbst für jene, die kein Interesse an spiritueller Entwicklung haben, gilt: Je mehr eine Einzelperson eine positive Gesinnung und ein Gefühl allumfassender Verantwortung entwickelt, desto glücklicher wird sie sein. Die betreffende Person wird eher Zugang zu angenehmen Erleichterungen haben. Man wird ihr bereitwilliger Hilfe anbieten. Für den Menschen ist es lebenswichtig, enge Freunde zu haben, Leute, die sich wirklich um einen kümmern und einem ihre Anteilnahme zeigen. Unsere Fähigkeit zu lächeln ist ein einzigartiges, spezifisch menschliches Merkmal. Wenn wir lächeln, macht das andere froh, und ebenso macht es uns froh, wenn andere uns anlächeln. Niemand hingegen mag ein finsteres Gesicht. Das liegt in der menschlichen Natur. Selbstverständlich können manchmal Falschheit und Lügen hinter einem Grinsen verborgen werden. Aber wenn man unverstellt lächelt, wird sich jeder darüber freuen. Darin zeigt sich unser angeborenes Wohlgefallen an Freundschaft. In Freundschaft und Harmonie zu leben entspricht der menschlichen Natur. Beherzigen wir dies, dann wird unser Leben bedeutungsvoll und glücklich sein.

Wenn wir misstrauisch bleiben und feindselige Gefühle gegeneinander hegen - wie sollen wir dann glücklich werden? Um eine freundschaftliche, harmonische Atmosphäre zu schaffen, müssen wir erst von innen heraus eine altruistische Einstellung entwickeln. Wenn wir die haben, werden sich zwangsläufig Freunde um uns scharen. Wir werden ganz natürlich Menschen finden, auf die wir uns verlassen können. Es ist ein Fehler, Groll, Eifersucht, Konkurrenzdenken und Stolz im Herzen zu tragen, dabei wie eine Giftschlange auf der Lauer zu liegen und sich nicht im Mindesten zu bemühen, die eigene Einstellung zu verbessern. Wenn wir erwarten, eine Veränderung werde nur von außen her eintreten, ohne dass wir innerlich irgendeine geistige Umwandlung hervorrufen, werden wir enttäuscht werden. Wie soll es ohne Ursache zu einem Ergebnis kommen?

Eine liebe, warmherzige Person zu sein ist daher sowohl aus kurzfristiger als auch aus langfristiger Perspektive zweifellos die Wurzel von innerem Frieden, Glück und allem Guten. Wir brauchen keine Belegstellen aus den Schriften zu zitieren, um das zu beweisen. Das wissen wir aus unserer gelebten Erfahrung. Blicken wir auf unser Leben zurück, dann wird uns klar: Von all unseren Aktivitäten waren einzig und allein jene bedeutungsvoll, die anderen zugutekommen sollten. Selbst im Hinblick auf unsere Unternehmungen, die eigenen Interessen zu verwirklichen, lässt sich schwer einschätzen, wie viel Nutzen wir erzielt haben. Jedenfalls sind die so erzielten Gewinne jetzt wie Träume der vergangenen Nacht, weniges von brauchbarem Wert bleibt davon übrig. Was wir noch immer auf unserem Rücken tragen, ist die schwere Last aus verwerflichen Taten, Unredlichkeit und Irreführung. Hat man irgendeinen Nutzen erwirkt und irgendetwas Gutes getan, dann ist das ein Anlass zu aufrichtiger Freude. Zurückblickend werden wir erkennen, dass sich unser Leben nur insoweit mit Sinn erfüllte, als wir etwas getan haben, das für andere direkt oder indirekt nützlich war. Was sonst in den vielen verstrichenen Jahren brachte uns je auf den Gedanken, dass wir ein mit Sinn erfülltes Leben führen?

Indem wir uns also unsere vergangenen Erfahrungen vor Augen halten, kommt es nunmehr darauf an, dass wir uns dazu entschließen, in unserer noch verbleibenden Lebensspanne, ganz gleich, wie lange sie dauern mag, nur noch zu tun, was Freude und Befriedigung bereitet. Was mich betrifft, so ist das, woran ich mich gegenwärtig aufrichtig erfreuen kann, mein entschlossenes Eintreten für die Sache Tibets und mein Erzeugen des Wunsches, allen empfindenden Wesen zu nützen. Ebendies hat mein Leben mit Sinn erfüllt, ob ich nun gerade in Tibet lebte oder in Indien. Zu versuchen, anderen direkt oder indirekt zu nützen, indem man das volle Potenzial seines Körpers, seiner Rede und seines Geistes einsetzt - ebendies verleiht dem Leben Sinn. Auch wenn man noch nicht in der Lage ist, irgendeinen Nutzen zu erwirken, sollte man sich also zumindest weiter darum bemühen. Ja, es lohnt sich sogar, wenn man sich vorstellt, man führe nützliche Tätigkeiten aus. Normalerweise fantasieren wir nur darüber, dass wir etwas Negatives tun. Das ist leichtfertig und töricht. Im Hinblick auf das Vollbringen eines guten Werks pflegten die Kadampa-Meister zu raten: »Hast du schon keine Zähne, so kau mit dem Zahnfleisch.« Es wird jetzt Zeit, dass wir achtsam und auf der Hut sind.

Bedenken wir, bei all den empfindenden Wesen rings um uns ist es so: Darin, dass sie sich Glück wünschen und kein Leid wollen, sind sie wie wir, und sie besitzen ein ebenso großes Potenzial, Buddhas zu werden. Wir können überlegen: »Ich muss jetzt etwas für sie tun. Aber wenn sich tatsächlich die Gelegenheit ergibt, konkrete Hilfe zu leisten, fällt es mir gegenwärtig schwer, auch nur einem einzigen empfindenden Wesen uneingeschränkt zu helfen. Möge ich daher für diese empfindenden Wesen, die einst meine Mütter waren, unverzüglich in den voll erwachten Zustand eines Buddhas gelangen. Ebendarauf werde ich zielbewusst hinarbeiten.« Genau diese Art von entschlossener Einstellung sollten wir hier entfalten. Genau das versteht man unter dem Entwickeln des Erleuchtungsgeistes.

Ich möchte das nochmals zusammenfassen. Besinnen wir uns gründlich auf die Vorteile des Besorgtseins um das Wohl anderer und die Nachteile der Ichbezogenheit. Erinnern wir uns an unsere eigenen vergangenen Erfahrungen, und vergewissern wir uns durch sie, dass die auf Ichbezogenheit beruhenden Aktivitäten des Körpers, der Rede und des Geistes zu nichts führen, wohingegen sich Aktivitäten, die vom Besorgtsein um andere Menschen herrühren, auf lange Sicht als solide und bedeutungsvoll herausstellen. Nehmen wir Zuflucht zu den visualisierten Buddhas und Bodhisattvas vor uns.

Vertrauen wir dem Buddha wirklich und nehmen aus tiefstem Herzen Zuflucht, dann müssen wir auch Rücksicht darauf nehmen, wie der Buddha empfindet. Wenn wir beispielsweise im normalen Alltagsleben etwas tun möchten, das eine enge Freundin nicht mag, dann werden wir aus Rücksicht auf sie versuchen, es nicht zu tun. Wenn wir einen Freund zum Essen einladen, der, anders als wir, keine scharfen oder stark gewürzten Speisen mag, wäre es ein Missgriff, ohne Rücksicht auf den Geschmack dieses Freundes eine Menge Chili dazuzugeben. Zumindest bei dieser Gelegenheit wäre etwas mehr Behutsamkeit angebracht. So berücksichtigen wir auch in alltäglichen Situationen die Wünsche eines Freundes oder einer Freundin. Ebendaraus wird ersichtlich, dass wir sein oder ihr wahrer Freund sind. Nun ist ja der Buddha jemand, dem wir unser langfristiges Glück anvertraut haben; folglich ist es wichtig, seinen Absichten ein wenig Beachtung zu schenken.

Die Buddhas und Bodhisattvas zeigen gegenüber empfindenden Wesen die gleiche Teilnahme, wie eine Mutter sie ihrem einzigen Kind erweist. Wer also empfindende Wesen auch nur indirekt gering schätzt, der ignoriert die Ansicht des Buddhas. Es ist in sich widersprüchlich, zu den Buddhas und Bodhisattvas Zuflucht zu nehmen und dann auf der konkreten Verhaltensebene das Wohl der unzähligen, hilflosen Wesen gering zu schätzen, zu deren Gunsten man den Erleuchtungsgeist entwickelt hat und Erleuchtung erlangen will. Sind wir wirklich nicht in der Lage, ihnen zu nutzen, dann sollten wir zumindest vermeiden, ihnen zu schaden.

Um in feierlicher Form den Erleuchtungsgeist zu entwickeln, knien wir nun bitte nieder wie zuvor, sprechen die Worte nach und erzeugen selbst die Geisteshaltung. Nehmen wir, wie ich schon erläutert habe, die erwachten Buddhas und Bodhisattvas und die unzähligen empfindenden Wesen, die wir visualisiert haben, als unsere Zeugen. Beschließen wir, selbst vergleichbare Qualitäten zu verwirklichen, wie sie dem Körper, der Rede und dem Geist des Buddhas eigen sind. Beschließen wir dann, während wir uns auf diese Absicht konzentrieren, diesen Erleuchtungsgeist, den wir entwickelt haben, niemals aufzugeben, und wiederholen dreimal die folgenden Worte:

> O Buddhas und Bodhisattvas der zehn Richtungen, hört mich bitte an. O Lehrer, hör mich bitte an. Ich, ... mit Namen, habe in diesem und anderen Leben Keime der Tugend gepflanzt durch mein eigenes Üben von Freigebigkeit, Sittlichkeit, das Wahren der Gelübde und weitere heilsame Handlungen und ebenso, indem ich andere zum Üben aufforderte und mich innig über ihre Praxis freute. Mögen diese Wurzeltugenden zur Ursache werden, dass ich den Erleuchtungsgeist entwickeln kann, geradeso wie in der Vergangenheit all jene, die in die Glückseligkeit eingegangen sind, jene, die befreit worden sind, die makellos und voll erwachten Buddhas, die großen, an höchstem Orte sitzenden Bodhisattvas den Erleuchtungsgeist entwickelt haben.
>
> Ich, ... mit Namen, werde von jetzt an, bis ich die Essenz der Buddhaschaft erlange, das Bestreben entwickeln, zur unübertrefflichen, makellosen und vollständi-

gen Erleuchtung zu erwachen, um jene empfindenden Wesen zu befreien, die nicht befreit sind, jene zu erretten, die nicht errettet sind, und den Atemlosen sowie den nicht völlig über das Leid Hinausgelangten[91] Atem zu geben.

Im Verlauf unserer Praxis der Geistesschulung entfalten wir Liebe, in dem Wunsch, dass alle empfindenden Wesen Glück und Mitgefühl erfahren mögen, und dem gleichzeitigen Wunsch, dass alle empfindenden Wesen von allem Leid befreit werden mögen. Diese doppelt ausgerichtete Gesinnung bringt die besondere Einstellung hervor, die uns veranlasst, sehnlich zu wünschen: »Ich selbst will sie dazu bringen, dass sie Glück erfahren und sich vom Leid lösen.« Wir sollten denken: »Ich werde den großen Entschluss fassen, den auch die Bodhisattvas der Vergangenheit gefasst haben.« Wir wollen uns auf die Buddhas und die Bodhisattvas konzentrieren und dabei gläubiges Vertrauen entwickeln.

Wir besinnen uns auf die Eigenschaften von Körper, Rede und Geist der Buddhas und Bodhisattvas und denken dabei, dass wir gleichfalls bald eine ähnliche Befähigung erlangen werden, mühelos und aus innerem Antrieb für andere zu wirken. Und auf der Grundlage dieses Gedankens wollen wir Zuflucht zu den Buddhas und Bodhisattvas nehmen. Daher entschließen wir uns neuerlich, den Erleuchtungsgeist zu entwickeln, der um aller empfindenden Wesen willen nach höchster Erleuchtung strebt. Mit solch innigem Gefühl wiederholen wir die oben stehenden Zeilen ein zweites Mal.

Heute sind wir zu einem menschlichen Leben gelangt und auf die Lehre und Praxis des Buddhas gestoßen. Da sich uns unvermutet eine so großartige Gelegenheit bietet, müssen wir versuchen, das Wesentliche daraus zu gewinnen. Die Essenz der Dharmapraxis ist der Erleuchtungsgeist. Wir sollten darüber nachdenken, dass es schon ein wahrer Glücksfall ist, wenn man einen solchen Geist auch auf imaginärer Ebene entwickeln kann. Den Erleuchtungsgeist entwickeln - das ist, als ob man den Buddhas und Bodhisattvas eine Übung als Opfer darbringt. Es ist der Weg, die vorübergehenden und bleibenden Wunschziele empfindender Wesen zu verwirklichen. Alles Wohl und Glück entsteht aus diesem Geist. Die Buddhas und Bodhisattvas der Vergangenheit haben ebenfalls immer wieder einen solchen Geist entwickelt und sind schließlich in den voll erwachten Zustand der Erleuchtung eingetreten.

Da sich uns heute diese kostbare Gelegenheit eröffnet, sollten wir denken: »Ich werde ebenfalls diesen Geist entwickeln, so wie ihn die Buddhas und Bodhisattvas der Vergangenheit entwickelt haben.« Wiederholen wir nun mit innigem Gefühl die obigen Zeilen, die das Durchdrungensein vom Erleuchtungsgeist evozieren, zum dritten Mal. Und dieses Mal bedenken wir, dass die Ichbezogenheit einer Giftwurzel gleicht und die Rücksichtnahme auf andere einer heilkräftigen Wurzel gleicht - ist sie doch der Grundstock für das Ansammeln von inneren Qualitäten.

Da wir diesen aufstrebenden Erleuchtungsgeist erzeugt haben, müssen wir bestimmte Übungen einhalten, um zu verhindern, dass dieser Geist missrät. Wir sollten uns immer wieder auf die nützlichen Eigenschaften dieses Geistes besinnen. Noch wichtiger ist es, niemals das Wohl anderer empfindender Wesen als Ziel aufzugeben. Wie die empfindenden Wesen, denen wir künftig begegnen, auch immer beschaffen sind - wir sollten uns nie wünschen, dass ihnen Unglück widerfährt.

Nun mögen beispielsweise im Fall der Tibeter die kommunistischen Chinesen allem Anschein nach das größte Hindernis für das Gedeihen des Dharma sein. Aber es ist unangemessen, sich darauf zu fixieren und zu wünschen, dass den Chinesen Schlimmes zustößt. Wir sind die Verpflichtung eingegangen, für das Wohl aller empfindenden Wesen zu sorgen. Klammern wir das Wohl der Chinesen aus, dann schließen wir einen Teil aller empfindenden Wesen aus. Das bedeutet: Wir verstoßen gegen unsere ursprünglich übernommene Verantwortung für das Wohl aller empfindenden Wesen.

Das heißt freilich nicht, dass wir angesichts negativer Handlungen anderer Menschen kapitulieren sollten. Einige Leute sagen mir, dass wir uns wohl nie gegen die Chinesen zur Wehr setzen können, wenn ich zu viel über spirituelle Praxis rede. Hier müssen wir zwischen schwärmerischem Mut und wahrem Mut unterscheiden. Im Zusammenhang mit dem Entwickeln des Erleuchtungsgeistes sprechen wir von wirklichem Mut, wirklicher Entschlossenheit. Es gibt keine innere Entschlossenheit oder mutige Beherztheit, die stärker und reiner wären als der Erleuchtungsgeist. Darum können wir selbstverständlich auf die Kränkungen vonseiten anderer Menschen reagieren, doch dürfen wir dabei Mitgefühl und Liebe nicht aus dem Sinn verlieren. In den Erläuterungen des Bodhisattva-Betragens werden körperliche und verbale Verhaltensweisen ausdrücklich gestattet, die unter normalen Bedingungen wohl negativ wären - vorausgesetzt, dass die jeweilige Handlung tatsächlich anderen Menschen nützen wird. Wenn wir über das Entwickeln des Bodhisattva-Betragens sprechen, so verwandeln wir uns dabei nicht in Feiglinge.

Wie ich vorher erläutert habe, besteht eine der besten Methoden, um zu verhindern, dass dieser Geist missrät, darin, die Strophe für die Zufluchtnahme aufzusagen und den Erleuchtungsgeist zu entwickeln. Um unsere Praxis des Erleuchtungsgeistes zu verstärken, sollten wir diese Übung dreimal am Tag und dreimal bei Nacht durchführen.

Innere Qualitäten kann man auf zweierlei Weise sammeln. Die Ansammlung von Verdienst erwirbt man, indem man Mitgefühl, Liebe und den Erleuchtungsgeist entwickelt. Die Ansammlung von Weisheit erwirbt man, indem man über die Bedeutung von Leerheit nachdenkt und die Weisheit erzeugt, die die Leerheit begreift. Weil das Begreifen der Soheit[92] - des Leerseins der Phänomene in Bezug auf inhärente Existenz - so wichtig ist, sollten wir uns alle daran wagen, es zu entwickeln. Selbstverständlich fällt es anfangs schwer, über die Bedeutung von Leerheit zu meditieren, aber wenn wir uns daran wagen, werden wir nach und nach dazu imstande sein. (Die Bedeutung von Leerheit wird in Kapitel 8 erörtert.) Durch diese zweifache Praxis des Ansammelns von Verdienst und von Weisheit werden wir nach und nach zur vollen Buddhaschaft erwachen.

Um uns gegen Fehlentwicklungen bei der Ausübung des Erleuchtungsgeistes zu schützen, sollten wir vier positive Übungen einhalten. Die erste besteht darin, nicht vorsätzlich zu lügen. Selbstverständlich mag es Situationen geben, in denen die Sicherheit und das Wohl anderer Menschen auf dem Spiel stehen: In solchen Fällen können wir gelegentlich lügen. Das entspräche der Praxis eines Bodhisattvas. Sonst aber sollten wir nicht vorsätzlich lügen. Wir lernen viele Leute kennen, die aus reiner Gewohnheit andere Menschen täuschen und belügen; das ist sehr bedauerlich.

Die zweite positive Übung besteht darin, redlich zu sein und bewusste Täuschung zu vermeiden. Wir sollten Heuchelei vermeiden. Verleiten wir andere Leute nicht zu dem Glauben, wir hätten bestimmte Qualitäten, die wir nicht haben. Die dritte besteht darin, Bodhisattvas als den tatsächlichen Buddha zu betrachten. Wir rühmen ihre Qualitäten und freuen uns daran. Wir bekunden dementsprechend auch unsere Bewunderung für die Qualitäten von Bodhisattvas. Und viertens: Wir ermutigen andere Menschen, auf das Erreichen der Buddhaschaft hinzuarbeiten. Wir entmutigen sie nie durch Äußerungen wie die folgende: »Wie kannst du erwarten, die Buddhaschaft zu erlangen, wo du doch dafür weder intelligent noch ausdauernd genug bist?« Wenn wir diese positiven Handlungsweisen einhalten, dann werden wir unseren spirituellen Lehrer oder unsere spirituellen Freunde niemals täuschen, noch werden wir es zulassen, dass andere Menschen hinsichtlich ihrer eigenen Ausübung des Dharma das Selbstvertrauen verlieren.

Schaffen wir es, nicht zu lügen, redlich zu sein, die Buddhas und Bodhisattvas zu rühmen und andere anzuregen, auf das Erreichen der Buddhaschaft hinzuarbeiten, dann werden natürlicherweise die vier entsprechenden negativen Aktivitäten aufhören. Ich finde nicht, dass das furchtbar schwer ist; man muss es nur versuchen. Kurzum, man sollte eine gütige, warmherzige Person sein und versuchen, in der noch verbleibenden Lebenszeit anderen Menschen zu helfen. Ist man nicht in der Lage, ihnen zu helfen, dann soll man es zumindest unterlassen, ihnen zu schaden. Führt man jetzt ein redliches und mit Sinn erfülltes Leben, dann braucht man sich wegen des zukünftigen Lebens keine Gedanken zu machen.

Kapitel 7

Schwierigkeiten in Glück verwandeln

Das Umwandeln widriger Umstände in den Pfad zur Erleuchtung ist eine der wirkungsvollsten und ganz einzigartigen Unterweisungen aus den Lehren der Geistesschulung.

Da unser Leben von vielerlei Schwierigkeiten und Nöten belastet ist, sind solche Unterweisungen äußerst wertvoll. In diesem im Niedergang begriffenen Zeitalter ist es sehr schwer, spirituellen Bestrebungen nachzugehen. Daher müssen wir bestimmte Verfahren entwickeln, die uns helfen können, störende Kräfte in Freunde, schädliche Elemente in spirituelle Lehrer und widrige Umstände in günstige umzuwandeln. Diese Art Weisheit oder Können ist äußerst nützlich.

Alles im Leben, Gutes oder Schlechtes, Glück oder Kummer, Erfolg oder Scheitern muss man im richtigen Verhältnis sehen. Nichts ist absolut schwarz oder weiß; alles hat unterschiedliche Schattierungen und Abstufungen. Betrachtet man Missgeschick aus einem negativen Blickwinkel, dann ist es natürlich entmutigend und schmerzlich. Daher ist es unbedingt erforderlich, dass man lernt, wie man sich eine positivere Betrachtungsweise zu eigen macht. Man kann sein Missgeschick mit Unglücksfällen vergleichen, die schlimmer sind, und dankbar einräumen, dass einem dieses größere Elend erspart geblieben ist. Eine solche Haltung hilft, die Belastung zu verringern, und bewirkt eine tiefere Einsicht in das Wesen des Leids. Man wird auch toleranter und gelöster. Dagegen werden Menschen, die unfähig sind, ihre Probleme aus einer flexibleren Perspektive zu sehen, deprimiert und unglücklich.

Es ist offenkundig, dass unser Geist eine ganz entscheidende Rolle spielt, wenn es darum geht, unser Leben glücklicher zu gestalten und mit mehr Sinn zu erfüllen. Das hat nichts mit dem Vollbringen spiritueller Meisterleistungen zu tun, es ist eine Frage des elementaren gesunden Menschenverstands.

Die Lehren der Geistesschulung betreffen, wie schon ihr Name sagt, hauptsächlich Wege und Mittel zur Formung des Geistes. Für jemanden, der den Dharma übt, ist dies von besonderem Belang. Wenn wir nicht fähig sind, unseren Geist so zu schulen, dass er den Höhen und Tiefen des Lebens standhalten kann, wird es schwer sein, unsere spirituelle Bemühung fortzusetzen. Zwei Situationen können unsere Dharmapraxis hemmen. Die eine ist gegeben, wenn es uns ausgesprochen gut geht und alles reibungslos, ohne offenkundige Behinderungen läuft. Die andere ist gegeben, wenn wir von immer wiederkehrenden Härten und Katastrophen heimgesucht werden. Im ersten Fall wird der Geist aufgeblasen und überheblich. Das führt zu weiteren störenden Emotionen wie Eifersucht und Konkurrenzdenken. Wir dürfen nicht zulassen, dass uns der Sturm solcher negativen Kräfte mitreißt. Im Gegenteil, wir sollten lernen, die Situation zu unserem Vorteil umzugestalten, und täten gut daran, wenn wir uns eine heilsamere Betrachtungsweise zu eigen machten: Indem wir uns vor Augen halten, dass das weltliche Glück und das Wohlergehen, derer wir uns derzeit erfreuen können, letztlich von unseren vergangenen guten Taten herrühren. Wir können uns wünschen, dass anderen dasselbe zuteilwerden möge. Wenn wir vielerlei

Schwierigkeiten und Unglücksfällen ausgesetzt sind, können wir leicht deprimiert werden. Ebendann müssen wir besonders vorsichtig und hart im Nehmen sein. Sonst können uns unsere Probleme überwältigen, und wir verlieren womöglich unsere Zuversicht und innere Ausrichtung. Es ist wichtig, diese beiden potenziell zerrüttenden Situationen zu erkennen und sich entsprechend vorzubereiten.

Einer der ganz unverwechselbaren und reizvollsten Aspekte der Lehre des Buddhas ist die kritische Erhellung der störenden Emotionen. Keine andere Lehre enthüllt das Wesen unserer trügerischen Vorstellungen und störenden Emotionen und die Methoden, wie man mit ihnen fertigwird, so tief greifend oder so differenziert und detailreich. Zahlreiche philosophische Traktate schildern störende Emotionen als unseren Hauptwidersacher. Besonders nachdrücklich wird betont, dass wir störenden Emotionen nicht nachgeben, sondern uns gegen sie wehren sollen. Ständig erhalten wir Ratschläge, wie wir uns der Herrschaft störender Emotionen entziehen können.

Es gibt keine Sachlage, bei der störende Emotionen für uns oder andere förderlich sein könnten. Im Gegenteil, störende Emotionen schaden allen und jedem von uns, ungeachtet unseres gesellschaftlichen Rangs, ganz gleich, ob wir reich oder arm sind. Störende Emotionen unterscheiden nicht zwischen männlich oder weiblich, jung oder alt, gesund oder kränklich. Sie sind eine Quelle der Verwirrung. Störende Emotionen bringen Individuen dazu, ihren Humor, ihre Urteilskraft und sogar ihren Verstand zu verlieren. Unter dem Einfluss störender Emotionen benimmt sich die gesittetste Person abscheulich. Kultivierte Menschen werden grob. Störende Emotionen sind immer negativ und schädlich. Der Buddhismus lehrt eine breite Vielfalt an Techniken zur Überwindung und Kontrolle störender Emotionen. Seine Schriften handeln von dem Kampf, der gegen die störenden Emotionen geführt wird. Die Person, die aus ihm siegreich hervorgeht, wird ein Buddha.

Die Praxis des Dharma hat zwei Funktionen: innere Qualitäten zu mehren und störende Emotionen zu beseitigen. Im Großen und Ganzen ist unser gesamtes Dasein derart von störenden Emotionen beherrscht, dass wir ihre Gegenwart kaum bemerken. Aber wenn wir beginnen, den Dharma zu üben, und einen Kampf gegen die störenden Emotionen zu führen versuchen, machen wir aufschlussreiche Erfahrungen. Anfangs hat der Übende das Gefühl, dass das Negative zugenommen hat und der Geist nun noch mehr von neurotischen Gedanken besudelt ist. Wenn uns das passiert, ist es wichtig, dass wir uns klarmachen: In diesem Fall stimmt unsere Wahrnehmung nicht mit der Wirklichkeit überein. Es ist vielmehr ein Zeichen, dass wir auf dem richtigen Weg sind. Bevor wir uns auf spirituelle Praxis einlassen, haben wir keine Ahnung von den abertausend Spielen, die störende Emotionen mit uns treiben. Wir werden ihrer erst allmählich gewahr, sobald wir begonnen haben, den Dharma zu üben. Um es zu veranschaulichen: Jemand, der sich eine ernsthafte Verletzung zuzieht, spürt am Anfang kaum den Schmerz, aber wenn die betreffende Person unter ärztlicher Behandlung dann wieder voll zur Besinnung kommt, wird sie allmählich unerträgliche Schmerzen verspüren.

Obwohl das Ziel unseres spirituellen Bemühens darin besteht, Freisein von Problemen zu erreichen und inneren Frieden und Erfolg zu genießen, könnten die Dinge womöglich anders verlaufen, als es geplant war. Es mag vorkommen, dass wir dem Anschein nach größere Not durchmachen und vermehrt mit Schwierigkeiten zu kämpfen haben. In einem solchen Zeitabschnitt sollten wir nicht zulassen, dass uns grüblerische Überlegungen beherrschen, sondern wir sollten die Dinge in einem größeren Zusammenhang sehen. Es mag sein, dass aufgrund unserer Dharmapraxis irgendein Aspekt unseres negativen Karmas vielleicht früher herangereift ist, als dies sonst der Fall gewesen wäre. Wenn das geschieht, können wir es als eine Form der Läuterung auffassen.

Es gibt fünf Ratschläge, die das Üben der Geistesschulung unterstützen. Der erste rät, widrige Situationen in den Pfad zur Erleuchtung umzuwandeln. In der »Geistesschulung in sieben Punkten« heißt es:

> Wenn die Umwelt und ihre Bewohner
> von Ungesundem überquellen,
> dann wandelt widrige Umstände
> in den Pfad zur Erleuchtung um.

Viele Texte über Logik erläutern, dass jedes einzelne Phänomen zahllose Aspekte hat und es folglich sehr darauf ankommt, aus welchem Blickwinkel man es jeweils betrachtet. Denkt man beispielsweise, wenn einem Leid widerfährt, nur an sein Leid, dann ist es unerträglich. Lassen wir aber diesen Aspekt unbeachtet, dann können wir es möglicherweise aus einem anderen Blickwinkel sehen.

Indem wir Leid erdulden, können wir unsere vergangenen negativen Handlungen läutern und die feste Absicht entwickeln, uns aus dem Existenzkreislauf zu befreien. Daher trifft die Behauptung nicht zu, Leid bleibe sich immer gleich, von welcher Seite man es auch betrachte. Das Wesen des Leids verändert sich in Entsprechung zu unserer inneren Einstellung, ist von unserer Betrachtungsweise abhängig.

Sind wir fähig, widrige Situationen in Faktoren des spirituellen Pfades umzuwandeln, dann werden Hindernisse günstige Voraussetzungen für die spirituelle Praxis werden. Dadurch, dass wir unseren Geist an eine solche Übung gewöhnen, werden wir Erfolg haben, und nichts wird unsere spirituelle Weiterentwicklung behindern. Es heißt, widrige Situationen auf diese Weise verwandeln zu können sei ein Zeichen dafür, dass man sich tatsächlich spiritueller Schulung unterzieht.

Widrige Situationen kann man auf zweierlei Weise in den Pfad übernehmen: indem man sich auf die unvergleichliche Gesinnung des Erleuchtungsgeistes stützt und indem man sich auf die speziellen Übungen zur Läuterung von Negativem und zum Ansammeln von Tugend stützt. Hier lautet die entsprechende Zeile im Text:

Denkt bei jeder Gelegenheit unverzüglich nach.

In guten oder schlechten Zeiten, ob man nun reich oder arm, glücklich oder unglücklich ist, ob man sich nun in seiner Heimat oder im Ausland, in einem Dorf, einer Großstadt, einem Kloster oder an einem abgelegenen Ort aufhält, wer immer einen gerade begleitet - man sollte bei jeder Art von Leid, die einem zustößt, darüber nachdenken, dass es noch viele andere empfindende Wesen gibt, denen gerade ähnliches Leid widerfährt. Und man kann anschließend denken: »Möge das Leid, das ich gerade durchmache, dazu dienen, die Leiden zu bekämpfen, denen andere empfindende Wesen ausgesetzt sind. Mögen sie von jeglichem Leid getrennt werden.«

Ebenso wie wir es in Bezug auf die Übungen des Gebens und Nehmens besprochen haben, sollte man an diesem Punkt denken, dass das Meditieren über das Mitgefühl seinen Zweck erfüllt hat, und sich aufrichtig freuen. Außerdem: Wenn man in angenehmen Verhältnissen lebt und überreichlich vorhandene Nahrung und Kleidung, ein schönes Haus, gute Freunde und Lehrer hat und gesund ist, sollte man daran denken, dass dies das Ergebnis vergangener heilsamer Handlungen ist. Man sollte sich dann entschließen, weiterhin heilsame Handlungen anzusammeln, um weiterhin solches Wohlergehen zu genießen.

Es ist wichtig, dass wir uns in unserem täglichen Leben aufmuntern, wenn uns Leid widerfährt und wir mutlos werden. In ähnlicher Weise müssen wir auf den Boden der Wirklichkeit zurückkehren, wenn wir uns zu sehr erregen. Sind wir beherzt genug, um Notlagen und Problemen zu trotzen, dann werden sie unser inneres Gleichgewicht nicht stören. Manche Menschen verzagen, wenn sie in Armut geraten, andere werden selbstgefällig, wenn sie ein unbedeutendes Vermögen erwerben. Angesichts von Glück oder Leid bleibt man am besten ruhig und gefestigt.

Hinsichtlich der Möglichkeit, widrige Umstände dadurch in den Pfad zu übernehmen, dass man sich auf die speziellen Übungen zur Läuterung von Negativem und zum Ansammeln von Tugend stützt, lautet die entsprechende Zeile im Text:

> Die höchste Methode
> ist mit den vier Übungen verknüpft.

Die erste Übung besteht im Ansammeln von Verdienst. Wenn man Opfer darbringt, um Verdienst zu schaffen, sind die dabei verwendeten Materialien nicht so wichtig. Bedeutsam ist vor allem unsere Einstellung. Wir sollten eine Haltung entwickeln, in der wir jegliches eigene Wohlergehen oder Glück mit anderen teilen. Wir widmen unser Verdienst dem gemeinsamen Nutzen aller empfindenden Wesen und richten unsere Bestrebungen auf das Erlangen der Buddhaschaft.

Die zweite Übung besteht darin, Negatives zu läutern. Seit anfangsloser Zeit haben wir, von störenden Emotionen getrieben, verwerfliche Taten angesammelt. Wie Milarepa sagte, ist beim Läutern von Negativem ein tiefes Gefühl der Reue der entscheidende Faktor. Je tiefer unsere Reue ist, desto kraftvoller wird unsere Läuterung sein. Dementsprechend ist es gleichfalls wichtig zu beschließen, sich derartigen Handlungen nie mehr hinzugeben. Je fester unser Entschluss ist, desto wachsamer werden wir sein.

Die dritte Übung besteht darin, schädlichen Geistern Opfer darzubringen. Man sollte ganz gezielt über die Güte schädlicher Geister nachdenken. Ein guter Dharma-Schüler würde sagen: »Weil ihr mich plagt, ist es mir möglich, meine Praxis zu verstärken. Der Schaden, den ihr mir zufügt, gibt mir die besondere Gelegenheit, meine Geduld, meine Liebe und mein Mitgefühl zu erproben, darum lasst bitte nicht nach.« Anstatt sie darum zu bitten, uns nicht zu plagen, drängen wir sie dazu, dies weiterhin zu tun. Es heißt: Wenn du voller Mitgefühl und Verständnis reagierst, schützt dich das nicht nur vor Schaden, sondern verringert auch die Kraft der schädlichen Absichten der Geister. Es gibt viele Geschichten aus der Vergangenheit, die von Geistern berichten und davon, dass sie jenen, die tiefes Mitgefühl haben, nicht schaden.

Die vierte Übung besteht darin, Hilfe bei den Dharma-Schützern[93] zu suchen, indem man ihnen Opfer darbringt. Man stellt Opfergaben aus reinen, sauberen Substanzen zusammen. Klar und deutlich visualisierend lädt man die Dharma-Schützer und die Hüter[94] ein; man bringt ihnen die Opfergaben dar und bittet sie um Unterstützung dabei, widrige Umstände in den Pfad einzugliedern.

Der nächste Abschnitt handelt davon, wie man die in sich geschlossene Praxis einer einzigen Lebensspanne durchführt. Die entsprechende Zeile aus dem Text zur Geistesschulung lautet:

> Schult euch in den fünf Kräften.

An erster Stelle steht die Kraft der Absicht. Man denkt: »Von nun an bis zu dem Augenblick, da ich zur Buddhaschaft erwache, zu allen Zeiten in diesem Leben bis zu dem Augenblick, da ich sterbe, insbesondere dieses Jahr, diesen Monat und an diesem heutigen Tag werde ich darauf bedacht sein, es nicht dazu kommen zu lassen, dass störende Emotionen, hervorgerufen durch die falsche Auffassung von einem Selbst, entstehen. Ich werde nicht dulden, dass meine körperlichen und verbalen Handlungen von ihnen beherrscht werden.« Generell wird alles, wofür wir uns einsetzen, besser gelingen, wenn es systematisch geplant ist. Aber in erster Linie hängt das Gelingen von unserer festen Absicht ab.

An zweiter Stelle steht die Kraft der Saat heilsamer Praxis. Das bedeutet, dass man den kostbaren Erleuchtungsgeist durch

Geben, sittliches Verhalten und Meditation bewahrt und steigert und sich dabei bemüht, Verdienst und Weisheit anzusammeln.

An dritter Stelle steht die Kraft, Negatives abzuwehren. Damit sind die Anstrengungen gemeint, die man macht, um negative Gewalten wie die ichbezogene Einstellung und die falsche Auffassung von einem Selbst, dank der sie entsteht, mit den Wurzeln auszureißen und zu beseitigen. Nachdem man sich den Schaden, den solche Einstellungen mit sich bringen, vergegenwärtigt hat, sollte man den festen Entschluss fassen, es nie hinzunehmen, dass man in ihren Bann gerät.

An vierter Stelle steht die Kraft des Gebets. Man widmet alles, was im Existenzkreislauf gut ist, besonders die heilsamen Qualitäten, die man körperlich, verbal und geistig in den drei Zeiten (Vergangenheit, Gegenwart und Zukunft) gesammelt hat, dem Wohl aller anderen empfindenden Wesen. Man widmet jede heilsame Handlung, nachdem man sie vollzogen hat, dem Wohl empfindender Wesen, in dem Bewusstsein, dass sie leer, ohne inhärente Existenz ist. Man überprüft am Ende jedes Tages seine Handlungen. Hat man irgendwelche negativen Akte begangen, dann entwickelt man tiefe Reue und betet, dass man selbst und alle empfindenden Wesen durch die Kraft der Tugend fähig sein mögen, den Erleuchtungsgeist zu entwickeln und das zu fördern, was davon jeweils schon entwickelt ist.

An fünfter Stelle steht die Kraft des Sichvertrautmachens. Die großartige Qualität des Geistes äußert sich so: Macht man ihn mit der Praxis vertraut und erhält die Voraussetzungen dafür aufrecht, dann wird man Vollkommenheit erreichen. Darum sagt man ja auch: »Es gibt nichts, das nicht leichter würde, sobald man sich damit vertraut gemacht hat.« Auch der große spirituelle Lehrer Che-ka-wa sagte, dass dieser Geist, der voller Fehler ist, die eine großartige Eigenschaft besitzt - er fügt sich ganz der Art, in der man ihn schult.

Man kann diese fünf Kräfte auch zum Zeitpunkt des Todes anwenden. Im Text heißt es:

> Mit den fünf Kräften gibt das Große Fahrzeug
> die Richtschnur für die Bewusstseinsübertragung[95].
> Widmet euch diesen Übungspfaden.

Zum Zeitpunkt des Todes werden ebendiese Kräfte in anderer Anordnung und mit anderer Zielsetzung angewendet. An erster Stelle steht dann die Kraft der Saat heilsamer Praxis. Damit ist hier gemeint, dass man seine Fehler läutert und seine Besitztümer dem Buddha und leidenden Wesen widmet. Anstatt begehrlich auf seinen Reichtum fixiert zu bleiben, sollte man ihn dazu verwenden, heilsame Handlungen anzusammeln.

Alles Geborene ist dem Tod unterworfen. Auch durch spirituelle Übungen können wir uns dem Zugriff des Todes nicht entziehen. Gelingt es uns jedoch, zum Zeitpunkt des Todes eine sehr starke heilsame Geisteshaltung aufrechtzuerhalten, dann können wir bis zu einem gewissen Grad ein besseres zukünftiges Leben sicherstellen. Sofern man sich an positive spirituelle Übungen gewöhnt, wenn man gesund und vital ist und sich wohlfühlt, wird es einem vergleichsweise leichtfallen, auch noch zum Zeitpunkt des Todes eine positive Einstellung aufrechtzuerhalten.

Trotzdem ist es möglich, dass man mit heilsamer Praxis recht gut vertraut ist und dennoch zum Zeitpunkt des Todes von Wut oder begehrlichem Anhaften übermannt wird. Die Gefahr einer schlechten Wiedergeburt ist dann sehr groß. Daher sollten wir versuchen, unser Bewusstsein friedlich, mit Gelassenheit in das nächste Leben zu übertragen. Man sollte tunlichst nicht weinen, schreien und jammern, wenn jemand im Sterben liegt, weil dies im Gemüt des Sterbenden Wut oder Anhänglichkeit auslösen könnte.

Wenn man eine gewisse Kontrolle über seinen Geist und Energiefluss hat, ist es möglich, die gröberen geistigen und energetischen Prozesse aufzuhalten und das klare Licht, die subtilste Ebene des Bewusstseins, erscheinen zu lassen. Dies wird eine bessere Wiedergeburt bewirken. Ist man nicht imstande, dies zu tun, dann sollte man zumindest über positive innere Qualitäten nachsinnen, solange man bei Bewusstsein bleibt, und nicht bei negativen Gedanken verweilen. Ist man auch dazu nicht fähig, dann ist es wichtig, dass man zumindest tiefe Ehrfurcht und Vertrauen gegenüber dem spirituellen Meister und gegenüber Zufluchtsobjekten wie dem Buddha hat.

Es ist wichtig, zum Zeitpunkt des Todes einen heilsamen Geisteszustand zu entwickeln. Folglich ist es wichtig, dass man sich mit einer solchen Übung vertraut macht, wenn man gesund und vital ist und sich wohlfühlt. Ist jemand krank und von Schmerzen überwältigt, wird es ihm ohne eine solche Vorbereitung äußerst schwerfallen, sich auf heilsame Übungen zu konzentrieren. Bewusstseinsübertragung übt man in der Regel dann, wenn man deutliche Hinweise dafür hat, dass man sterben wird, und sich das durch keinerlei Maßnahmen verhindern lässt. Bevor die Elemente, aus denen wir bestehen[96], sich voneinander lösen, überträgt man sein Bewusstsein mittels spiritueller Praxis. Da unsere Erfahrung im nächsten Leben bis zu einem gewissen Grad von unserer Motivation zum Zeitpunkt des Todes bestimmt werden wird, ist es äußerst wichtig, dass wir eine positive Motivation haben.

Wollen wir eine solche Praxis durchführen, dann läutern wir alle unsere Fehler, indem wir unsere verwerflichen Taten aufdecken und bereuen. Wir werden die Zuversicht gewinnen, dass wir, selbst wenn wir sterben, nichts zu beklagen haben. Wir verteilen unser Vermögen und unsere Besitztümer an andere, damit wir nicht zum Zeitpunkt des Todes noch daran hängen. Ebenso machen wir uns von der begehrlichen Fixierung auf unseren Körper frei. Dieser Körper, an dem wir so hängen, ist die Basis für die falsche Auffassung von einem Selbst oder Ich, aufgrund derer wir in den sechs Existenzbereichen wieder geboren wurden. Und wegen unserer begehrlichen Fixierung auf Nahrung, Kleidung und so fort haben wir die zehn unheilvollen Handlungen und die fünf unaufhörlichen Missetaten[97] (Töten der eigenen Mutter, Töten des eigenen Vaters, Töten eines Arhat[98], vorsätzliches Verwunden eines Buddhas, Stiften von Uneinigkeit im Sangha) angesammelt. Diese sind der Grund dafür, dass wir in den endlosen Existenzkreislauf geworfen werden, wo uns unablässig Leid widerfährt. Daher sollten wir unsere Anhänglichkeit an unsere Freunde, unsere Angehörigen oder unseren Körper durchtrennen.

Die falsche Auffassung von einem Selbst oder Ich ist für gewöhnlich zum Zeitpunkt des Todes sehr stark, weil man Angst hat, seinen Körper zu verlieren. Versuchen wir daher, das Wesen des Geistes, seinen Mangel an inhärenter Existenz, zu erweisen: Entweder indem wir uns auf die Klarheit des

Geistes konzentrieren oder indem wir uns auf sein Wesen konzentrieren. An zweiter Stelle steht zum Zeitpunkt des Todes die Kraft der Absicht. Wir sollten uns dem Tod in einer positiven Gemütsverfassung nähern. Wir sprechen weiterhin unsere Gebete und meditieren über die Stadien der Auflösung des Bewusstseins[99].

An dritter Stelle steht die Kraft, Negatives zu bekämpfen. Wir besinnen uns auf die Fehler der Verblendungen und beschließen daraufhin, uns von ihnen nie überwältigen zu lassen.

An vierter Stelle steht die Kraft des Gebets. Wir beten, dass wir niemals vom Erleuchtungsgeist getrennt werden und nicht von der falschen Auffassung von einem Selbst noch von den störenden Emotionen, die davon herrühren, übermannt werden.

An fünfter Stelle steht die Kraft des Sichvertrautmachens. Hierbei handelt es sich um körperliche Maßnahmen: Man liegt auf der rechten Seite, mit dem Kopf nach Norden, die rechte Hand unter der rechten Wange; man hält mit dem Ringfinger das rechte Nasenloch zu und atmet nur durch das linke. Die linke Hand legt man auf den linken Oberschenkel. Das ist die gleiche Haltung, in der einst der Buddha verschied. Wegen der engen Verbindung zwischen Geist und Körper trägt eine entspannte Körperstellung dazu bei, den Geist zum Zeitpunkt des Todes zu beruhigen. Wir übertragen unser Bewusstsein, während wir, auf unseren Atem konzentriert, über die Praxis des Gebens und Nehmens meditieren. Diese Übungen rufen lebhaft Mitgefühl und Liebe in uns wach. Der Text kommt nun zu der Frage, wie sich abschätzen lässt, bis zu welchem Grad wir den Geist geschult haben. Da heißt es:

Schließt alle Lehren
zu einem einzigen Gedanken zusammen.

Die in den vielen verschiedenen Schriften enthaltenen Lehren - ob es nun die Worte des Buddhas oder Kommentare seiner Anhänger sind - haben den einen Zweck: die falsche Auffassung von einem Selbst oder Ich zu überwinden. Stellen wir fest, dass unsere Unternehmungen, ja sogar Studium und Kontemplation uns lediglich Anlass dazu geben, unsere falsche Auffassung von einem Selbst zu verstärken, dann zeigt dies, dass unsere Praxis und unser Studium in verkehrter Richtung verlaufen. Stellen wir hingegen fest, dass Praxis, Studium und Meditation uns helfen, unsere falsche Auffassung von einem Selbst zu bezwingen, dann zeigt dies, dass wir auf dem richtigen Weg sind.

Die höchste Bedeutung
sollte man den beiden Bestätigungen beimessen.

Die wahre Bestätigung für unsere Praxis lässt sich nicht einfach aus dem Urteil anderer ableiten. Wir sollten ständig unseren Geist beobachten, ohne uns dabei etwas vorzumachen.

Bemüht euch ständig um ein freudiges Gemüt.

Sind wir auch dann imstande, unsere Übung des Gebens und Nehmens fortzusetzen und frohgemut zu bleiben, wenn wir Elend erleiden oder unerfreuliche Nachrichten erfahren, dann ist unsere Praxis der Geistesschulung erfolgreich verlaufen.

Als Maßstab für einen geschulten Geist
dient seine Umkehr.

Dies beinhaltet sinngemäß eine Umkehrung unserer normalen Reaktionsweisen. Zum Beispiel verleitet uns unser Gefühl der Beständigkeit dazu, unser Leben nutzlos und unproduktiv zu verbringen. Wir lassen unser Leben zerrinnen. Reut uns, nachdem wir einen Tag teilnahmslos vertrödelt haben, die vergeudete Zeit, dann deutet diese Umkehrung der normalen Einstellung darauf hin, dass unsere Geistesschulung erfolgreich ist. Ganz gleich, in welcher Lage wir uns befinden - wir werden unser kostbares Menschenleben nicht vergeuden, sondern ihm einen Sinn abgewinnen. Das Gleiche gilt für die Realisierung der Leerheit. Normalerweise nehmen wir die Dinge als inhärent existierend wahr; haben wir aber durch unsere Praxis diese Wahrnehmungsweise umgekehrt und das Nichtvorhandensein von inhärenter Existenz erkannt, dann deutet dies darauf hin, dass wir den Geist geschult haben.

Ein geschulter Geist
weist fünf großartige Merkmale auf.

Das erste der fünf Zeichen innerer Größe besteht darin, den Erleuchtungsgeist als Essenz aller Praxis anzusehen; dies weist darauf hin, dass man ein großer Bodhisattva geworden ist. Wenn man es aufgrund seines festen Glaubens an die gesetzmäßige Verkettung von Handlungen und Folgen unterlässt, auch nur die geringfügigste unheilvolle Tat zu vollziehen, ist man ein großer Schüler der Sittlichkeit geworden. Wenn man beim Erziehen seines Geistes und beim Beseitigen störender Emotionen jegliche Not ertragen kann, ist man ein großer Asket geworden. Wenn man sich in Worten und Taten durchweg an den Verhaltensregeln des Großen Fahrzeugs orientiert, hat man große Übung im Ausführen heilsamer Handlungen. Und schließlich: Wenn sich unser Geist ständig im Yoga des Entwickelns von Erleuchtungsgeist und den dazugehörigen Übungen betätigt, sind wir ein großer Yogi geworden[100].

> Der geschulte Geist behält auch dann die Kontrolle,
> wenn er abgelenkt wird.

Hier wird die spontane innere Kontrolle, über die einer verfügt, der den Geist geschult hat, mit dem geübten Reiter verglichen, der auch dann nicht von seinem Pferd fällt, wenn es durchgeht.

Hinsichtlich der Verpflichtungen jener, die ihren Geist schulen, heißt es im Text:

> Schult euch stets in den drei Hauptpunkten.

Das besagt, dass man beim Schulen des Geistes erstens keinen Verpflichtungen zuwiderhandeln sollte, die mit anderweitigen Übungen verknüpft sind, wie etwa den Gelübden persönlicher Befreiung[101] oder Bodhisattva-Gelübden. Gelegentlich wird der eine oder andere, wenn er gegen eine geringere Verpflichtung verstößt, sagen: »Ich stecke tief in der Praxis der Geistesschulung, da spielen diese Nebensächlichkeiten keine Rolle.« Das steht in direktem Widerspruch zur allgemeinen Praxis des Großen Fahrzeugs. Wer die Geistesschulung übt, sollte fähig sein, die Essenz aller Lehren des Buddhas in die eigene Praxis zu integrieren.

Zweitens kann man in seinem Verhalten nicht alle gebührende Vorsicht außer Acht lassen, bloß weil man gerade seinen Geist schult. Man kann nicht um der Geistesschulung willen in verseuchter Erde graben, bedrohliche Bäume fällen oder schadstoffhaltige Gewässer aufrühren. Auch kann man keine Menschen besuchen, die an ansteckenden Krankheiten leiden, ohne Vorkehrungen zu treffen.

Drittens sollte man unvoreingenommen sein, wenn man sich mit der Geistesschulung beschäftigt. Mit wem man auch zu tun hat, ob er zu den Menschen zählt oder nicht, ob mit Verwandten, Freunden oder Feinden, ob mit Hochrangigen oder Leuten niedrigen Standes - man sollte sich jedem gegenüber unvoreingenommen verhalten. Da man seinen Geist zum Besten aller empfindenden Wesen schult, sollte man allen gegenüber Liebe und Mitgefühl entwickeln, ohne Unterschiede zu machen.

Die störenden Emotionen sind ähnlich einheitlich zu behandeln: Wenn es erforderlich wird, sie zu bekämpfen, dann müssen sie allesamt beseitigt werden. Es reicht nicht aus, nur gegen einige von ihnen vorzugehen. Man sollte wissen, wie Gegengifte sich generell einsetzen lassen.

> Greift energisch zu durchschlagskräftigen Mitteln,
> um Qualitäten zu entwickeln
> und störende Emotionen aufzugeben.

Im Allgemeinen können wir keine durchschlagskräftigen Methoden anwenden, um Wesen menschlicher oder anderer

Art zu bezwingen, denn ein solches Vorgehen würde nur ihre Wut erregen. Aber hier sollten wir durchschlagskräftige Methoden gegen die störenden Emotionen anwenden. Von diesen ist die falsche Auffassung von einem Selbst oder Ich die wichtigste, weil sie die Hauptursache des Leidens ist. Daher sollten wir uns im Verlauf unserer spirituellen Übungen des Hörens, Nachdenkens und Meditierens alle Mühe geben, sei es nun auf körperlicher, verbaler oder geistiger Ebene, die falsche Auffassung von einem Selbst durchschlagskräftig umzuwandeln.

Wir sollten geradezu besessen davon sein, die störenden Emotionen zu entfernen. Mit heftigem Unmut sollten wir gegen sie kämpfen. Da unsere störenden Emotionen so stark und so tief verwurzelt sind, besteht die einzige Möglichkeit, sie zu vernichten, darin, die Gewalt der Feindseligkeit, eine andere störende Gemütsbewegung, gegen sie zu kehren. Selbst wenn es bedeutet, im Feuer umzukommen oder ermordet oder geköpft zu werden, sollte man den störenden Emotionen niemals nachgeben.

> Bändigt alle Gründe (für die Selbstsucht).

Um unsere ichbezogene Einstellung zu überwinden, müssen wir zuerst ein starkes Gefühl des Gleichmuts entwickeln. Andernfalls hält uns unsere natürliche Neigung, zwischen Freunden und Feinden zu unterscheiden, davon ab, das Wohl anderer zu unserem vordringlichen Anliegen zu machen.

> Schult euch beharrlich darin, mit schwierigen
> Situationen fertigzuwerden.

Es gibt fünf zwischenmenschliche Beziehungen, die besonders empfindlich sind. Ganz allgemein ist es äußerst bedenklich, wenn man gegenüber dem Buddha, seinem Abt, Personen, von denen man Unterweisungen erhalten hat, oder seinen Eltern in Wut gerät oder sich den Betreffenden gegenüber ungebührlich benimmt. Das sollte man tunlichst vermeiden. Zweitens muss man sich besonders davor hüten, störende Emotionen in Bezug auf Mitglieder der eigenen Familie aufkommen zu lassen, denn mit diesen Menschen lebt man ja zusammen. Drittens muss man sich vorsehen, dass man sich nicht wünscht, Konkurrenten möge ein Unglück zustoßen. Viertens muss man seine Wut im Zaum halten, wenn Menschen, denen man nach besten Kräften zu helfen sucht, einem vorwerfen, sie zu vernachlässigen. Sollte man wütend werden, kann man möglicherweise kein Mitgefühl entwickeln. Und schließlich gibt es hin und wieder Menschen, die man auf Anhieb instinktiv nicht mag, obwohl sie einem gar nichts getan haben. Man muss sich vorsehen, dass man sich nicht mit ihnen überwirft.

Seid nicht auf anderweitige Bedingungen
angewiesen.

Bei allen Übungen, die man vollzieht, etwa beim Hören der Unterweisung und beim Nachdenken und Meditieren über sie, sollte man nicht zu sehr von äußeren Annehmlichkeiten abhängig sein.

Wandelt eure Einstellung,
aber behaltet euer natürliches Betragen.

Obwohl es gut ist, über die Praxis des Erleuchtungsgeistes zu meditieren und eine innere Umwandlung zu bewirken, braucht man sich durchaus nicht sonderbar zu benehmen oder merkwürdig zu reden, um deutlich zu machen, dass man ein anderer Mensch geworden ist. All unsere Übungen der Geistesschulung sollten äußerlich unauffällig sein, aber innerlich eine große Verbesserung herbeiführen. Nun da wir die Schwelle zur Geistesschulung überschritten haben, ermahnt uns der Text:

> Sprecht nicht von den Fehlern anderer,
> befasst euch nicht mit den Angelegenheiten
> anderer.

Wir sollten an anderen, seien es Menschen oder sonstige Wesen, weder etwas auszusetzen haben noch in der Öffentlichkeit lieblos über sie herziehen.

> Gebt jede Hoffnung auf Belohnung auf.

Wir betreiben Geistesschulung mit der Absicht, allen anderen empfindenden Wesen zu nützen, und nicht in dem Wunsch, ein gesundes Leben zu führen oder mehr materielle Annehmlichkeiten zu genießen. Unser wichtigstes Ziel ist die Erlangung der Buddhaschaft zum Besten aller empfindenden Wesen.

> Vermeidet giftige Nahrung.

Köstliche Nahrung soll eigentlich das körperliche Wohlbefinden fördern, aber wenn sie mit Gift vermischt ist, kann sie uns töten. Ähnliches gilt für unser Verhältnis zum Dharma: Indem wir ihn anhören, über ihn nachdenken und über ihn meditieren, sollen wir eigentlich die Qualitäten eines Buddhas erlangen. Verunreinigen wir jedoch den Lehrinhalt und die Anwendung der Unterweisung mit weltlichen Belangen und der falschen Auffassung von einem Selbst oder Ich und einer ichbezogenen Einstellung, dann ist das so, als ob wir die sich uns bietende Möglichkeit, Befreiung oder den voll erwachten Zustand eines Buddhas zu erlangen, hinschlachten würden.

Beharrt nicht auf unangebrachter Loyalität.

Mit dem Beharren auf verkehrter Loyalität ist gemeint: Wir lassen es zu, dass unser gutes Verhalten in sich zusammenfällt, wenn uns irgendjemand ein geringfügiges Unrecht antut. Dem Betreffenden zu grollen und ihm die Sache ewig nachzutragen ist unangemessen. Es hemmt unsere Möglichkeiten, Liebe und Mitgefühl zu entwickeln.

Unterlasst gehässige Sticheleien.

Wir sollten nicht mit anderen streiten und auch keine verletzenden Worte gebrauchen, die sie ins Herz treffen. Wie der Lehrer Che-ka-wa sagte, ist es unangemessen, die Menschen ständig an das Gute zu erinnern, das man getan hat, besonders wenn sie sich nicht als Erste darüber klar waren.

Liegt nicht im Hinterhalt.

Wir sollten keinen Groll wegen irgendeiner Kränkung hegen, darauf erpicht, uns bei der nächstbesten Gelegenheit zu rächen.

Eine derartige ränkevolle Einstellung, in der man auf den Zeitpunkt zum Zuschlagen wartet und an der Möglichkeit Gefallen findet, jemanden, der gerade einen Fehler macht, bloßzustellen, ist mit der Gesinnung der Geistesschulung absolut unvereinbar.

Trefft niemanden ins Herz.

Die Fehler anderer ans Tageslicht zu zerren und aufzudecken - das ist, als ob man den Lebensnerv trifft. Auf ebendiese Art kann man so großes Leid auslösen, dass das Opfer sich das Leben nimmt. Es heißt, dass jene, die mit wahrem Vergnügen die Fehler anderer enthüllen, keine Spur von einem Dharma-Schüler an sich haben.

Ladet die Last eines Pferdes keinem Pony auf.

Wenn man seine Verpflichtungen nicht erfüllen kann, sollte man die Bürde nicht an jemanden weitergeben, der noch weniger imstande ist, sie zu tragen. Auch sollte man, wenn man unterwegs Gefahr wittert, nicht selber Maßnahmen treffen, um ihr auszuweichen, und gleichzeitig seinen Weggefährten in der bisherigen Richtung weitergehen lassen.

Spurtet nicht, um den Lauf zu gewinnen.

Wenn man als Mitglied einer Gruppe jemandem eine Gefälligkeit erwiesen hat, sollte man nicht versuchen, Dankbarkeit für sich zu beanspruchen.

Verwandelt Götter nicht in Teufel.

Dient irgendein Aspekt unserer Dharmapraxis, sei es im Denken, Reden oder Tun, dazu, unsere ichbezogene Einstellung zu bestärken, dann ist das so, als ob man Götter in Teufel verwandeln würde.

Sucht nicht das Elend anderer als Mittel zum Glück.

Wir sollten nicht andere Menschen dazu benutzen, unser eigenes Glück zu erringen, und uns nicht über ihr Missgeschick freuen. Wir Tibeter laufen durchaus Gefahr, dies zu tun, sobald wir Nachricht von einer Katastrophe in China erhalten. Anstatt Anteilnahme zu empfinden, verspüren wir womöglich innere Befriedigung.

Über die Grundregeln der Geistesschulung heißt es im Text:

Jeder Yoga sollte durchgeführt werden
wie ein einziger.

Ob wir gerade essen oder uns anziehen - alles, was wir tun, sollte von unserer Praxis der Geistesschulung beeinflusst sein.

Es gibt zwei gesonderte Pflichten -
eine zu Beginn und eine am Ende.

Ganz gleich, welche heilsamen Übungen wir durchführen - wir sollten zu Beginn die richtige Motivation haben. Am Ende des Tages sollten wir kritisch beurteilen, ob unsere Handlungen positiv oder negativ waren. Waren sie positiv, dann freuen wir uns aufrichtig und beglückwünschen uns. Waren sie negativ, dann bereuen wir und tadeln uns. Und noch ein weiterer Punkt: Der richtigen Motivation zu Beginn entspricht das Widmen am Ende; beide sind gleich wichtig.

Schult euch zuerst in den leichteren Übungen.

Halten wir es für schwierig, die Leiden anderer empfindender Wesen auf uns zu nehmen und ihnen das eigene Glück und die eigenen heilsamen Qualitäten zu geben, dann brauchen wir uns dadurch nicht entmutigen zu lassen. Indem wir den Geist schrittweise schulen, werden wir uns an die Übung gewöhnen.

Ob das eine oder das andre geschieht -
habt mit beidem Geduld.

Ob uns nun Glück widerfährt oder körperliches und geistiges Leid - wir versuchen sie als Mittel zu benutzen, Buddhaschaft zu erreichen.

Wahrt beides, selbst wenn es euch das Leben
kostet.

Unsere Verpflichtungen gegenüber unseren Gelübden müssen wir in angemessener Form wahren. Besonders sorgsam müssen wir bei den Verpflichtungen der Geistesschulung sein.

Schult euch in den drei Schwierigkeiten.

Erstens ist es schwierig, sich auf die Gegenmittel gegen die störenden Emotionen zu besinnen. Zweitens sind störende

Emotionen nur schwer zu unterbinden. Drittens ist es schwierig, ihren Fortbestand abzubrechen. Also müssen wir die störenden Emotionen erkennen, uns aus verschiedenen Blickwinkeln ihre Fehler vor Augen führen und uns ständig bemühen, ihnen ein Ende zu machen.

> Wandelt alles in den Pfad des Großen Fahrzeugs um.

Wenn unsere Aktivitäten von Liebe und Mitgefühl gegenüber empfindenden Wesen getragen und von dem Wunsch motiviert sind, zur Buddhaschaft zu erwachen, werden all unsere körperlichen, verbalen und geistigen Handlungen eine Übung im Sinne des Großen Fahrzeugs.

> Legt großen Wert auf eine umfassende und weitreichende Praxis.

Wenn wir uns im Erleuchtungsgeist schulen, sollte sich unsere Anteilnahme nicht nur auf einige empfindende Wesen beschränken. Wir beziehen alle empfindenden Wesen der vier Geburtsarten[102] ein. Unsere Praxis sollte nicht wie die eines Fischers sein, der den Tempel aufsucht, um dort zu beten. Ein Fischer mag sich wohl in den Tempel begeben und für alle Wesen beten, aber dann geht er wieder heim und tötet weiterhin Fische. Sein Gebet hat wenig Gewicht, weil sein Verhalten mit dem Rat des Buddhas, zu dem er betet, unvereinbar ist. Sein Tempelbesuch ist nicht viel mehr als eine Besichtigungstour. Unser Erleuchtungsgeist sollte durchdringend und unvoreingenommen sein und sich auf alle anderen empfindenden Wesen erstrecken. Im Allgemeinen äußern wir unwillkürlich teilnahmsvolle Worte, wenn wir empfindende Wesen leiden sehen. Unsere Praxis sollte sich allerdings nicht bloß auf die verbale Ebene beschränken, sondern von tief empfundenem Mitgefühl befeuert sein.

Als der große Lehrer Che-ka-wa im Sterben lag, rief er seinen engen Schüler Se-chung-wa zu sich und sagte: »Es ist ein Jammer! Die Dinge werden nicht so laufen, wie ich gehofft habe; also bring bitte den Drei Juwelen ein Opfer dar.« Se-chung-wa fragte: »Was habt Ihr euch denn erhofft?«

Che-ka-wa antwortete: »Eigentlich habe ich immer darum gebetet, dass ich doch fähig sein möge, die Leiden aller empfindenden Wesen wie eine schwarze Rauchwolke in meinem Herzen zu versammeln, aber jetzt habe ich nur eine Vision des Glückseligen Landes[103]; das war's nicht, was ich wollte.« Auf ebendie Art sollten wir üben. Ähnlich verhielt es sich, als Gedun Gyatso, der Zweite Dalai Lama, verschied. Seine Schüler baten den Sterbenden, er möge zu ihnen zurückkehren; sie sagten: »Gewiss werdet Ihr in das Glückselige Land gehen können, doch bitte steht uns weiter bei mit Eurer Güte!«

Gedun Gyatso antwortete: »Was mich angeht - ich trachte nicht danach, im Glückseligen Land wieder geboren zu werden; ich ersehne vielmehr eine Wiedergeburt in einem unreinen Land, in dem empfindende Wesen leiden.« Das veranschaulicht sehr schön die Beherztheit des Bodhisattvas, der die Verantwortung übernimmt, für das Wohl anderer zu wirken. Solche Anhänger des Großen Fahrzeugs sind sehnlich bestrebt, jeweils dort wieder geboren zu werden, wo sie am wirksamsten für andere arbeiten können.

Sucht nach den drei Hauptvoraussetzungen.

Ganz gleich, welche Praxis des Hörens, der Kontemplation und der Meditation man durchführt - die innere Voraussetzung dafür ist ein Leben als freier und glücksbegünstigter Mensch, der mit den Qualitäten der Weisheit, des gläubigen Vertrauens und der Anstrengung ausgestattet ist. Die äußere Voraussetzung besteht darin, dass man eine spirituelle Führung gefunden hat. Die umstandsbezogenen Voraussetzungen umfassen solche Annehmlichkeiten wie etwa ausreichende Nahrung und geeignete Kleidung. Von ihnen sollten wir zurückhaltend Gebrauch machen. Sie sollten weder zu üppig noch zu ärmlich sein. Unsere Lebensweise sollte einem Mittelweg folgen, der beide Extreme ausschließt.

Es ist wichtig, dass vor allem Ordensleute kein zu luxuriöses Leben führen. Aber das ist nur das eine Extrem; das andere besteht darin, zu glauben, wir könnten dadurch Befreiung erlangen, dass wir ein übertrieben asketisches Leben führen und dabei unsere Gesundheit vernachlässigen, nackt herumlaufen und so fort. Die Ordinierten sollten vorschriftsmäßig ihre Roben tragen, keine Kleidung mit Verzierungen oder langen Ärmeln. Ist man Schüler des Tantra[104], dann kann man selbstverständlich das Haar weiterhin lang tragen. Aber jeder sollte seine ihm vorgeschriebenen Regeln einhalten. Mönche dürfen streng genommen keine langen Haare haben. Trägt jemand das Haar lang, dann können wir nicht sicher sein, ob die betreffende Person ordiniert ist oder nicht.

Wir vollziehen alle möglichen spirituellen Übungen, ohne uns spirituell spürbar weiterzuentwickeln. Das ist ein deutliches Zeichen, dass etwas fehlt, dass es uns an etwas mangelt.

Haben wir alle notwendigen äußeren und inneren Voraussetzungen, wie sie oben erläutert wurden, dann werden sich unsere spirituellen Qualitäten entfalten wie der zunehmende Mond[105].

Läutert zuerst die gröberen.

Wir versuchen zuerst die gröberen Varianten störender Emotionen gründlich zu beseitigen.

Übt das, was wirksamer ist.

Im Großen und Ganzen ist das Wahren der Sittlichkeit wichtiger als großzügige Freigebigkeit. Das Üben sittlichen Verhaltens ist die Grundlage für einen in sich gefestigten Geist. Dieser friedvolle, ruhige Geist ermöglicht uns, Liebe und Mitgefühl zu entwickeln. Liebe und Mitgefühl sind heilsame Einstellungen, dank derer wir frei von Eifersucht, Angst und Wut bleiben. Wenn wir Wut und Angst unterworfen sind, suchen wir leicht mit anderen Menschen Streit; dann empfinden sie gleichfalls Angst. Ebendeswegen müssen wir uns vor anderen natürlicherweise in Acht nehmen, wenn wir sie verletzt haben: Sie können jederzeit versuchen, sich zu rächen.

Wut und begehrliches Anhaften unterscheiden sich darin, dass die Wut zu Kränkung führt und Distanz zwischen uns und anderen schafft. Das begehrliche Anhaften zieht sie näher an uns heran, aber da es nichts mit wirklicher Anteilnahme für sie zu tun hat, führt es am Ende ebenfalls zu Problemen.

Wie das begehrliche Anhaften und die Wut hindern uns die störenden Emotionen allesamt daran, unsere einzigartige menschliche Eigenschaft zu gebrauchen - unsere Intelligenz. Viele unserer großen Debattierer sollen angeblich besser kontern, wenn sie wütend sind. Ist die debattierende Person aber innerlich ruhig, wird ihre Antwort mit hoher Wahrscheinlichkeit klarer und eindeutiger sein.

Sobald wir einmal die Fehler der störenden Emotionen erkannt haben, sollten wir es nicht zulassen, dass sie sich weiter in uns breitmachen. Für die buddhistische Praxis ist es besonders kennzeichnend, dass sie stets nach den Fehlern des Geistes sucht und sie entfernt. Wenn Menschen, die an einen äußeren Schöpfer glauben, in Schwierigkeiten geraten, wenden sie sich an den Schöpfer um Hilfe. Das ist nicht unser Brauch. Wir sollten vielmehr der einzigartigen Praxis des Buddhas folgen und unseren Geist umwandeln.

»Übt das, was wirksamer ist« bedeutet: Wenn wir die unterschiedlichen Aspekte der Praxis miteinander vergleichen, sind einige darunter von größerer Relevanz. Wir sollten uns nicht mit einem bestimmten Grad der Verwirklichung zufriedengeben, sondern darauf hinarbeiten, auch die nachfolgenden Grade zu erreichen. In der Praxis der Geistesschulung beginnen wir mit den vorbereitenden Übungen, etwa damit, dass wir über die Seltenheit und das Potenzial eines Lebens als freier und glücksbegünstigter Mensch reflektieren. Nachdem wir diese Übung in angemessener Form durchgeführt haben, sollten wir sie den Faktoren hinzufügen, die den Erleuchtungsgeist hervorrufen. Wir erhoffen sehnlich, dass diese Verwirklichung als Faktor dienen möge, in uns den Erleuchtungsgeist hervorzurufen. Wir lenken unsere Gedanken in ebendieselbe Richtung, wenn wir über die Mängel des Existenzkreislaufs reflektiert haben. Alle Übungen und Meditationen, die wir durchführen, sollten dazu beitragen, unsere Praxis des Erleuchtungsgeistes zu verstärken.

Lasst drei Faktoren nicht schwächer werden.

Wir sollten niemals den Respekt vor unserem spirituellen Lehrer verlieren, unsere Achtsamkeit nicht erlahmen lassen und beim Schulen des Geistes nicht die Grundhaltung aufrichtiger Freude einbüßen.

Trennt euch nie von den drei Gütern.

Wir wollen keine körperlichen Tugenden preisgeben wie etwa die Ehrerbietung gegenüber dem spirituellen Meister und den Objekten der Zuflucht durch Niederwerfungen, Umrundungen[106] und so weiter. Wir wollen keine verbalen Tugenden aufgeben wie etwa das Sprechen von Gebeten. Wir wollen nicht zulassen, dass wir uns geistigen Tugenden entfremden, wie etwa dem Entwickeln des Erleuchtungsgeistes.

Werdet ihr rückfällig, dann gebraucht das
Meditieren darüber als Gegenmittel.

Wenn unser Geist rückfällig wird oder zu seinen alten Gewohnheiten zurückkehrt, sollten wir ihn als sein eigenes Gegenmittel verwenden. Menschen, die gerade mit der Praxis der Geistesschulung begonnen haben, sagen oft, sie hätten den Eindruck, dass sie jetzt von mehr Leuten beleidigt würden als vorher. Ihre falsche Auffassung von einem Selbst ist jetzt dem Anschein nach noch stärker. Ihre störenden Emotionen scheinen zuzunehmen. Annehmlichkeiten wie Nahrung und Kleidung sind augenscheinlich knapp bemessen. Einige Tibeter werden vielleicht das Gefühl nicht los, dass wir, obwohl Tibet doch ein religiöses Land ist, trotzdem den Verlust unserer Heimat haben erleiden müssen, und dies könnte dazu beitragen, dass sie ihr Vertrauen zum Dharma verlieren. Wenn man derart resigniert und verzweifelt, ist es durchaus möglich, dass man in seine alten Denkmuster zurückfällt. Zu solchen Zeiten ist es wichtig, zu erkennen, wie negativ das ist. Wir sollten dann vielmehr denken: »Ebenso wie ich jetzt von solcher Verzagtheit befallen bin, müssen viele andere empfindende Wesen in eine ähnliche Krise verstrickt sein. Wie gut wäre es, wenn die Niedergeschlagenheit, die ich erzeugt habe, all die untröstlichen Gemütslagen stellvertretend in sich aufnehmen könnte, von denen andere empfindende Wesen bestimmt sind.«

Vertieft euch augenblicklich in die Hauptübungen.

Ebenjetzt ist Üben das Wichtigste, was wir tun können. Da wir ja nun zu diesem kostbaren menschlichen Leben gelangt sind, ist es wichtiger, immer an das nächste Leben zu denken, als ausschließlich für dieses Leben zu arbeiten. Zu diesem Zeitpunkt sollten wir Studium und Praxis zugleich betreiben. Von diesen beiden hat die Praxis der Meditation größeres Gewicht, denn nur dadurch, dass wir meditieren, können wir schließlich die hemmenden Faktoren in unserem Geist überwinden. Ohne tatsächliche Praxis wird der tatsächliche Nutzen sehr schwer zu gewinnen sein. Wenn wir uns hin und wieder einer ärztlichen Behandlung unterziehen, müssen wir große Härten hinnehmen. Womöglich müssen sogar Teile unseres Körpers amputiert werden, aber angesichts des dringenden Bedürfnisses zu überleben halten wir uns nicht lange mit diesen kleineren Leiden auf. Wenn wir in unserer Schulung auf bestimmte Hindernisse stoßen, ist dies ein Zeichen, dass wir in die dicke Mauer aus störenden Emotionen eindringen. Früher waren sie so übermächtig, dass wir uns ihrer nicht bewusst waren. Weil sie jetzt durch Läuterung geschwächt werden, können wir störende Emotionen von unterschiedlicher Art wahrnehmen.

Hier kommt es sehr darauf an, die richtige Gewichtung vorzunehmen. Geradeso wie Drom-tön-pa es ausdrückte: »Das Leben ist kurz, aber der Bereich des Wissens ist grenzenlos. Drum sucht euch, genauso wie Schwäne sich aus einem Gemisch von Milch und Wasser die Milch herausholen, jeweils das aus, von dem ihr glaubt, dass es das Passendste ist und sich für euch am ehesten zum Üben eignet.« Erläutern oder studieren wir weiterhin den Sinngehalt, ohne die Praxis durchzuführen, dann wird das nicht sehr hilfreich sein. Daher wollen wir jetzt den Erleuchtungsgeist mit den dazugehörigen Übungen entwickeln und beten, dass wir von ihm in künftigen Leben nicht getrennt werden.

Legt in Zukunft immer eine Rüstung an.

Hüten wir uns davor, uns mit Körper, Rede und Geist auf negative Handlungen einzulassen und uns im Üben des Erleuchtungsgeistes zu verschlechtern.

Setzt kein falsches Verständnis ein.

Wir sollten wirkliches Mitgefühl entwickeln, wenn empfindende Wesen von unterschiedlichen Leidensformen geplagt werden. Entwickeln wir jedoch stattdessen innere Teilnahme gegenüber jenen, die beim Hören des Dharma oder beim Nachdenken oder Meditieren darüber Schweres erdulden, und bedauern wir sie, dann ist das unangebrachtes Mitgefühl, weil sich die Härten lohnen, die sie auf ihrem Weg zur endgültigen Überwindung des Leids durchmachen. Unser Streben sollte das Erwachen zur Buddhaschaft zum Ziel haben; erstreben wir jedoch weltliche Erfolge, wie etwa öffentliche Anerkennung, dann ist das falsches Streben. Wir sollten danach trachten, alle empfindenden Wesen in den Zustand der Buddhaschaft zu befördern; geht es uns jedoch stattdessen bloß um die den Zufluchtsobjekten dargebrachten Opfer und um die spirituelle Gemeinschaft, dann ist das falsches Bemühtsein. Wir sollten uns von ganzem Herzen über die vorzüglichen Qualitäten der Buddhas und Bodhisattvas freuen, und unsere eigenen Qualitäten werden sich vervielfältigen. Doch sich über das Missgeschick zu freuen, das jemandem zustößt, den wir nicht mögen, ist unangemessene Freude.

Wir sollten unsere Geduld für die Nöte aufheben, die uns bei der Praxis des Dharma widerfahren. Wenn wir uns stattdessen weltlichen Belangen hingeben, indem wir versuchen, unseren Freunden zu helfen und unsere Feinde zu besiegen, und dann die daraus erwachsenden Leiden ruhig hinnehmen, so ist das unangebrachte Geduld. Nachdem wir die Schwelle zum Großen Fahrzeug überschritten haben, sollten wir den Wohlgeschmack der Lehre kosten, indem wir sie anhören und sie bedenken. Finden wir stattdessen Geschmack an Sinnesobjekten und an der Frucht, Freunden und Angehörigen zu helfen und Feinden zu schaden, dann ist das falscher Geschmack.

Seid nicht sprunghaft.

Man sollte die Geistesschulung nicht in unregelmäßigen Abständen, sondern fortwährend üben.

Übt unerschrocken.

Wir müssen völlig unbefangen und ohne Zaudern üben.

Werdet frei durch Prüfen und Analysieren.

Wir sollten immer wachsam und mit umsichtigem Verstand vorgehen.

Seid nicht prahlerisch.

Vielleicht helfen wir ja anderen empfindenden Wesen ein wenig, aber damit zu prahlen verstößt gegen die Regeln der Geistesschulung.

Seid nicht aufbrausend.

Stellt man fest, dass man bei der leisesten Provokation die Beherrschung verliert, dann sollte man sich im Zaum halten und sich nicht revanchieren.

Macht keinen kurzlebigen Versuch.

Am Anfang sind wir möglicherweise ganz begeistert, aber falls sich unsere Begeisterung legt und langsam verflüchtigt, dann ist das mit den Regeln der Geistesschulung unvereinbar. Unsere Anstrengung sollte wie das Strömen eines Flusses sein - andauernd, unvermindert und gleichmäßig.

Erwartet keinen Dank.

Dies bezieht sich auf unseren Wunsch, für jede persönliche Mühe unverzüglich belohnt zu werden. Nachdem der große Bodhisattva Che-ka-wa die Geistesschulung so durchgeführt hatte, dass er Verwirklichung erreichte, sagte er: »Selbst wenn ich sterbe, bedaure ich nichts.«

Kapitel 8

Die erwachende Schau der Wirklichkeit

Der Erleuchtungsgeist hat ein doppeltes Ziel – dass wir erleuchtet werden und allen empfindenden Wesen nützlich sind.

In der heutigen Zeit hätten viele Menschen gerne Gewissheit darüber, ob es denn dem Einzelnen wirklich möglich ist, Buddhaschaft zu erreichen. Diese Frage lässt sich tatsächlich bejahen, wenn wir begreifen, dass störende Emotionen nur vorübergehende Beeinträchtigungen des Geistes sind. Es gibt starke und wirksame Gegenkräfte, die sie von Grund auf beseitigen können, wie etwa die Weisheit, welche die Leerheit begreift. Aus diesem Grund ist es unbedingt nötig, zu begreifen, was Leerheit genau bedeutet. Dieses Verständnis muss man sich erarbeiten, denn Leerheit beinhaltet sinngemäß keinen Zustand des vakuumartigen Nichtvorhandenseins oder schlichten Nichtseins. Was geht den Dingen ab, inwiefern sind sie leer? Gemäß der Schule des Mittleren Weges[107] sind alle Phänomene ohne inhärente Existenz und in ebendiesem Sinne leer.

Der Prozess, in dem man zunächst einmal Schritt für Schritt Leerheit begreift und daraufhin den eigenen Geist mit ihr vertraut macht, wird in der »Geistesschulung in sieben Punkten« als die Entfaltung des endgültigen Erleuchtungsgeistes thematisiert. Endgültig wird er genannt, weil er sich mit dem endgültigen Wesen der Phänomene befasst. Im Text heißt es, dass man diesbezügliche Unterweisungen nur geeigneten Empfängern übermitteln sollte, andernfalls könnten sie eher schaden. Die Frage ist: Nach welchen Kriterien lässt sich entscheiden, wer geeignet ist, sie zu empfangen, und wer nicht? Sehen wir Rauch, dann wissen wir, dass Feuer da ist. Nehmen wir bestimmte Flugmanöver von Wasservögeln wahr, dann wissen wir, dass ganz in der Nähe ein Teich ist. So können wir das Wesen einer Person erfassen, indem wir bestimmte Anzeichen und Merkmale beobachten.

Wenn wir einem spirituellen Meister zum ersten Mal begegnen oder bestimmte Unterweisungen hören, verspüren wir bisweilen ein unerklärliches Gefühl des Beglücktseins und der inneren Befriedigung. Dies deutet darauf hin, dass wir irgendeine aus der Vergangenheit herrührende Verbindung mit ihnen haben. Eines der Anzeichen dafür, dass eine Person sich eignet, die Unterweisung über Leerheit zu empfangen, besteht darin, dass sie oder er beim bloßen Hören der Namen ihrer großen indischen Verfechter Nagarjuna, Aryaveda und Chandrakirti von tiefem Vertrauen durchdrungen wird. Ein weiteres Indiz ist, dass sie oder er beim Hören einer Erläuterung von Leerheit ein lebhaftes Interesse und Bestreben entwickelt, noch mehr darüber zu erfahren.

Es ist deshalb so wichtig, den richtigen Empfänger für diese Unterweisungen zu ermitteln, weil andernfalls die Unterwiesenen durch sie zu dem gefährlichen Standpunkt des Nihilismus verleitet werden könnten. Erklärt man bestimmten Menschen Leerheit oder dass die Dinge keine inhärente Existenz haben, dann deuten sie dies falsch, nämlich in dem Sinne, dass nichts existiere. Es besteht dann Gefahr, dass sie aus einem Missverständnis heraus die Lehre des Buddhas verwerfen.

Ein andersartiges Risiko nehmen Menschen auf sich, die sich für die Philosophie der Leerheit interessieren und begeistern, weil sie von den großen Meistern der Vergangenheit gerühmt wurde. Da sie aber kein klares Verständnis von Leerheit haben, erkennen sie nicht, dass es den Dingen genau genommen deswegen möglich ist, auf der konventionellen Ebene[108] zu funktionieren, weil sie leer, das heißt ohne inhärente Existenz sind. Neigt unsere Auffassung dazu, Leerheit mit Nichtsein gleichzusetzen, dann besteht Gefahr, dass wir denken, die Buddhas, Bodhisattvas und alles andere seien schlicht und einfach leer, sie existierten nicht und seien folglich unfähig, anderen zu helfen. Dann wird eine Verbundenheit mit dem Buddha und den Drei Juwelen wohl kaum etwas bewirken.

Erläutert man die Bedeutung von Leerheit denjenigen, die noch nicht bereit sind, ergeben sich womöglich Missverständnisse, und sie bekommen Angst vor der Übung von Leerheit. Menschen, die etwas von der Bedeutung von Leerheit erfahren haben, versuchen womöglich, sie anderen zu erklären, indem sie behaupten, nichts sei gut oder schlecht, weil ja alles von Natur aus leer sei. Das ist eine gewaltige Fehlinterpretation. Leerheit ist nicht gleichbedeutend mit absoluter Nicht-Existenz. Sie bezieht sich darauf, dass die Dinge leer von inhärenter Existenz sind, und das bedeutet eigentlich, dass die Dinge in Abhängigkeit von Ursachen und Bedingungen entstehen. Daher ist es falsch, zu behaupten, dass man sich nach Belieben auf alle möglichen Handlungen einlassen könne, weil die Dinge ja leer seien.

Drom-tön-pa sagte einmal jemandem, seine Hand sei dem Wesen nach leer und Feuer sei gleichfalls dem Wesen nach leer. Das bedeute aber nicht, dass seine Hand nicht brennen würde, wenn er sie ins Feuer legte. Das zeigt, dass sowohl die Hand als auch das Feuer existieren, da ja unsere Hand brennt, wenn wir sie ins Feuer legen. Aber dieses Existieren hängt wesensgemäß von vielen Faktoren ab. Wenn wir Leerheit im Sinne abhängigen Existierens begreifen, wird sie wirkungsvoll sein und uns dazu anregen, das Gesetz von Ursache und Wirkung strikter zu beachten.

Wenn man Unterweisungen über Leerheit geeigneten Empfängern erteilt, wird ihr Verständnis von Leerheit ihr Verständnis der gesetzmäßigen Art, nach der die Dinge in Abhängigkeit von Ursachen und Bedingungen entstehen, vervollkommnen. Infolgedessen werden sie erkennen, dass sie, um ihr Verstehen von Leerheit in künftigen Lebenszeiten weiterführen zu können, ebendie Ursachen und Wirkungen werden ansammeln müssen, die erforderlich sind, um eine günstige Wiedergeburt zu erhalten. Daher werden sie reine Sittlichkeit wahren und sich eifrig um Freigebigkeit, Geduld und so fort bemühen. Auf diese Weise wird ihr Verständnis von Leerheit ihr Vorankommen auf dem Pfad zur Erleuchtung fördern und steigern.

Im Hinblick darauf, zu welchem Zeitpunkt es angemessen ist, zu erläutern, wie man sich im endgültigen Erleuchtungsgeist schult, heißt es im Text:

> Vermittelt die geheime Lehre,
> wenn Festigkeit erlangt wurde.

Es gibt zweierlei Übende. Die einen schulen sich zuerst im Verständnis von Leerheit und entfalten dann den konventionellen Erleuchtungsgeist. Die anderen entwickeln zuerst Mitgefühl und den konventionellen Erleuchtungsgeist[109]; dies führt schließlich zur Realisierung von Leerheit. Die hier erläuterte Tradition folgt der zweiten Vorgehensweise. Zuerst denkt man über den Wert des Lebens als freier und glücksbegünstigter Mensch und über Tod und Vergänglichkeit nach. Diese Überlegungen schaffen die Perspektive, die uns dazu bewegt, tatsächlich mit vollem Einsatz das Entwickeln des Erleuchtungsgeistes zu üben. Sobald wir in der Ausübung dieses Pfades einmal innere Festigkeit gewonnen haben, wird uns die Bedeutung von Leerheit oder endgültiger Wahrheit erklärt.

Zunächst ist es wichtig, ein solides Verständnis der unterschiedlichen Aspekte der konventionellen Existenz, also der nominellen, augenscheinlich verbürgten Seinsweise der Dinge zu gewinnen. Dann erforschen wir, inwiefern all diese Dinge, die konventionell existieren, keine inhärente Existenz haben, sondern nur durch äußere Festlegung existieren, und das bedeutet: Wir können uns darüber klar werden, dass die Dinge zwei komplementäre Seiten haben. Die eine Seite ist Leerheit oder der Mangel an inhärenter Existenz, und die zweite ist ihr Abhängigsein von anderen Faktoren. Wenn wir davon sprechen, dass etwas durch äußere Festlegung existiert, dann behaupten wir gegen die Ansicht, die auf seiner absoluten Nicht-Existenz besteht, dass es durchaus existiert, ihm aber seine Existenz durch Benennungen und Gedankentätigkeit nur äußerlich beigelegt ist. Die betreffenden Verse aus dem Text zur Geistesschulung lauten:

> Betrachtet alle Phänomene gleichsam als Träume,
> erforscht das Wesen des nicht-geborenen
> Gewahrseins.
> Das Heilmittel selbst wird seinerseits befreit,
> gebt der Essenz des Pfades ihren Platz
> im Wesen der Grundlage von allem.[110]

Alle Phänomene gleichen einem Traum, denn sie sind insofern trügerisch, als sie keine wahre Existenz besitzen. Das endgültige Wesen des Bewusstseins - des Gewahrseins, das nicht-geboren ist - zu analysieren bedeutet zu lernen, dass die Weisheit, die die Leerheit begreift, ebenfalls keine inhärente Existenz hat. Wenn man sein Wesen analysiert, hat der Geist des empirischen Subjekts gleichfalls keine inhärente Existenz.

Denkt man in dieser Weise darüber nach, dann erläutert der erste Vers, dass Gegenständen oder äußeren Phänomenen die inhärente Existenz fehlt. Der zweite Vers erläutert, dass dem empirischen Subjekt, dem individuellen Bewusstsein oder den inneren Phänomenen die inhärente Existenz fehlt. Der kontinuierliche Strom des Geistes stammt aus anfangsloser Zeit und wird nicht durch von außen hinzukommende Ursachen und Bedingungen hervorgerufen. Daher wird er als nicht-geboren bezeichnet. Weil er jedoch eine kontinuierliche Abfolge aus einzelnen Momenten ist, ist dieser Geist gleichfalls ohne inhärente Existenz. Der dritte Vers erläutert, dass der Beobachter oder die untersuchende Person gleichfalls ohne inhärente Existenz ist. Dies wird manchmal als das Leersein der Leerheit umschrieben. Die Verwirklichung von Leerheit ist das Gegenmittel gegen die falsche Auffassung von einem Selbst. Auch diese Leerheit wird gewissermaßen wiederum selber befreit, denn erforscht man sie eingehender, dann hat sie ebenfalls keine inhärente Existenz. Weil man sehr leicht Gefahr läuft, Leerheit für ewig, absolut und wahrhaft existierend zu halten, hat der Buddha nachdrücklich hervorgehoben, dass man auch sie als leer, gekennzeichnet durch den Mangel an inhärenter Existenz, auffassen sollte.

Diese ersten drei Verse erläutern, wie man analytisch meditiert. Der letzte Vers erklärt, dass man, wenn man auf diese Weise analytisch vorgeht, letztlich nichts wird finden können, das unabhängige oder inhärente Existenz hat. Und da man sie nun einfach nicht finden kann, sollte man einsgerichtet, unbehindert von Erschlaffung und Erregung[111], über ebendieses Fehlen inhärenter Existenz meditieren. Nachdem man durch Analysieren ein Verständnis dieses Fehlens erreicht hat, lässt man den Geist unabgelenkt auf dem verweilen, was man verstanden hat, um es so voll in sich aufzunehmen. Wenn man analytisch vorgeht und dabei keine inhärente Existenz finden kann, bedeutet das nicht, dass die Dinge überhaupt nicht existieren, sondern dass sie keinerlei unabhängige Existenz haben. Die Dinge existieren in Abhängigkeit von anderen Dingen.

Man kann entweder auf jemanden angewiesen sein oder nicht. Die beiden Vorstellungen schließen sich wechselseitig aus und sind einander entgegengesetzt. Früher dachten wir aufgrund einer falschen Auffassung, die Dinge existierten unabhängig. Aber wenn wir das strittige Problem gründlich erforschen und nach unabhängiger oder inhärenter Existenz suchen, können wir sie einfach nicht finden. Die Dinge existieren durchaus, weil wir in Bezug auf sie Glück und Leid erfahren. Nun können wir aber in gründlicher Analyse ihre inhärente Existenz nicht feststellen; also ist ihre Existenz offensichtlich von anderen Faktoren abhängig. Folglich haben die Dinge keine unabhängige Existenz.

Wenn wir durch dieses Verfahren die unabhängige Existenz verneinen können, werden wir einen klaren Begriff vom völligen Fehlen inhärenter Existenz gewinnen. An diesem Punkt beschäftigen wir uns nicht mit weiteren analytischen Überlegungen, sondern meditieren einfach einsgerichtet über das, was wir begriffen haben. Selbstverständlich heißt das nicht unbedingt, dass wir nie mehr Analysen betreiben werden. Aber hier liegt, wie ich meine, der Nachdruck mehr auf dem einsgerichteten Gesammeltsein als auf dem Analysieren.

Anschließend erklärt der Text, wie man die Praxis nach der Meditationssitzung fortsetzen soll:

> Seid zwischen Meditationssitzungen wie
> ein Magier, in Schöpfer von Trugbildern.

Damit ist die kurze Erläuterung des Bedeutungsgehalts der Verse in den »Sieben Punkten der Geistesschulung« abgeschlossen. Der Verfasser unseres Textes[112] geht jedoch zu einer ausführlicheren Erläuterung über. Zu diesem Zweck zieht er die Überlieferung der großen indischen spirituellen Lehrer wie etwa Nagarjuna, Aryaveda und Chandrakirti zurate. Auch der tibetische Meister Tsong-kha-pa verfuhr so. Zuerst müssen wir die Bedeutung von Unwissenheit bestimmen; diese ist die Wurzel des Existenzkreislaufs. Danach werden wir die Bedeutung von Selbstlosigkeit ermitteln. In derartigen Unterweisungen stoßen wir immer wieder auf das Wort *Unwissenheit*. Normalerweise bedeutet *Unwissenheit* einen Mangel an Wissen, an Kenntnissen; darum gibt es unterschiedliche Klassen von Unwissenheit. Innerhalb des Prozesses, der als die Verkettung der zwölf Bindeglieder des abhängigen Entstehens bekannt ist[113], nimmt Unwissenheit die erste Stelle ein. Das bedeutet: Liegt die Unwissenheit vor, dann werden sich die restlichen Bindeglieder im Prozess des abhängigen Entstehens verketten. Und demzufolge wird man im Kreislauf von Geburt und Tod wieder geboren werden.

Was ist nun diese Unwissenheit? Sie ist der gegensinnig wirkende, mit Bewusstsein oder Wissen unvereinbare Faktor. Sie ist nicht einfach etwas anderes als Bewusstsein, und sie ist nicht das bloße Fehlen von Bewusstsein. Sie ist das völlige Gegenteil von Bewusstsein oder Wissen, wobei mit Bewusstsein hier speziell die Weisheit gemeint ist, die begreift, dass es kein Selbst, keine unabhängige Existenz gibt. Unwissenheit ist in zweierlei Hinsicht durch die falsche Auffassung von einem Selbst bestimmt, nämlich in Bezug auf Personen und in Bezug auf Phänomene. Wir unterscheiden zwischen Personen und Phänomenen, weil die Person die Instanz ist, die genießt[114] oder beobachtet. Alle mit der Person verbundenen Besitztümer und sonstigen Gegenstände sind Phänomene. Die Person ist es, die Befreiung erringen und Glück genießen will. Wegen der Unwissenheit oder der uns beherrschenden falschen Auffassung von einem Selbst greifen wir zunächst begierig die Idee auf, wir besäßen ein inhärent existierendes Selbst. Dann identifizieren wir unsere Habe als »meine« oder »mir gehörig«. In Bezug auf Personen ist das konventionelle »Ich« der Gegenstand der falschen Auffassung von einem Selbst. Und in Bezug auf Phänomene sind konventionelle Erscheinungen aller Art der Gegenstand der falschen Auffassung von einem Selbst. Die

Unwissenheit übersteigert diese Gegenstände, indem sie Personen und Erscheinungen als unabhängig oder inhärent existierend ansieht.

Um Selbstlosigkeit zustande bringen zu können, müssen wir diese Übersteigerungen negieren. Aber gerade beim Identifizieren dessen, was wir zu negieren suchen, müssen wir achtgeben. Wenn wir zwischen wahrer Existenz und konventioneller Existenz keinen Unterschied machen, werden wir zu weit gehen und die Existenz im Ganzen verneinen. Wir werden dann niemals die konkret greifbare Existenz von Personen und Phänomenen behaupten können. Also werden wir die Existenz des Pfades und den sich daraus ergebenden voll erwachten Zustand des Buddhas nicht dartun können. Wir werden auch die Unfehlbarkeit des Prinzips von Ursache und Wirkung nicht rechtfertigen können.

Andererseits sollten wir freilich nicht unterschätzen, was zu verneinen ist. Das heißt, wir sollten nicht zu wenig verneinen. Alle buddhistischen Schulen akzeptieren die zentrale Unterweisung, die als die vier Siegel bekannt ist. Der Buddha lehrte erstens, dass alle zusammengesetzten Phänomene momentan und vergänglich sind: Alles und jedes hängt von anderen Faktoren ab. Zweitens sind alle verunreinigten Dinge leiderfüllt. Das bedeutet nicht, dass wir uns einfach dem Leid fügen müssen; denn das dritte Siegel beinhaltet, dass alle Phänomene selbstlos sind. Sie sind leer, ohne inhärente Existenz; sie haben keine wahre Existenz. Obwohl dies ihr wahres Wesen ist, sehen wir die Phänomene aufgrund unserer falschen Auffassungen als unabhängig existierend an. Wenn wir dies begreifen, werden wir den Pfad zur Befreiung oder den Weg aus dem Existenzkreislauf finden können. Das vierte Siegel sagt aus, dass Nirwana oder Befreiung Frieden ist. Diese vier Punkte fassen tatsächlich die Unterweisungen des Buddhas zusammen.

Je nachdem, wie Selbstlosigkeit begründet wird, gibt es auch Unterschiede in der Art, wie man sich die störenden Emotionen erklärt. Alle Schulen außer der von Chandrakirti[115] sagen, dass Unwissenheit die Wurzel des Existenzkreislaufs ist. Aber sie definieren sie als durch den Verstand erworbene Unwissenheit, was bedeutet, dass sie das Ergebnis irriger philosophischer Ideen ist. Derartige falsche Auffassungen beeinflussen jedoch nur Menschen, die philosophische Studien betrieben haben. Angenommen, es verhielte sich so - wie könnten wir uns dann das Vorhandensein von Wesen im Existenzkreislauf erklären, deren Geist nicht durch philosophische Studien beeinflusst ist?

Der große indische Lehrer Chandrakirti stellte diese Position infrage. Er widerlegte die Ansicht, dass die Unwissenheit am Ausgangspunkt des Existenzkreislaufs allein auf Philosophie beruhe, denn eine solche Unwissenheit entdeckt man sogar in Tieren, und die haben keine Möglichkeit, Studien zu betreiben. Er sagte, man könne erkennen, dass Tiere einen deutlichen Bezug zur falschen Auffassung eines »Ich« haben. Schränkt man das zu verneinende Objekt auf durch den Verstand erworbene Unwissenheit ein, dann wird es zu eng umrissen sein und die Befreiung wird nicht stattfinden. Nach Chandrakirti ist die Unwissenheit am Ausgangspunkt des Existenzkreislaufs angeboren.

Gemäß der dem Mittleren Weg verpflichteten Schule von Chandrakirti haben die Dinge zwar eine relative oder konventionelle Existenz, aber es ist keineswegs unumstößlich, dass man bei eingehender Analyse auch feststellen müsste: Sie existieren wahrhaftig. Wenn man also, dieser Interpretation zufolge, ein Phänomen einer derartigen Analyse unterzieht, kann man nicht feststellen, dass es aus eigener Kraft existiert. Weil man nicht feststellen kann, dass es aus sich heraus Bestand hat, ergibt sich der logische Schluss, dass die Dinge in Abhängigkeit von anderen Ursachen und Voraussetzungen entstehen. Deswegen heißt es, den Phänomenen sei ihre konkret greifbare Existenz durch Benennungen und Gedankentätigkeit beigelegt. Das bedeutet nicht, dass unser Geist alles fabrizieren kann, was ihm gefällt, dass er alles Erdenkliche hervorbringen kann wie ein Magier. Das Leersein von inhärenter Existenz ist gleichbedeutend mit Existieren in Abhängigkeit von anderen Faktoren; und abhängiges Entstehen ist gleichbedeutend mit Leersein. Daher hat Nagarjuna gesagt, dass die herrlichste Übung darin besteht, um das wesenhafte Leersein aller Phänomene zu wissen und auf die gesetzmäßige Verknüpfung von Handlungen und ihren Folgen zu vertrauen.

Dieser Erläuterung nach erfasst die falsche Auffassung von einem Selbst ihren Gegenstand folgendermaßen: Ob nun der Gegenstand eine Person oder eine materielle Gegebenheit ist – betrachtet man diesen Gegenstand nicht als bloß durch die Geistestätigkeit festgelegt, sondern so, als habe er objektive Existenz, dann ist dies das zu verneinende Objekt. In Bezug auf Personen nennt man das Fehlen einer solchen Existenz die Selbstlosigkeit der Person, und in Bezug auf den Körper und andere materielle Gegebenheiten nennt man das Fehlen einer solchen Existenz die Selbstlosigkeit der Phänomene. Das Selbst ist etwas, das inhärente Existenz hat und mithin nicht von anderem abhängt. Sein Fehlen ist Selbstlosigkeit. Und

Selbstlosigkeit gliedert sich in zwei Arten: die Selbstlosigkeit von Personen und die Selbstlosigkeit von Phänomenen.

Um die Konzeption zu verstehen, der zufolge die Phänomene festgelegt - durch bloße Benennungen und Begriffe bedingt - sind, können wir uns das Beispiel vom Seil und der Schlange anschauen. Wenn man bei Einbruch der Dunkelheit ein aufgerolltes Seil sieht, dann könnte man es womöglich mit einer Schlange verwechseln. Infolgedessen bekommt man große Angst. Es ist zwar gar keine Schlange da, aber man hält das aufgerollte Seil wegen seiner Form und Farbe im frühnächtlichen Zwielicht und aufgrund eigener falscher Auffassungen für eine Schlange und fürchtet sich. Wenn man sich der Seilrolle nähert, wird man feststellen, dass sie in Form, Farbe und sonstigen Eigenschaften nicht das Mindeste von einer Schlange an sich hat; man kann einfach keine Schlange in der Seilrolle entdecken. Ähnlich verhält es sich, wenn wir zu analysieren versuchen, wer wir wirklich sind: Wir nennen uns zwar Soundso - versuchen wir aber, diese Person in unserer Ansammlung physischer und geistiger Komponenten[116] ausfindig zu machen, dann werden wir sie einfach nicht entdecken können. Geradeso wie die Schlange nicht in jener Seilrolle existiert, existieren die Phänomene auch nicht eigenständig, »da draußen« in den Objekten selber.

Wir irren uns in unserer gedanklich-begrifflichen Festlegung, wenn wir das aufgerollte Seil fälschlicherweise als Schlange wahrnehmen; wir werden einfach keine Schlange entdecken können, wenn wir auf der Grundlage dieser Bezeichnung danach suchen. Ähnlich verhält es sich im Hinblick auf Individuen: Wir mögen ja von einer Person reden und von dem, was alles zu ihr oder ihm gehört, aber wenn wir nach der wirklichen Person suchen, finden wir sie nicht. Und doch, wenn wir den Namen dieser Person nennen, sei er nun tibetisch, indisch oder englisch, dann wird dabei eine Zuordnung zu etwas hergestellt. Aber wenn wir analysierend nach ihr suchen und uns dabei nicht bloß mit der Bezeichnung und dem Begriff zufriedengeben, werden wir nichts finden.

Dies zeigt, dass nichts eigenständig existiert. Aber das ist kein Hinweis darauf, dass die Dinge überhaupt nicht existieren, denn wir können uns ja auf sie beziehen. Da sie nur auf konventioneller oder relativer Ebene existieren, können wir lediglich behaupten, dass sie durch gedanklich-begriffliche Festlegung existieren. Nachdem wir auf der Grundlage des aufgerollten Seils irrtümlich eine Schlange wahrgenommen haben, suchen wir in dem aufgerollten Seil nach einem Schlangenaspekt, finden aber keinen - nicht in der Summe aller Teile des Seils, nicht im zusammenhängenden, eigentlichen Seil selbst und nicht einmal in einem einzelnen Teil des Seils.

Die dem aufgerollten Seil gedanklich-begrifflich zugeschriebene Schlange existiert nicht. Das Selbst, das auf der Basis der gesamten physischen und geistigen Komponenten der Person postuliert wird, existiert jedoch durchaus. Daher existieren die Dinge nicht lediglich deswegen, weil sie mental erzeugt werden. Somit stellt sich die Frage: Wie kommt es, dass die Schlange existiert, wenn wir die Bezeichnung *Schlange* auf der Basis des Schlangenkörpers als gültig postulieren, dass sie aber nicht existiert, wenn wir die Bezeichnung auf ein aufgerolltes Seil anwenden? Wodurch unterscheiden sich die beiden Fälle? Der Unterschied besteht darin: Wenn die Bezeichnung auf der Basis des Schlangenkörpers als gültig postuliert wird, dann entspricht sie der Konvention, und somit existiert die Schlange auf konventioneller Ebene. Wenn die Bezeichnung Schlange auf der Basis eines aufgerollten Seils angewendet wird, dann wird ihre Geltung nicht einmal konventionell akzeptiert. Wenn wir folglich vom »Ich« oder Selbst sprechen, können wir jedes beliebige Phänomen durchforschen - es findet sich im Bereich des Gegenständlichen keine substanzielle Wesenheit. Die Phänomene sind von anderen Ursachen und Bedingungen abhängig; daher existieren sie nicht aus eigener Kraft. Sie haben keine inhärente Existenz. Mit anderen Worten: Es gibt keine Selbst-Existenz.

Sei es nun der Buddha, ein empfindendes Wesen oder ein Haus oder was auch immer - wenn wir unter seinen Einzelteilen nach ihm suchen, finden wir es nicht. Dies zeigt, dass die Dinge nur in Abhängigkeit von Benennungen und Begriffen existieren. Wenn wir darüber nachgedacht haben und es schließlich einigermaßen begreifen, sollten wir dieses Verständnis auf unsere eigene Erfahrung beziehen. Dann sollten wir genau verfolgen, wie uns die Dinge vorkommen. Sie erwecken den Anschein, als wären sie nicht durch unsere Benennungen und Begriffe festgelegt, sondern als hätten sie ganz eigenständig einen inhärenten, nicht-bedingten Status. Das macht die Diskrepanz deutlich, die zwischen der Art, wie uns die Dinge erscheinen, und der Art, wie sie in Wirklichkeit existieren, besteht. Denken wir darüber zunächst in der Form nach, dass wir das zu verneinende Objekt identifizieren, nämlich das eigenständige Existieren jeglichen Objekts. Denken wir dann darüber nach, auf welche Weise die Dinge tatsächlich für uns existieren, nämlich in Abhängigkeit von bloßen Benennungen und Begriffen.

Von der Form[117] an bis hinauf zum Wesen des Buddhas existieren die Dinge, indem sie von anderen Ursachen und Bedingungen abhängen. Daher fehlt jedem Phänomen die inhärente Existenz. Selbst die Leerheit hat keine unabhängige Existenz, daher sprechen wir vom Leersein der Leerheit. Alle Phänomene sind frei von inhärenter Existenz. Dass etwas inhärente Existenz hat, dass etwas kraft seines eigenen Wesens oder aus sich selbst Existenz hat, dass etwas endgültige Existenz hat, dass etwas wahre Existenz hat und dass etwas wirkliche Existenz hat, bedeutet dementsprechend immer dasselbe. Das sind alles zu verneinende Objekte.

Wenn wir über die Bedeutung von Selbstlosigkeit meditieren, sollten wir erforschen, wie die angeborene falsche Auffassung von einem Selbst in unserem Geist entsteht. Es geht hier in erster Linie um die angeborene falsche Auffassung und weniger um falsche Auffassungen, die durch das Studium irregeleiteter Philosophie hervorgerufen werden. Wollen wir ein solides Verständnis gewinnen, dann müssen wir uns auf einen spirituellen Lehrer stützen. Um nun unser angeborenes Selbst-Gefühl zu erforschen, müssen wir gut aufpassen. Wenn uns bisweilen jemand mit scharfen Worten zurechtweist oder beleidigt oder beschuldigt, bringt uns das aus der Fassung. »Wie kann er so was sagen!« - so reagieren wir innerlich. Zu diesem Zeitpunkt wird unvermutet unser Selbst auf den Plan treten. In ähnlicher Weise wird dieses angeborene Selbst auftauchen, wenn wir starke Regungen von begehrlichem Anhaften oder Wut verspüren. Das bedeutet freilich nicht, dass das angeborene Selbst-Gefühl nur in solchen Momenten auftritt; wir sind meistens darin befangen. Aber man kann es in solchen Momenten leichter zu fassen bekommen.

Entscheidend ist hier, dass wir darauf achtgeben, wie dieses angeborene Selbst-Gefühl in unserer eigenen Erfahrung auftaucht. Zeiten starken Anhaftens, Stolzes oder Unwillens sind dazu besonders geeignet. Ein weiteres mögliches Vorgehen besteht darin, einen Text zu studieren, der das Wesen des Selbst und der Selbstlosigkeit erläutert; das gibt uns dann die Grundlage für eine eingehende Analyse. Wenn wir das Wesen des Selbst auf diese Weise erforschen, werden wir zu der Überzeugung kommen, dass es unauffindbar ist. Die Tatsache, dass wir es nicht finden können, ist kein Indiz für seine absolute Nicht-Existenz, weil wir aus eigener Erfahrung wissen, dass es konventionell existiert. Wenn wir uns einigermaßen darüber klar geworden sind, wie die Dinge existieren - dass ihr Sein durch Benennung und Gedankentätigkeit äußerlich festgelegt ist -, sollten wir wieder genau verfolgen, wie uns die Dinge normalerweise erscheinen. Indem wir das so gewonnene Verständnis mit unserem Erleben vergleichen, werden wir uns ein wahrheitsgetreueres Bild vom Wesen der Phänomene machen können - dass die Dinge nicht unabhängig, sondern in Abhängigkeit von Ursachen und Bedingungen entstehen.

Normalerweise erscheint uns alles mithilfe unseres Sinnesbewusstseins oder unseres intellektuellen Bewusstseins[118]. Und alles hat dem Anschein nach seine eigene unabhängige Existenz. Indem wir jedoch Studien betreiben und unser eigenes Erleben genau beobachten, können wir schrittweise die Bedeutung von Selbstlosigkeit begreifen lernen. Danach werden sorgfältiges Studium und das eigene Erleben, wie die Dinge erscheinen, die Einsicht verstärken, dass die Dinge nicht unabhängig entstehen. Es ist zweifellos wichtig, zu studieren, was in Büchern erläutert wird, aber ebenso muss man analysierend beurteilen, wie einem die Dinge im normalen täglichen Leben erscheinen.

Inwiefern fungiert nun diese Unwissenheit als Wurzel des Existenzkreislaufs? Die angeborene Vorstellung von einem inhärent existierenden Selbst führt zu der Vorstellung von Habe, die man jeweils als »meine« oder »mir gehörig« identifiziert. Dies wiederum ruft begehrliches Anhaften hervor und veranlasst uns somit, uns auf negative Handlungen einzulassen, die dann ihrerseits die Wiedergeburt im Existenzkreislauf bewirken. Die Wiedergeburt ist von karmischen Handlungen abhängig, die selber durch störende Emotionen ausgelöst werden. Um ein Beispiel zu geben: Die Selbst-Befangenheit im gewöhnlichen Verlangen nach »meinem Glück« hindert uns daran, die Fehler einer solchen Einstellung zu erkennen. Daher fungiert unsere angeborene Neigung, das »Ich« und das »Meine« für inhärent existierend zu halten, als Wurzel des Existenzkreislaufs.

Um die falsche Auffassung von einem Selbst zu beseitigen, müssen wir der Anschauung von Selbstlosigkeit Geltung verschaffen. Dies erreichen wir dadurch, dass wir verstehen, wie die Unwissenheit ihren Gegenstand erfasst, und zu der Überzeugung kommen, dass der Gegenstand eines solchen irrigen Erfassens nicht existiert. Indem wir unseren Geist mit diesem Verständnis vertraut machen, werden wir die falsche Auffassung von einem Selbst beseitigen können. Wenn wir die Nicht-Existenz des Gegenstands der Unwissenheit nicht klar erkennen, werden wir die falsche Auffassung von einem Selbst nicht im Kern beseitigen können. Die Saat oder Wurzel des Kreislaufs von Geburt und Tod ist Unwissenheit, die sich eine Vorstellung von wahrer Existenz macht. Nur indem wir diese durch die Realisierung von Leerheit zerstreuen, werden wir eine Wiedergeburt in den Existenzkreislauf hinein verhindern können.

Wenn wir von Arbeitsüberlastung erschöpft sind, ruhen wir uns aus. Das hilft zwar vorübergehend, löst aber das reale Problem nicht tatsächlich. Zur Bewältigung des Problems ist es erforderlich, sich damit auseinanderzusetzen und es tatsächlich zu lösen. In ähnlicher Weise lässt sich Unwissenheit nicht dadurch entfernen, dass man einfach seinen Geist abschaltet, wie dies manche Verfechter der nicht-begrifflichen Meditation nahelegen. Wir müssen vielmehr über die Weisheit meditieren, die die Leerheit begreift. Meditieren wir über etwas anderes, wird unsere Meditation nichts ausrichten.

Nur indem wir uns ständig damit vertraut machen, analytisch die inhärente Existenz zu verneinen, werden wir Leerheit realisieren und Unwissenheit untergraben können. Die bloße Überlegung, dass die Dinge von Natur aus leer sind und keine inhärente Existenz haben, wird nicht helfen, Unwissenheit zu beseitigen.

Setzen wir aber jede Art von begrifflicher Erfahrung mit Unwissenheit gleich, dann besagt dies, dass jede bewusste Erfahrung letztlich nichts anderes ist als Unwissenheit, die das wahre Wesen der Phänomene falsch versteht. Das ist nicht der Fall, denn das begriffliche Denken, das eine Person als Person begreift, ist stichhaltig, wohingegen das begriffliche Denken, das jemanden, den man im Traum gesehen hat, als Person begreift, irrig ist. Diese beiden Bewusstseinsvarianten haben zwar den Mangel an wahrer Existenz miteinander gemein, aber es ist wichtig, zwischen beiden scharf zu unterscheiden. Das eine ist eine stichhaltige Erfahrung, und das andere ist unhaltbar. In ähnlicher Weise sind der Buddha, empfindende Wesen, der

Existenzkreislauf und der Zustand jenseits allen Kummers[119] insofern dasselbe, als sie keine inhärente Existenz haben. Und doch müssen wir fähig sein, jeweils scharf zwischen dem zu unterscheiden, was anzustreben, und dem, was aufzugeben oder zu vermeiden ist.

Wie ist die Anschauung der Selbstlosigkeit zu begründen? Das Selbst von Personen und das Selbst von Phänomenen - beide sind zu verneinende Objekte, die sich im Hinblick auf Subtilität nicht unterscheiden. Da es aber zwischen dem Wesen von Personen und dem von Phänomenen einen gewissen Subtilitätsunterschied gibt, soll die Selbstlosigkeit von Personen leichter realisierbar sein[120].

Um die Selbstlosigkeit von Personen nachzuweisen, müssen wir zunächst verstehen, was mit Selbst oder Person gemeint ist. Da gibt es - den verschiedenen Schulen buddhistischen Denkens entsprechend - unterschiedliche Auffassungen. Der eigentliche Gegenstand der Vorstellung von einem Selbst ist das »Ich«. Das ist etwas, das konventionell existiert, als ein gedanklich-begrifflich festgelegtes Phänomen, das auf der Basis der physischen und geistigen Komponenten seine Bezeichnung erhält. Chandrakirti zufolge könnte kein einziger Bestandteil aus der Gesamtheit physischer und geistiger Komponenten die Person sein. Er sagt, dass wir in Bezug auf unsere physischen und geistigen Komponenten ein »Ich«-Gefühl erzeugen, aber keine von ihnen als »Ich« ansehen. Wir halten sie für etwas »Meiniges«, eng zu uns Gehöriges. Wir sehen zum Beispiel unsere Beine an und sagen: »Das sind meine Beine.« Wir identifizieren uns nicht vollständig mit unseren Beinen oder unserem Denken oder irgendeiner anderen unserer physischen und geistigen Komponenten.

Von diesen Beispielen ausgehend, gelangen wir zu dem Verständnis, dass die Person die bloße Bezeichnung ist, die jeweils auf der Basis der physischen und geistigen Komponenten festgelegt wird. Die physische Beschaffenheit der Person setzt sich aus all diesen verschiedenen Elementen zusammen, die jedes für sich nicht die Person sind. Auch die Summe dieser physischen und geistigen Komponenten ist nicht die Person. Und doch gibt es keine Person, die nicht mit diesen Komponenten verknüpft, von ihnen getrennt ist. Daher existiert die Person bloß als Bezeichnung oder gedanklich-begriffliche Festlegung[121].

Wenn wir eindeutig erkennen, wie das Selbst oder die Person als Bezeichnung oder gedanklich-begriffliche Festlegung existiert, dann wird offenkundig, dass keine unabhängige oder inhärente Existenz vorhanden ist. Ebendies ist mit dem Nachweisen der Selbstlosigkeit von Personen gemeint. Und darum heißt es: Je tiefer man begreift, inwiefern die Dinge bloß als Bezeichnungen und gedanklich-begriffliche Festlegungen postuliert sind, desto tiefer begreift man Leerheit.

Es gibt zwei Methoden, die Selbstlosigkeit der Person darzulegen - indem man zeigt, dass es kein inhärent existierendes »Ich« gibt und indem man zeigt, dass nichts inhärent als »mir gehörig« oder »meines« existiert. Das letztgültige Wesen des Selbst ist ein Phänomen, das wir nicht unmittelbar erfahren können. Generell gliedern sich die Phänomene in verschiedene Klassen. Manche sind sehr auffällig und können direkt wahrgenommen werden. Man braucht sie nicht logisch zu beweisen. Andere Phänomenklassen entziehen sich unserer unmittelbaren Erfahrung. Um sie zu gewahren, müssen wir uns auf eine Art logischer Beweisführung verlassen. Leerheit fällt unter diese Kategorie; sie ist etwas, dem man sich mittels logischer Beweisführung nähern muss. Beschränkt sich unser Begreifen der Selbstlosigkeit darauf, nur zu glauben, was der Buddha sagte - also auf seine bloßen Worte -, dann wird das kein richtiges Verständnis sein.

Um nachzuweisen, dass das »Ich« keine inhärente Existenz hat, erforschen wir zuerst unseren eigenen Geist und stellen fest, auf welche Weise die angeborene Auffassung von einem Selbst ihren Gegenstand erfasst. Dafür gibt es zwei Methoden: analytische Meditation und einsgerichtete Meditation. Die analytische Meditation, mit der wir hier beschäftigt sind, führt man durch, indem man verschiedene logische Operationen vornimmt. Existiert das »Ich« so, wie wir es gewöhnlich identifizieren, als inhärent existierend, dann muss es entweder mit unseren physischen und geistigen Komponenten eins sein oder von ihnen getrennt sein. Es gibt nur diese zwei Möglichkeiten und keine weitere, dazwischen liegende Alternative.

Hätte das »Ich« eine unabhängige Existenz, dann könnte es nicht von den physischen und geistigen Komponenten der Person abhängig sein. Entweder sind die physischen und geistigen Komponenten selbst das »Ich«, oder das »Ich« hat zu ihnen keinerlei Beziehung. Sind die physischen und geistigen Komponenten das »Ich«, dann wird sich, wenn sie sich im Tod auflösen, auch das »Ich« auflösen. Dementsprechend gilt: Genauso wie eine Person ihren Körper zurücklässt, wenn sie stirbt, wird auch das »Ich« aufgegeben werden.

Und außerdem: Wäre das »Ich« mit den physischen und geistigen Komponenten wahrhaft eins, dann würden in einer Einzelperson viele Selbst-Varianten stecken, da ja viele Komponenten vorhanden sind.

Bestünde zwischen dem Selbst oder »Ich« dieses Lebens und dem des nächsten Lebens keinerlei Beziehung, dann würden sie nicht zum selben Kontinuum gehören. Die von der Person in diesem Leben vollbrachten heilsamen Taten würden sich nicht auf den kontinuierlichen Zusammenhang ihres nächsten Lebens auswirken. Was immer der Person im nächsten Leben widerfährt - es wäre in diesem Fall ohne Ursache oder Bedingung, denn sie hätte die Erfahrungen nicht selbst hervorgerufen, da sie ja mit der Person des vorherigen Lebens nicht verknüpft ist. Auf diese Weise können wir erkennen, wie verfehlt es ist, die Ansicht zu vertreten, die Person sei entweder wahrhaft eins mit ihren oder seinen physischen und geistigen Komponenten oder aber davon getrennt. Diese Realisierung führt zu der Einsicht, dass es keine inhärent existierende, wahrhaft existierende oder nicht-bedingte Person gibt. Wenn wir dies ermittelt haben, ist uns die Selbstlosigkeit der Person aufgegangen.

Als Nächstes können wir nachweisen, dass das »Mein« oder »Meinige« keine inhärente Existenz hat. Widerlegt man die Existenz eines inhärenten oder nicht-bedingten Selbst, so kommt man auch zu der Einsicht, dass das, was es besitzt und was zu ihm gehört, gleichfalls keine inhärente Existenz hat. Es ist nicht notwendig, dazu große Überlegungen anzustellen. Denn wie Nagarjuna es treffend formulierte: »Wenn das Selbst nicht (inhärent) existiert, wie könnte dann das ›Mein‹ existieren?« In ähnlicher Weise können wir, nachdem wir in Bezug auf uns selbst das Fehlen eines inhärent existierenden »Ich« nachgewiesen haben, die logische Analyse auf andere Personen ausdehnen, um auch deren Selbstlosigkeit einzusehen.

Die Selbstlosigkeit der Phänomene weist man nach, indem man das zu verneinende Objekt nach etwa der gleichen Methode identifiziert, wie sie im Hinblick auf die Selbstlosigkeit von Personen erläutert wurde. Wir wenden hier wieder die Beweisführung an, die das Fehlen von singulärem und mehrfachem Gegebensein aufdeckt. Wir verlagern jetzt einfach den Blickpunkt von der Person auf ein Phänomen wie etwa unseren Körper oder ein Buch und kommen gleichfalls zu dem Schluss, dass es letztendlich weder eines noch viele ist. Phänomene wie etwa die physischen und geistigen Komponenten einer Person sind frei davon, wahrhaft eines oder viele zu sein, weil sie aus Teilen bestehen. Daher haben sie keine autonome Existenz. In unserem physischen Körper haben wir innere Bauelemente, und in ähnlicher Weise hängen wir auch von äußeren Grundelementen ab[122]. Das Abhängigkeitsverhältnis zwischen ihnen ist leicht einzusehen. Alle Phänomene haben Teile, und es gibt kein Phänomen, das ohne Teil wäre. Hat etwas Gestalt, dann hat es Teile, da es sich in verschiedene Richtungen erstreckt. Ist es gestaltlos wie das Bewusstsein, dann sind seine Teile die vielen verschiedenen Momente seines kontinuierlichen Zusammenhangs.

Begreift man dies, so lässt sich der logische Beweis des abhängigen Entstehens leichter nachvollziehen. Die Phänomene haben zwar eine konventionelle, nominelle Existenz, aber wenn man analytisch vorgehend nach einem Phänomen sucht, wird man es einfach nicht finden können. Hierdurch können wir auch letztlich das abhängige Entstehen begreifen; es bedeutet, dass die Existenz der Dinge allein auf gedanklich-begrifflicher Festlegung beruht. Wenn man die Bedeutung des abhängigen Entstehens realisiert, wird man auch verstehen, dass die Dinge keine unabhängige Existenz haben. Existieren die Dinge unabhängig, dann können sie nicht in Abhängigkeit von anderem entstehen. Kein Phänomen entsteht in Abhängigkeit von anderem und hat zugleich unabhängige Existenz.

Abhängiges Entstehen liegt beispielsweise gut nachvollziehbar vor, wenn wir die Widerspiegelung unseres Gesichts in einem Spiegel sehen. Viele Ursachen und Bedingungen - wie etwa schon das Vorhandensein des Spiegels - müssen zusammenkommen, damit es möglich wird, dass wir unsere Widerspiegelung sehen. Wenn wir in den Spiegel blicken, sehen wir eine Widerspiegelung unseres Gesichts, doch wir wissen, dass dieses Spiegelbild nicht unser wirkliches Gesicht ist. Dementsprechend entstehen die Dinge in Abhängigkeit von Ursachen und Bedingungen, doch haben sie keine unabhängige Existenz.

Von all den vielfältigen Arten der Beweisführung, die zur Begründung von Leerheit angewendet werden, ist die wichtigste der logische Nachweis des abhängigen Entstehens. Wie wir bereits erörtert haben: Hegen wir schädliche Absichten gegen andere, dann wird das nur uns selber schaden. Und hegen wir fürsorgliche Gefühle für andere, dann wird das sowohl den anderen als auch uns selber helfen. Dies zeigt, dass zwischen Gesinnungen und ihren Folgen ein Verwandtschaftsverhältnis besteht. Ähnlich gilt auch: Infolge unseres weit in die Vergangenheit zurückreichenden, gewohnheitsmäßigen Umgangs mit der falschen Auffassung von einem Selbst und verschiedenen Arten störender Emotionen bekommen wir deren Auswirkungen innerhalb dieser Lebensspanne zu spüren. Auf solche Weise können wir das abhängige Entstehen durch unsere eigene Erfahrung begreifen lernen.

Da alle Phänomene nur in Abhängigkeit von anderen Faktoren existieren, können sie nicht unabhängig sein. Äußere Phänomene sind von ihren Teilen abhängig. Das Bewusstsein kann nur auf der Basis einer Summe von einzelnen Momenten in einem Kontinuum postuliert werden. Bestimmte Phänomene - wie etwa die Handlung und der Handelnde - können nur in Abhängigkeit voneinander postuliert werden. Elternteil und Kind bedingen einander auf dieselbe Weise. Jemand ist nur ein Elternteil, weil er oder sie Kinder hat, und nur in Bezug auf die Eltern wird jemand Tochter oder Sohn genannt. Wenn wir dies analysieren, werden wir beispielsweise einsehen, dass ein Mann nur dann zum Vater wird, wenn er ein Kind hat. Aber wir neigen dazu, anzunehmen, dass der Vater zuerst kommt. Sogar auf die Berufsbezeichnungen trifft dasselbe zu. Ein Schneider wird so wegen der Ausübung des Schneiderns genannt.

Wollen wir dieser Sache auf den Grund gehen und nach dem Wesenskern der Benennung suchen, dann finden wir nichts. Widersprüche und Frustrationen stellen sich ein, denn obwohl die Dinge nur als bloße Bezeichnungen und Zuschreibungen existieren, beziehen wir uns auf sie, als wären sie unabhängig und existierten in und durch sich selbst. Unabhängig sein oder abhängig sein - das ist ein Gegensatzpaar, dessen Glieder sich gegenseitig ausschließen. Es gibt keine dritte Möglichkeit. Da alles und jedes von Natur aus abhängig ist, kann es nicht unabhängig sein. Während das Selbst vorgibt, unabhängig zu sein, ist genau das Fehlen oder die Negation dieses unabhängigen Status Selbstlosigkeit oder Leerheit. Dringen wir in unserem Begreifen des abhängigen Entstehens bis zur subtilsten und tiefsten Stufe vor, dann werden wir ein Verständnis von Leerheit erreichen. Hat man keinen leeren Raum, dann kann man kein Gebäude errichten. Ähnlich verhält es sich mit den Phänomenen: Wären sie nicht von Natur aus leer, dann könnten sie nicht so viele unterschiedliche Eigenschaften besitzen. So kann das Verständnis des Leerseins von inhärenter Existenz das Verständnis des abhängigen Entstehens beflügeln. Und wenn man über das abhängige Entstehen nachdenkt, wird man automatisch und unmittelbar zu einem Verständnis von Leerheit gelangen.

Es ist richtig und angemessen, abhängiges Entstehen und Leersein von inhärenter Existenz zu erläutern, indem man beide an einem einzelnen Gegenstand demonstriert, sodass das Verständnis der Leerheit dieses Objekts das Verständnis seines abhängigen Entstehens vertieft. Verringert sich allerdings durch unser Verständnis der Leerheit unser Verständnis des abhängigen Entstehens, dann ist mit unserem Ansatz etwas nicht in Ordnung. Wenn unsere jeweiligen Einsichten über die beiden sich gegenseitig ergänzen und vertiefen, werden wir beide auf der Basis von nur einem einzigen Gegenstand begreifen können. Es heißt, sämtliche philosophischen Schulen seien sich darin einig, dass Erscheinungen das Extrem des Nihilismus zerstreuen und dass Leerheit das Extrem des Glaubens an ein Absolutes zerstreut.

Wenn wir über Leerheit meditieren, müssen wir zwei zerrüttende Faktoren vermeiden: die extremen Positionen des Glaubens an ein Absolutes und des Nihilismus. Die das abhängige Entstehen begründende Beweisführung ist speziell dadurch gekennzeichnet, dass sie die Kraft hat, diese beiden Extreme gleichzeitig zu zerstreuen. Im Text[123] heißt es, dass das Leersein von inhärenter Existenz alles durchdringt, beginnend bei der Form[124] bis hinauf zum voll erwachten Geist. Die so aufgefasste Leerheit ist kein bloßes philosophisches Postulat, noch ist sie eine nihilistische Anschauung, denn wenn man sie begreift, wird man zum Verständnis des abhängigen Entstehens gelangen. Sie ist ein Gegenstand der Weisheit, die das endgültige Wesen der Phänomene realisiert. Verwirklicht man sie, dann gelangt man dazu, die zwei Behinderungen auszuräumen - die störenden Emotionen und die Hindernisse für die Allwissenheit.

Wie führen wir diese Übung während der stabilisierenden Meditation durch? Manche befürworten, man solle nur über einen nicht-begrifflichen Geisteszustand meditieren. Andere lehren, man solle einfach den Geist von dem Objekt der Verneinung zurückziehen. Aber keiner dieser beiden Ansätze genügt. Stellen wir jedoch bei analytischem, argumentativem Vorgehen schließlich fest, dass das eigenständig existierende Selbst unauffindbar ist, dann ist ebendies der Kernpunkt, über den wir anhaltend und konzentriert meditieren müssen. Um über die Selbstlosigkeit von Personen zu meditieren, sollten wir uns vergegenwärtigen, wie sich die falsche Auffassung von einem Selbst das »Ich« vorstellt - ihr zufolge hat es inhärente Existenz oder von ihm selber herrührende Existenz. Es reicht nicht aus, bloß zu konstatieren, dass das »Ich« nicht auf diese oder jene Weise existiert. Es ist wichtig, dass wir erst einmal ein deutliches Bewusstsein von dem zu verneinenden Objekt haben. Dann sollten wir die Existenz des zu verneinenden Objekts, nämlich das Selbst, widerlegen; ohne diese Widerlegung werden wir Selbstlosigkeit nicht realisieren können.

All die Nöte, die wir durchmachen, sind durch die Unwissenheit verursacht, deren Objekt ein inhärent existierendes

Selbst ist. Das Leersein von inhärenter Existenz ist die reine Negation oder das völlige Fehlen dieses Selbst. Identifizieren wir also in der Meditation zuerst das zu verneinende Objekt, das inhärent existierende Selbst. Davon ausgehend kommen wir zum Nachweis von Selbstlosigkeit. Wir verharren nun bei dieser Realisierung von Selbstlosigkeit als unterem Meditationsobjekt und lassen uns innerlich ganz von ihm absorbieren, ohne noch irgendetwas zu bekräftigen. Diese in ein einziges Objekt versenkte, einsgerichtete Meditation sollte man mit einem tiefen Bewusstsein von der Selbstlosigkeit der Person durchführen. Dieses sollte man verstärken, indem man wiederholt analytisch und argumentativ vorgeht. Besinnen wir uns immer wieder auf die Beweisführungen, die die Selbstlosigkeit begründen. Ihre Gewissheit gebende Kraft müssen wir immerfort im Sinn behalten. Lässt sie nach und wir bleiben trotzdem in meditativer Versenkung, dann wird dies keine Meditation über die Leerheit sein. Identifiziert der Übende zuerst wirklich das zu verneinende Objekt, widerlegt er es dann durch logische Beweisführung und erfasst er diese Negation, indem er sich des von ihm Ermittelten zutiefst vergewissert, so gewinnt er ebendadurch ein wirkliches Verständnis von Leerheit. Hält man sich hingegen bloß ständig vor Augen, dass die Dinge nicht inhärent existieren, ohne das zu verneinende Objekt wirklich identifiziert zu haben, dann wird daraus kein wirkliches Verständnis erwachsen.

Wie entwickelt man innere Stille, einen ruhig verweilenden, einsgerichteten Geist? Dies lässt sich zum einen dadurch erreichen, dass man sich in Sittlichkeit schult; damit ist in diesem Fall gemeint, dass sich der Übende vor dem Einfluss der ichbezogenen Haltung hütet. Eine andere Möglichkeit, dies zu erreichen, besteht darin, dass man sich in Weisheit schult und so das Leersein von inhärenter Existenz begreift. Aber es genügt nicht, wenn sich einem diese Art Weisheit nur ein- oder zweimal erschließt. Es kommt darauf an, diese Realisierung zu größerer Klarheit zu bringen. Wir müssen an ihr arbeiten, bis sie sich spontan einstellt. Dies lässt sich nur bewerkstelligen, indem man sich durch beharrliches Meditieren immer mehr damit vertraut macht; und dies führt schließlich zu einem unmittelbaren Gewahrwerden von Leerheit. Dazu müssen wir uns in einsgerichteter Konzentration üben. Sonst wird unser Verständnis von Leerheit nicht gefestigt oder unerschütterlich sein. Nachdem wir diesen ruhig verweilenden Geist ganz auf die Bedeutung von Selbstlosigkeit gerichtet haben, widmen wir uns wieder der analytischen Ergründung von Selbstlosigkeit. Dann machen wir uns mit der Technik vertraut, wie man einen ruhig verweilenden Geist mit kritischem Bewusstsein ausgleicht. Wenn wir aus der nachhaltigen Wirkung analytischer Meditation neue Geschmeidigkeit oder Flexibilität schöpfen, werden wir eine besonders tief gehende Einsicht erlangen. Und nun heißt es im Text:

> Seid zwischen Meditationssitzungen wie
> ein Magier, ein Schöpfer von Trugbildern.

Wie sollen wir das verstehen? Man sagt: Wenn wir uns von der einsgerichteten Meditation erheben, kommen uns fest gefügte Phänomene wie Felsen oder Hügel womöglich leicht verändert vor, so als wären sie Schöpfungen unseres Geistes. In diesem Sinn wird Trugbild hier nicht verwendet.

Auf die rechte Art trügerisch erscheint uns alles, wenn es in unseren Augen einer Illusion, einem Trugbild oder einem Traum gleicht, wenn wir folglich nichts so ansehen, als ob es inhärente oder unabhängige Existenz hätte. Von den Formen angefangen bis hinauf zum voll erwachten Geist sollten wir alle Phänomene so ansehen, als glichen sie Trugbildern. Während der eigentlichen Meditationssitzung verneinen wir die inhärente Existenz der Erscheinungen und sehen Leerheit als wesensgleich mit dem Raum[125] an. Wenn wir von der Meditation aufstehen, betrachten wir die Phänomene als illusorisch oder trügerisch. Sie haben zwar keine wahre Existenz, aber trotzdem erwecken sie den Anschein, als wären sie wahrhaft existent. Es besteht also ein Widerspruch zwischen der Art, wie die Dinge existieren, und der Art, wie sie uns erscheinen. Sich dessen ständig bewusst zu bleiben - das ist hier mit: die Dinge betrachten, als wären sie Trugbilder, wirklich gemeint. Es heißt, wir bräuchten uns, nachdem wir Leerheit realisiert haben, nicht eigens darum zu bemühen, dass die Dinge wie Trugbilder erscheinen; dazu komme es ganz von allein.

Der Autor sagt, dass in der Vergangenheit bestimmte Gelehrte die Bedeutung des Trugbild-Vergleichs missverstanden haben. Nach ihrer Interpretation beinhaltete er, dass die Dinge gar nicht existieren. Sie behaupteten, dass Personen zwar als Personen erscheinen, in Wirklichkeit aber keine Personen sind und so fort. Dies ist ein falsches Verständnis von Leerheit. Wäre eine Vase keine Vase, wie könnte sie dann eine Säule oder irgendetwas anderes sein? Man müsste dann einräumen, dass die Vase überhaupt nicht existiert. Wäre dies der Fall, dann gäbe es auch keine Leerheit, weil es ja keine Basis gäbe, auf der man sie begründen könnte. Ein vollkommenes Verständnis von Leerheit sollte unser Verständnis des abhängigen Entstehens vertiefen. Es sollte die Existenz der Phänomene nicht schlechthin leugnen.

Das Trugbildhafte der Dinge lässt sich aus zwei Perspektiven interpretieren. Zum einen von ihrem Leersein her, was bedeutet, dass sie zwar existieren, aber keine wahre oder inhärente Existenz haben. Zum anderen von ihrer Erscheinungsform her, was besagt, dass ihnen zwar wahre Existenz fehlt, sie aber den Eindruck erwecken, auf solch autonome Weise zu existieren. Wenn ein Magier das Trugbild eines Pferdes hervorzaubert, dann nimmt er die Erscheinung des vorgegaukelten Pferdes visuell wahr. Aber innerlich weiß er, dass der Schein trügt und dass es nicht wirklich ein Pferd ist. Also nimmt er dessen trugbildhaftes Wesen wahr. Ähnliches gilt, wenn jemand Leerheit realisiert: Auch wenn die Dinge dem Anschein nach wahrhaft existent sind, durchschaut der oder die Betreffende sie als trugbildhaft.

Bevor wir nicht eine bestimmte Stufe erreichen, auf der wir unser Verständnis von Leerheit wirklich verbessern können, fällt es uns sehr schwer, zwischen konkret gegebener und inhärenter Existenz zu unterscheiden. Trotzdem brauchen wir hinsichtlich der Existenz keine Zweifel zu haben, denn sie wird durch unsere eigene Erfahrung bezeugt. Unter ebendieser Prämisse sollten wir die analytischen Argumentationen anwenden, die zur Verneinung des unabhängigen Status oder Wesens der Phänomene führen, und so nachweisen, dass sie von Natur aus abhängig sind. Sind wir fähig, dieses Empfinden von unabhängiger Existenz auf der Basis eigener Erfahrung aufzuheben, dann wird sich die Bestehensweise der Existenz auf das rein Nominelle reduzieren, auf die Formen bloßer gedanklich-begrifflicher Festlegung oder Benennung. Es heißt, jemand, der Leerheit realisiert hat, sei fähig, zwischen Existenz und unabhängiger Existenz zu unterscheiden. Und dennoch kann sogar diese Person sie jemand anderem nicht überzeugend erklären, der oder die sie nicht für sich selber realisiert hat.

Auch wenn wir uns nun persönlich ernsthaft bemühen - anfangs werden wir Leerheit, die wir als den Inbegriff vollendeter Weisheit preisen, nur verstandesmäßig realisieren. Diese Realisierung ist nicht die eigentliche Gegenkraft, die störende Emotionen zu beseitigen vermag. Doch kann diese Realisierung, indem wir die Vertrautheit mit ihr ständig vertiefen, zur Saat werden, aus der die Erfahrung des klaren Lichtes hervorgeht. Diese ist die eigentliche Gegnerin, die störende Emotionen und innere Verblendung beseitigt. Aber sie muss durch zusätzliche verstärkende Faktoren wie etwa das Üben des Mitgefühls und den konventionellen Erleuchtungsgeist unterstützt werden. Der konventionelle Erleuchtungsgeist ist der methodische Aspekt der Praxis. Die Verwirklichung von Leerheit, der endgültige Erleuchtungsgeist, bildet den Weisheitsaspekt. Auf der Basis der Vereinigung dieser beiden Dimensionen des Erleuchtungsgeistes ist es möglich, den Pfad zu beschreiten, der letztlich zu dem Zustand eines voll erwachten Wesens führt, der Vereinigung von Körper und Geist[126].

Texte zur Geistesschulung

Geistesschulung in sieben Punkten

***

Acht Strophen zur Schulung des Geistes

Geshe Che-ka-wa, der Autor der folgenden Verszeilen, fasst darin seine reiche Erfahrung zusammen, die er in Ausübung der Unterweisung zur Geistesschulung gewann. Dieses unter dem Titel »Geistesschulung in sieben Punkten« bekannte Werk bildet die Grundlage des vorliegenden Buches, und ich habe es durchgängig zitiert. Hier nun der vollständige Wortlaut:

Geistesschulung in sieben Punkten

Preis und Huldigung dem großen Mitgefühl.[127]
Die Essenz dieses Nektars geheimer Unterweisung
ist von dem Meister aus Sumatra
auf uns übertragen worden.
Ihr solltet die Bedeutung dieser Unterweisung
genauso hoch schätzen
wie einen Diamanten, die Sonne und einen
heilkräftigen Baum.
Dieses Zeitalter des fünffachen Niedergangs
wird dann umgewandelt werden
in den Pfad zum voll erwachten Zustand.

1.
Die Vorbereitungen als unerlässliche Grundlage für die Praxis

Zuerst übt euch in den Vorbereitungen.

2A.
Die eigentliche Praxis, Schulung im konventionellen Erleuchtungsgeist[128]

Verbannt das eine, das an allem schuld ist.
Meditiert über die Güte aller empfindenden Wesen.

Übt eine Kombination aus Geben und Nehmen.
Geben und Nehmen sollte man abwechselnd üben,
und ihr solltet mit dem Nehmen bei euch beginnen.
Diese beiden sollte man auf dem Atem reiten
  lassen.
Was die drei Objekte, drei Gifte und drei Tugenden
  betrifft,
so besteht die zu befolgende Anweisung, kurz
  gefasst, darin,
diese Worte bei allen Tätigkeiten zu beherzigen.

3.
Widrige Umstände in den Pfad zur Erleuchtung umwandeln

Wenn die Umwelt und ihre Bewohner
  von Ungesundem überquellen,
dann wandelt widrige Umstände
  in den Pfad zur Erleuchtung um.
Denkt bei jeder Gelegenheit unverzüglich nach.
Die höchste Methode
  ist mit den vier Übungen verknüpft.

4.
Die in sich geschlossene Praxis einer einzigen Lebensspanne

Schult euch in den fünf Kräften.
Mit den fünf Kräften selbst gibt
das Große Fahrzeug
die Richtschnur für die Bewusstseinsübertragung.
Widmet euch diesen Übungspfaden.

5.
Der Gradmesser für eine geglückte Geistesschulung

Schließt alle Lehren
zu einem einzigen Gedanken zusammen.
Die höchste Bedeutung
sollte man den beiden Bestätigungen beimessen.
Bemüht euch ständig um ein freudiges Gemüt.
Als Maßstab für einen geschulten Geist
dient seine Umkehr.
Ein geschulter Geist
weist fünf großartige Merkmale auf.
Der geschulte Geist behält auch dann die Kontrolle,
wenn er abgelenkt wird.

6.
Die Verpflichtungen der Geistesschulung

Schult euch stets in den drei Hauptpunkten.
Greift energisch zu durchschlagskräftigen Mitteln,
um Qualitäten zu entwickeln
und störende Emotionen aufzugeben.
Bändigt alle Gründe (für die Selbstsucht).
Schult euch beharrlich darin, mit schwierigen
Situationen fertigzuwerden.
Seid nicht auf anderweitige Bedingungen
angewiesen.
Wandelt eure Einstellung,
aber behaltet euer natürliches Betragen.
Sprecht nicht von den Fehlern anderer,
befasst euch nicht mit den Angelegenheiten
anderer.
Gebt jede Hoffnung auf Belohnung auf.
Vermeidet giftige Nahrung.
Beharrt nicht auf unangebrachter Loyalität.
Unterlasst gehässige Sticheleien.
Liegt nicht im Hinterhalt.
Trefft niemanden ins Herz.
Ladet die Last eines Pferdes keinem Pony auf.
Spurtet nicht, um den Lauf zu gewinnen.
Verwandelt Götter nicht in Teufel.
Sucht nicht das Elend anderer als Mittel zum Glück.

7.
Die Grundregeln der Geistesschulung

Jeder Yoga sollte durchgeführt werden
wie ein einziger.
Es gibt zwei gesonderte Pflichten -
eine zu Beginn und eine am Ende.
Schult euch zuerst in den leichteren Übungen.
Ob das eine oder das andre geschieht -
habt mit beidem Geduld.
Wahrt beides, selbst wenn es euch das Leben kostet.
Schult euch in den drei Schwierigkeiten.
Wandelt alles in den Pfad des Großen Fahrzeugs
um.
Legt großen Wert auf eine umfassende und
weitreichende Praxis.
Sucht nach den drei Hauptvoraussetzungen.
Läutert zuerst die gröberen.
Übt das, was wirksamer ist.
Lasst drei Faktoren nicht schwächer werden.
Trennt euch nie von den drei Gütern.
Werdet ihr rückfällig, dann gebraucht das
Meditieren darüber als Gegenmittel.
Vertieft euch augenblicklich in die Hauptübungen.
Legt in Zukunft immer eine Rüstung an.
Setzt kein falsches Verständnis ein.
Seid nicht sprunghaft.
Übt unerschrocken.
Werdet frei durch Prüfen und Analysieren.
Seid nicht prahlerisch.

Seid nicht aufbrausend.
Macht keinen kurzlebigen Versuch.
Erwartet keinen Dank.

2B.
Die Schulung im endgültigen Erleuchtungsgeist

Vermittelt die geheime Lehre,
wenn Festigkeit erlangt wurde.
Betrachtet alle Phänomene gleichsam als Träume,
erforscht das Wesen des nicht-geborenen Gewahrseins.
Das Heilmittel selbst wird seinerseits befreit,
gebt der Essenz des Pfades ihren Platz
im Wesen der Grundlage von allem.

Seid zwischen Meditationssitzungen wie ein Magier,
ein Schöpfer von Trugbildern.

Der nachstehende kürzere Text wurde von Geshe Lang-ri Tang-pa (1054–1123) verfasst und ist unter dem Titel »Acht Strophen zur Schulung des Geistes« bekannt. Ebendieses Werk regte Geshe Che-ka-wa (1101–1175) dazu an, sich auf die Suche zu machen nach einem lebenden Linienhalter der Überlieferung der Geistesschulung. Diese Strophen wurden mir das erste Mal erklärt, als ich ein kleiner Junge in Lhasa war, und ich rezitiere sie seitdem jeden Tag – als Teil meiner persönlichen Praxis.

Acht Strophen zur Schulung des Geistes

Mit der festen Absicht, das höchste Wohl
aller empfindenden Wesen zu erwirken,
die noch wertvoller sind als ein wunscherfüllendes
Juwel,
will ich lernen, sie aufs Innigste zu lieben.

Immer, wenn ich mit anderen verkehre, will ich
lernen,
mich selbst als den niedrigsten von allen
anzusehen
und aus tiefstem Herzen
andere achtungsvoll hoch einzuschätzen.

Bei allem, was ich tue, will ich lernen,
meinen Geist zu durchforschen,
und sobald eine störende Gemütsbewegung
aufkommt,
die mich und andere gefährdet,
werde ich ihr entschlossen entgegentreten und sie
abwenden.

Ich will lernen, mich um Wesen mit schlechter
Veranlagung fürsorglich zu kümmern
und um jene, auf denen schwere Missetaten und
Leiden lasten,
als ob ich einen kostbaren Schatz entdeckt hätte,
einen sehr seltenen Fund.

Wenn mich andere aus Neid schlecht behandeln
und mich beschimpfen, verleumden und
dergleichen,
will ich lernen, allen Verlust auf mich zu nehmen
und ihnen den Sieg anzubieten.

Wenn derjenige, den ich voll großer Hoffnung
gefördert habe,
mich ohne Grund gröblichst verletzt,
will ich lernen, diesen Menschen
als vortrefflichen spirituellen Führer anzusehen.

Kurzum, ich will lernen, jedem ohne Ausnahme
alle Hilfe und alles Glück direkt und indirekt
darzubringen
und allen Kummer und alles Leid meiner Mütter
achtungsvoll auf mich zu nehmen.

Ich will lernen, all diese Übungen rein zu halten
von den Befleckungen der acht weltlichen
Belange[129]
und, indem ich das Trugbildhafte aller
Erscheinungen erfasse,
aus den Banden des begehrlichen Anhaftens befreit
zu werden.

Anhang zur deutschen Übersetzung

Zur Transkription und Aussprache der Sanskrit-Ausdrücke

Der Text des Dalai Lama verwendet durchgehend die vereinfachte Umschrift des Sanskrit, wie sie in dem für nicht sanskritkundige Leser bestimmten buddhistischen Schrifttum großenteils üblich ist.

Die in Bezug auf das Deutsche wichtigsten Ausspracheabweichungen sind: ch (dt.: tsch), j (dt.: dsch), sh (dt.: sch) und v (dt.: w). Auf das in der Fachliteratur übliche Dehnungszeichen (Querstrich) über langen Vokalen wurde bewusst verzichtet, um den Text möglichst lesbar und klar zu halten. Für die tibetischen Eigennamen verwendet der Text die vereinfachte phonetische Umschrift des Tibetischen; sie wird auch im Anmerkungsteil beibehalten.

Anmerkungen

Die amerikanische Originalausgabe enthält keinerlei Anmerkungen, Quellenangaben oder sonstige Erläuterungen. Dies steht in Zusammenhang mit der - auch für viele andere buddhistische Bücher charakteristischen - Entstehungsweise: In mündlicher Unterweisung vermittelt der Meister, der spirituelle Lehrer, einem mehr oder minder großen Kreis von Schülern das, was diese für ihr Vorankommen auf dem Weg zum Erwachen benötigen - ebendie Situation, in der sich auch schon der historische Buddha vor 2500 Jahren befand.

Zahlreiche Leserinnen und Leser werden nicht mit allen im Text vorkommenden Namen und Begriffen vertraut sein. Diesem Umstand versucht die deutsche Ausgabe mit den nachfolgenden Anmerkungen des Übersetzers Rechnung zu tragen: Sie sollen zusätzliche Informationen bereitstellen, auf die man ganz nach Bedarf zurückgreifen kann.

1 Er begründete die jüngste von den vier Schulen oder Überlieferungslinien des tibetischen Buddhismus, die Gelugpa-Schule, wörtlich »Schule der Tugendhaften«, die in der Nachfolge der Kadampa-Tradition (siehe Anm. 7) monastischer Disziplin und intensivem Text-Studium besondere Bedeutung beimisst.

2 Der Titel *Rinpoche,* wörtlich »Überragend Kostbarer«, wird einem spirituell hoch qualifizierten Lama verliehen. Ein *Lama,* wörtlich »Oberer«, ist im tibetischen Buddhismus ein spiritueller Meister, also der indischen (Sanskrit-)Bezeichnung nach ein »Guru«. Der *Dalai Lama,* wörtlich »Ozean-Lama«, ist das Oberhaupt der Gelugpas und auch das politische Oberhaupt der Tibeter; ihm kommt die spirituelle Qualität/Autorität eines Lama in höchstem Maß zu.

3 *Geshe* ist der höchste akademische Grad, der von tibetischen Klosteruniversitäten verliehen wird.

4 Der englische Text gibt *Bodhichitta,* wörtlich »Erleuchtungs-Geist/Erwachens-Geist«, durchgehend mit »the awakening mind« wieder, was sich mit »Geist des Erwachens« oder »der erwachende Geist« übertragen ließe. Die Übersetzung bleibt bei dem Begriff *Erleuchtungsgeist,* weil dieser die allgemein gebräuchliche deutsche Entsprechung für »Bodhichitta« ist. Die Übergänge sind freilich fließend: Erleuchtung (Bodhi) im buddhistischen Sinne kommt nicht als ein (wie immer beschaffenes) Licht von außen; sie ist ein Erwachen des (eigenen) Geistes zu der ihm keimhaft (und essenziell) innewohnenden, eben herauszuarbeitenden Grundnatur, und der Erwachende wird am Ende seines »Pfades« zu einem Buddha, einem Erwachten/Erleuchteten.

5 Der spirituelle/religiöse Meister (sanskr.: Guru, tibet.: Lama), dem sich der Zuflucht nehmende Novize oder Laie in Vertrauen

und Hingabe anschließt, wird zu dessen »Grund«- oder »Wurzel-Lama«.

6 Bodhisattva, wörtlich »Erleuchtungswesen«: im Mahayana-Buddhismus (vgl. Anm. 10) ein Wesen, das in systematischer Ausübung der »Vollkommenheiten« (Paramitas, vgl. Anm. 8) Erleuchtung anstrebt, und zwar allein aus dem uneigennützigen Motiv, allen anderen empfindenden Wesen helfen zu können und ihr Wohl zu erwirken. - Manjushri, wörtlich »Der Lieblich-Schöne«, ist der transzendente, göttlich geläuterte Bodhisattva der Weisheit und Wissenschaft, dessen ikonografische Attribute ein flammendes Schwert und das Buch der höchsten Mahayana-Weisheit sind. Sein Wirken besteht darin, das Dunkel der Unwissenheit zu beseitigen, analytische Urteilskraft und das Gedächtnis zu wecken.

7 Die Kadampa-Schule (tibet., wörtlich: »Mündliche Unterweisung«) ist eine auf den indischen Gelehrten Atisha (980/90-1055) zurückzuführende Schulrichtung des tibetischen Buddhismus, die sich nach dessen Niedergang im 10. Jahrhundert die Wahrung der angemessenen Auslegung des Schrifttums zum Ziel setzte. Ihre zentralen Lehren sind unter dem Titel Lo-jong, »Geistes-Läuterung«, überliefert. Als eigene Schule überdauerten die Kadampa-Meister oder Kadampas nicht, aber ihre Lehren gingen in alle vier großen tibetischen Schulen ein.

8 Die sechs Vollkommenheiten, Paramitas (von sanskr.: Paramita), sind: Freigebigkeit, Sittlichkeit, Geduld, Anstrengung, Konzentration, Weisheit. Sie bestimmen das Verhalten eines Bodhisattvas; durch ihre Ausübung erlangt er die Vollkommenheit eines Buddhas. Ebendeswegen werden sie auch schon auf der Ebene des Pfades »Vollkommenheiten« genannt.

9 Die vier Faktoren oder besonderen Qualitäten kennzeichnen

ebenfalls das Verhalten eines Bodhisattvas. Es sind dies: Freigebigkeit, angenehme Rede, Betätigung zum Wohl der anderen und ein auf positives Verhalten anderer eingehendes Benehmen (man respektiert die Konventionen des jeweiligen sozialen Umfelds).

10 »Fahrzeug« bezeichnet im Buddhismus generell einen Teilaspekt der buddhistischen Lehre, der wie ein Vehikel die Last spiritueller und existenzieller Befreiung zu tragen vermag: der Befreiung aus dem Daseinskreislauf, also der »persönlichen Befreiung« (sie wird vom »Kleinen Fahrzeug«, dem Hinayana, getragen); oder die Last der Verantwortung für das Wohl und die Erleuchtung aller empfindenden Wesen ohne Ausnahme (sie wird vom »Großen Fahrzeug«, dem Mahayana, getragen). - Ferner gibt es das »Tantrische Fahrzeug«, Tantrayana, auch »Diamant-Fahrzeug«, Vajrayana, genannt (vgl. auch Anm. 22).

11 Das gesprochene Mantra, wörtlich »Schutz des Geistes«, ist eine spirituell »aufgeladene« Silbe oder Silbenfolge, eine Art komprimiertes Gebet, das sich, insbesondere als Namensmantra, im vielfach wiederholten Rezitieren an göttlich geläuterte, transzendente Bodhisattvas bzw. Buddhas richtet und ihren Segen, ihre vervollkommnende Einflussnahme auf den Sprechenden erbittet. Der tibetische Buddhismus macht das Mantra zu einem integralen Bestandteil der meditativen Praxis: Es dient bei der tantrischen Umwandlung von Körper, Rede und Geist dazu, in der Rezitation die normale Rede/Sprache auf die Höchste Wirklichkeit hin zu transzendieren.

12 Vgl. zur Leere/Leerheit, Shunyata, Kap. 8.

13 Die doppelte oder zweistufige Wahrheit (Satyadvaya) gehört ins Zentrum der Leerheits-Konzeption im Mahayana: Die konventionelle oder »verhüllte« Wahrheit (Samvriti Satya) betrifft

jeweils die alltäglich-empirische, »phänomenale« Existenz von Dingen/Personen/Gegebenheiten; sie erscheinen als inhärent existierend, als unteilbare/ganzheitliche und aus sich heraus bestehende Größen. Dass sie (als solche Größen) lediglich aufgrund gedanklich-begrifflicher »Festlegung« und somit nur »konventionell« existieren, entspricht der letztgültigen oder höchsten Wahrheit (Parama-Artha Satya), die sich auf die eigentliche Bestehensweise alles empirisch Gegebenen bezieht - auf sein Leersein von inhärenter Existenz. Die konventionelle Wahrheit ist demnach als erkannte Wahrheit von der letztgültigen Wahrheit, d. h. von der Weisheit (des Mahayana), die die Leerheit realisiert, untrennbar. Siehe Kap. 8.

14 Das Rad des Dharma, das Dharma-Chakra, ist im Buddhismus das Sinnbild für die vom Buddha verkündete Lehre. Er (bzw. seine späteren transzendenten Emanationen) »drehte« es nach Auffassung des Mahayana dreimal. Es gibt demgemäß drei Dharma-Räder, drei unterschiedliche Lehr-Zyklen, die unter dem Gesichtspunkt ihres Offenbarungsorts oder dem ihres Inhalts oder dem ihrer Schüler umschrieben werden. Das erste Dharma-Rad umfasst insbesondere das *Sutra von den Vier Edlen Wahrheiten* bzw. die Lehren, denen die Anhänger des »Kleinen Fahrzeugs«/Hinayana folgen; das zweite Dharma-Rad umfasst insbesondere die *Prajnaparamita-Lehren,* also die höchsten Weisheitsbelehrungen mit dem Bodhisattva-Ideal und der Leerheitsphilosophie im Sinne Nagarjunas (vgl. Anm. 16) bzw. die Belehrungen, denen die Anhänger der »Schule des Mittleren Weges«, die Madhyamikas, folgen; und das dritte Dharma-Rad umfasst insbesondere das *Sutra der Offenlegung der Intention (des Buddhas),* das Samdhinirmocana bzw. die Lehren, denen die Anhänger der »Nur-Geist«-Schule, die Chittamatrin, folgen. - Es gibt - inner-

halb der tibetischen Kagyü-Schule - auch eine Darstellung der Räder unter dem Gesichtspunkt der Existenz: Hier betont das erste Rad vor allem den Existenz- oder Daseins-Aspekt und damit die Gesetze von Karma und Samsara; das zweite den Aspekt des Leerseins (von inhärenter Existenz) und damit die Nicht-Existenz; und das dritte lehrt die letztgültige Bedeutung, das Freisein von diesen und allen Extremen und damit die nicht-begriffliche, alle Konzeptionen transzendierende Weisheit. - Siehe zu den einzelnen Schulen Anm. 16.

15 Siehe zu diesem Abschnitt Anm. 4.

16 Im Hinayana sind dies die Schulen der Vaibhashikas und Sautrantikas sowie im Mahayana die Schulen der Chittamatrin, der Vertreter der »Nur-Geist«-/Chittamatra-Konzeption - diese Richtung wird auch Vijnanavada, wörtlich »Schule, welche das Erkennen lehrt«, oder Yogachara, wörtlich »das Ausüben des Yoga« genannt -, und die Vertreter des »Mittleren Weges«/Madhyamaka, die Madhyamikas. Die Madhyamaka-Schule gliedert sich in zwei Unterschulen, die Svatantrikas und die Prasangikas, wörtlich »die, welche Folgerungen benutzen«. Das Prasangika oder die *Konsequente Schule des Mittleren Weges* gilt als das höchste Lehr-System innerhalb des tibetischen Buddhismus. Die wichtigsten Lehrer des Prasangika sind neben Nagarjuna (2./3. Jh.), dem Begründer der Schule des Mittleren Weges, Aryaveda, Buddhapalita, Chandrakirti, Shantideva und Atisha. Von der Schule des Mittleren Weges ist der »Mittlere Weg«, Madhyama-Pratipad, des historischen Buddhas zu unterscheiden. Er beinhaltet die Vermeidung aller Extreme, d. h. auf lebenspraktischer Ebene die Vermeidung von leiblich-sinnlichen Genüssen einerseits und von Askese oder Selbstkasteiung andererseits; und auf philosophischer Ebene die Vermeidung eines ontologischen Realismus

(der Konzeption der inhärenten, aus sich heraus bestehenden Existenz / Seinsweise der Phänomene) einerseits und eines ontologischen Nihilismus (der Konzeption des gänzlich illusionären Charakters oder der Nicht-Existenz der Phänomene) andererseits. Nagarjuna, der wichtigste und tiefgründigste der Madhyamikas, verstand sich in erster Linie als Interpret und Kommentator ebendieses tradierten philosophischen Ansatzes.

17 »Höchstes Gut« (Parama-Artha), »das Beste« (Aggam) oder auch »eine und einzige Vollendung« (Eka Nittha) sind mehr oder minder synonyme Attribute von Nirwana als letztendlichem Heilsziel. Im Mahayana ist Nirwana identisch mit Leerheit (vgl. dazu Kap. 8).

18 Der Buddha-Dharma: die Lehre des historischen Buddhas.

19 Mit »Überwinder« oder »Siegreicher«, Jina, wird der historische Buddha bezeichnet sowie auch - im tibetischen Buddhismus - jemand, der in seinem Geistesstrom alles die Befreiung und Allwissenheit Behindernde überwunden hat und in anderen empfindenden Wesen die Überwindung des Behindernden, der Leidensursachen, erwirken kann.

20 Gemeint ist hier nicht der Buddha der Zukunft, Maitreya, wörtlich »der Liebende«, der als transzendenter Bodhisattva bis zu seiner Herabkunft noch im Götterhimmel weilt (siehe auch Anm. 46), sondern der gleichnamige Begründer der »Nur-Geist«-Schule (siehe Anm. 16) Maitreya(natha) (ca. 270-350).

21 Siehe Anm. 6. Manjushri gilt als der transzendente Ahnherr der Schule des Mittleren Weges (Madhyamaka).

22 Der Dalai Lama charakterisiert knapp und klar *das Sutra,* wörtlich »Leitfaden«, als »den Pfad des Studiums und der Ausübung, nach dem viele Leben erforderlich sind, um Erleuchtung zu erreichen«, und *das Tantra,* wörtlich »Gewebe« / »Kontinuum«,

als »die geheimen Praktiken, nach denen Erleuchtung auch in nur einer Lebenszeit erreicht werden kann« (in *Der Weg zur Freiheit, Zentrale tibetisch-buddhistische Lehren,* Knaur Taschenbuch, München 1996, S. 15). Ein einzelnes Sutra bzw. Tantra ist eine Schrift mit Unterweisungen und Übungen. Das überlieferte Sutra-Schrifttum umfasst die Hinayana- und nicht-tantrischen Mahayana-Lehrreden (Paramitayana-Lehrreden) des Buddhas; die Überlieferung des Tantra umfasst die Unterweisungen für einen engeren Kreis von Schülern. Vgl. auch Anm. 10.

23 »Übertragung« (siehe auch den gleich folgenden Vers aus der »Geistesschulung«): Sie erfolgt stets unmittelbar vom Meister auf den Schüler und ist damit gleichsam das Herz oder der Lebensnerv der buddhistischen Überlieferung. Die Schriften sind lediglich die Ergänzung dazu - erst durch die ungebrochene Linie der vom Meister auf den Schüler übergehenden Übertragungen werden sie mit Leben erfüllt.

24 Bekannter unter dem Namen Dharmakirti (10. Jh.).

25 Siehe Anm. 7.

26 Der Stupa, wörtlich »Haarknoten«, ist ein spezifisch buddhistischer Sakralbau, der sich strukturell aus runden Begräbnishügeln entwickelt hat. Er birgt entweder Reliquien buddhistischer Heiliger oder sakrale Bildnisse, Schriften etc. Aus der Sicht des tibetischen Buddhismus spiegelt der Stupa (tibet.: Chörten) in seinem charakteristischen dreigliedrigen Aufbau Körper, Rede und Geist des Buddhas wider.

27 Nagarjuna (2./3. Jh.), *Ein kostbarer Kranz von Ratschlägen an den König* (Rajaparikatha-ratnavali).

28 Die Kagyüpas-Schule, wörtlich »Mündliche Übertragungslinie«, ist eine der vier Hauptlinien des tibetischen Buddhismus. Hier ist die direkte Übertragung der meditativen Praktiken (und gleich-

zeitig des Segens der gesamten Praxis-Linie) vom Meister auf den Schüler besonders wichtig. Die Mahamudra-Praxis und die »Sechs Yogas« des Naropa (siehe Anm. 29 bzw. 95) stehen hier im Mittelpunkt ihrer Übungen.

29 Mahamudra, wörtlich »Die höchste oder großartige Haltung/Stellung/Geste«, die Große Versiegelung/das Große Siegel, zählt zu den herausragenden Meditationspraktiken des »Diamant-Fahrzeugs«/Vajrayana (vgl. Anm. 10) und bildet die zentrale Unterweisung/Praxis der Kagyiüpa.

30 Dzogchen, tibet., wörtlich »Die Große Vollendung«, ist die Hauptlehre/zentrale Meditationspraxis der Nyingmapa-Schule (wörtlich »die Schule der Alten«) des tibetischen Buddhismus. Wie bei Mahamudra (siehe Anm. 29) geht es auch in ihr um die ständig gegebene, freilich erst einmal zu realisierende Reinheit des die Leerheit erfassenden Geistes. Sie gilt als letztgültige Unterweisung des historischen Buddhas Shakyamuni. »Groß« wird sie genannt, weil sie das Erhabenste ist; und mit »Vollendung« wird sie bezeichnet, weil zum Erlangen/Realisieren des ursprünglich klaren Geistes keine sonstigen Hilfsmittel erforderlich sind.

31 Shantideva (8. Jh. n. Chr.), *Eintritt in das Leben zur Erleuchtung/Eintritt in die Bodhisattvataten* (Bodhisattvacaryavatara).

32 Gemeint sind wohl die »Fünf Plagen/Befleckungen/Leidenschaften« (Pancaklesa) Lust, Hass, Trägheit, Stolz und Eifersucht.

33 Dharmapalas, wörtlich »Schützer der Lehre«, ursprünglich zornvolle Gottheiten und Dämonen, sind im »Diamant-Fahrzeug« oder Vajrayana (siehe Anm. 10) zu Dharma-Schützern umfunktioniert.

34 Von den ca. fünfzig transzendenten oder göttlich geläuterten Bodhisattvas des Mahayana-Buddhismus ist Avalokiteshvara, wört-

lich »der Herr, der herabschaut«, der bedeutendste. Seine zentrale Eigenschaft ist das grenzenlose Erbarmen. Es gibt 130 unterschiedliche Erscheinungsformen des Avalokiteshvara. Seit dem Großen Fünften Dalai Lama (1617-1682) gilt der Dalai Lama bei den Gläubigen als Inkarnation des Avalokiteshvara (tibet.: Chenresi).

35 Der weibliche transzendente/göttliche Bodhisattva Tara, wörtlich »die Retterin«, gilt als Emanation von Avalokiteshvara (siehe Anm. 34) und soll der Legende nach aus dessen Tränen entstanden sein. Sie verkörpert die weibliche Dimension des großen Mitgefühls, des Inbegriffs der Buddha-Aktivität.

36 Achala, wörtlich »der Unbewegliche/Standhafte«, ist ein Beiname des hinduistischen Gottes Shiva. Im Vajrayana (siehe Anm. 10) übernimmt Shiva eine Rolle, die weitgehend der eines Dharmapala gleichkommt (siehe dazu Anm. 33) - mit der vom Dalai Lama genannten Funktion.

37 D.h. Avalokiteshvaras.

38 Im tibetischen Buddhismus symbolisieren die vier unteren Stufen des Stupa (siehe Anm. 26) die positiven Geisteszustände oder Vier Unermesslichen (siehe Kap. 3) Liebe, Mitgefühl, Freude und Gleichmut; die anschließenden, bis zum Mittelteil reichenden zehn Stufen symbolisieren die zehn Stufen der spirituellen Entwicklung eines Bodhisattvas; und der Mittelteil oder »Körper« des Stupa symbolisiert den Erleuchtungsgeist.

39 Milarepa, wörtlich »Mila im Baumwollgewand (des Asketen)« (1040-1123), ist der wohl berühmteste Heilige Tibets. Von seinem Guru, dem berühmten Yogi Marpa (1012-1097), empfing er die Unterweisung in Mahamudra (siehe Anm. 29) und die »Sechs Yogas« des Naropa (vgl. auch Anm. 95).

40 Im Zustand des »ruhigen Verweilens«, Shamatha, kommt der

Geist zur Ruhe und verharrt in nicht-analytischer Sammlung, Samadhi (wörtlich »Fixieren/Festmachen«) einsgerichtet auf einem Meditationsobjekt. Die Beruhigung der Geistestätigkeit ist die Grundvoraussetzung dafür, dass der Geist Stabilität, Klarheit und Einsicht in die eigene Natur entwickeln kann. Stabilität des Geistes wiederum ist das Fundament, auf dem dann viele Meditationsübungen im Mahayana und Vajrayana (vgl. Anm. 10) aufbauen.

41 D. h., man ersucht sie, den Existenzkreislauf, Samsara, nicht endgültig zu verlassen.

42 Damit ist im engeren Sinne der »Dreikorb« (Tripitaka) der kanonischen buddhistischen Schriften gemeint, bestehend aus Vinaya-Pitaka (dem »Korb der Disziplin«, den ältesten Teilen des Kanons), Sutra-Pitaka (dem »Korb der Schriften« mit den eigentlichen Lehrreden Buddhas) und Abhidharma-Pitaka (dem »Korb der besonderen Lehre«, einem Kompendium buddhistischer Philosophie und Psychologie). Im weiteren Sinne sind die Diskurse/Abhandlungen/Kommentare der drei »Fahrzeuge«, des Hinayana, Mahayana und Vajrayana (vgl. dazu Anm. 10) gemeint.

43 Enthalten sind diese in den 547 Jatakas, wörtlich »Geburtsgeschichten«, einem Teil des Sutra-Pitaka (siehe Anm. 42).

44 Mit Tilopa, tibet., wörtlich »Sesam-Zerstoßer« (988–1069), einem der berühmtesten Mahasiddhas (Bemeisterer des Tantras), beginnt die Überlieferung des »Großen Siegels« (vgl. Anm. 29).

45 Siehe Anm. 39.

46 Nach buddhistischer Kosmologie befinden sich über dem »Weltenberg« Meru die 28 Bereiche der hohen »Himmelswesen« (Devas) und der Götter mit begierdeloser Körperlichkeit oder »reiner Form« (Rupaloka) sowie der Bereich der Formlosigkeit und die Reinen Länder der transzendenten Buddhas, Zwischen-Para-

diese oder Vorstufen zu Nirwana (vgl. auch Anm. 102). Das Freudvolle Land ist der Bereich der »stillzufriedenen Götter«, der Tushita-Himmel, und insofern auch ein Reines Land, als es jenen Buddhas vorbehalten ist, die nur noch einmal wieder geboren werden müssen. All diese Bereiche symbolisieren freilich in erster Linie Aspekte des erleuchteten Bewusstseins bzw. der »höheren« Entwicklungsstufen auf dem Weg zur vollständigen Befreiung.

47 »Rad« ist die wörtliche Bedeutung von Chakra, der Bezeichnung für einen Brenn- oder »Vitalpunkt« feinstofflicher Energie, ein subtiles Energiezentrum. Von den sieben Chakras liegen sechs auf dem Mittleren Kanal oder Hauptkanal, der Avadhuti: aufsteigend von unten zwischen After und Zeugungsorgan, an der Wurzel der Genitalien, in der Nabelgegend, in der Herzgegend, am unteren Ende des Halses und zwischen den Augenbrauen. Das siebte Chakra liegt über dem Scheitelpunkt des Kopfes, außerhalb des physischen Bereichs und entspricht dem kosmischen Bewusstsein und der höchsten Erkenntnis. Von jedem Chakra strahlen Energiekanäle, Nadi(s), aus, und jedes Chakra wird durch einen Lotos mit jeweils unterschiedlich vielen Blütenblättern dargestellt bzw. meditativ geschaut. Durch den Hauptkanal strömen die »Tropfen«/vitalen Essenzen, Bindu(s), und die Energieströme/»Winde«, Prana(s), die durch die Nadis in ihrer Bewegungsfähigkeit gehemmt bzw. beeinflusst werden. - Der »unzerstörbare Tropfen« ist der einzig aus sich selbst entstandene »Weisheitstropfen« und gleichbedeutend mit der Weisheit des klaren Lichtes (siehe Anm. 48).

48 Das klare Licht/der Geist des klaren Lichtes (tibet.: Ösel) bezeichnet die subtilste aller Geistesebenen, die reine Lichthaftigkeit des durch keinerlei beigelegte Begrifflichkeit getrübten, also

seiner Leerheit inne seienden Bewusstseins. Der Geist des klaren Lichtes ist der »Geistgrund« / das »Grundbewusstsein« im individuellen Sinne (vgl. zur trans-personalen Bedeutung dieses Begriffs Anm. 110) und somit die Wurzel aller anderen Bewusstseinsebenen; jeder Sterbliche trifft auf das klare Licht des Todes und kann dieses im »Normalfall« nicht erfahrend bewältigen. Die tantrische Praxis kann schon zu Lebzeiten die Erfahrung des klaren Lichtes zugänglich machen und so auf die Begegnung mit dem klaren Licht des Todes vorbereiten.

49 An welchem Ort der Dalai Lama diese Unterweisungen gegeben hat, geht aus der amerikanischen Originalausgabe nicht eindeutig hervor. Höchstwahrscheinlich war es aber in Dharamsala, seinem Exilwohnsitz.

50 Unser Weltsystem besteht nach der buddhistischen Kosmologie aus vier Kontinenten, dem Nördlichen, Südlichen, Östlichen und Westlichen Kontinent. Zwischen den Kontinenten liegen jeweils zwei Inseln. Das Zentrum des Weltsystems bildet der Berg Meru (mit den Wohnstätten der Halbgötter und der begierdeerfüllten Götter; siehe auch Anm. 46). Diese Grundstruktur gilt für alle unendlich vielen Weltsysteme.

51 Nach der tibetisch-buddhistischen Physiologie besteht der Körper aus den vier Elementen Erde, Wasser, Feuer und Wind (tibet.: Lung; hier im Sinne des Pneuma oder des »Odems«, des »Belebenden« schlechthin) sowie aus den drei Säften von Galle, Schleim und Wind (hier im Sinne der die Ausscheidung, Verbrennung, den Kreislauf, die Muskelbewegung und den Stoffwechsel regelnden / bestimmenden Lung-Funktionen).

Ist von der »Person« als Gesamtheit, als komplexem grob- und feinstofflichen Formaggregat die Rede, tritt als fünftes Element noch der Raum hinzu.

Freilich klingt in dieser Formulierung auch die Konzeption der »Daseinsfaktoren«, der Dharmas, mit an. Siehe dazu Anm. 122.

52 Siehe Anm. 48.

53 Den 6. Juli 1935.

54 Bodhisattva (tibet.: Djang chub sempa) bedeutet im Tibetischen wörtlich »Held des gereinigten und entfalteten Geistes«.

55 Siehe Anm. 10 bzw. 22.

56 Eine wörtliche Bezugnahme auf einen Passus in Nagarjunas *Kostbarer Kranz* (Der »König der Berge« ist der »Weltenberg« Meru. Siehe Anm. 50.) und sicher auch auf Maitreyanatha (siehe Anm. 20): Nach diesem ist »der König der Berge« die 9. der 22 Arten des Entstehenlassens von Erleuchtungsgeist, in der der Schwerpunkt auf der Meditation liegt; diese ist in sich so gefestigt wie der durch Unwetter und Stürme unerschütterbare Meru. Die 9. Art des Entstehenlassens von Erleuchtungsgeist entfaltet sich auf der 5. der zehn Bodhisattva-Stufen, Bhumis (wörtlich »Länder«), die ein Bodhisattva bis zur Erlangung der Buddhaschaft durchläuft. Vgl. auch Anm. 80 u. 105.

57 Der konventionelle Erleuchtungsgeist ist vom endgültigen/höchsten Erleuchtungsgeist zu unterscheiden. Dieser ist der Geist vollkommener Erleuchtung/vollkommenen Erwachens, von dem ein Bodhisattva durchdrungen ist, der die Leerheit unmittelbar gewahrt (verwirklicht hat). Siehe auch Kap. 8 u. Anm. 30.

58 Gemeint sind die Prägungen oder »Karma-Samen« (Vasana) im Bewusstseinskontinuum bzw. der »Grundlage von allem«, dem »Speicherbewusstsein« (Alaya-Vijnana). Vgl. Anm. 48 u. 110.

59 Akonit/Aconitum ist der stark verdünnte Auszug aus den Wurzelknollen des gleichnamigen Hahnenfußgewächses (d.h. des Sturmhuts), das das Alkaloid/Nervengift Akonitin enthält.

60 Siehe Anm. 3.

61 Chandrakirti (6./7. Jh.) ist neben Shantideva und Atisha einer der wichtigsten Lehrer der Konsequenten Schule des Mittleren Weges. Vgl. dazu Anm. 16.

62 Siehe Anm. 40.

63 Die *Guru Puja* oder *Darbringung an den spirituellen Meister* ist ein Text des 1. Panchen Lama. - Der Panchen Lama, wörtlich »Lehrer, der ein großer Gelehrter ist«, war seit dem 17. Jahrhundert oftmals Lehrer und Stellvertreter des Dalai Lama.

64 Vgl. Anm. 9.

65 Lhamo (sanskr.: Devi), wörtlich »die Göttin«, ist der einzige weibliche Dharmapala (siehe Anm. 33). Sie ist die buddhistische Umgestaltung der Hindugöttin Kali, der Gemahlin des Gottes Shiva, und nicht nur eine Dharma-Schützerin, sondern auch die Schutzgöttin von Lhasa sowie des Dalai Lama und des Panchen Lama (siehe Anm. 63).

66 Die Methode besteht im Mahayana-Buddhismus aus dem strebenden und dem angewandten Erleuchtungsgeist, ferner dem Ausüben der sechs Vollkommenheiten (Freigebigkeit, Sittlichkeit, Geduld, Anstrengung, Konzentration und Weisheit). Weisheit (Verwirklichung der Leerheit) und Methode bilden eine untrennbare Einheit.

67 Verdienst und Einsicht entsprechen Methode und Weisheit. Vgl. Anm. 66.

68 Der Mahayana-Buddhismus gliedert die Götterwelt in 28 göttliche/himmlische Ebenen: sechs in der Sphäre der Begierde, 18 in der Sphäre der begierdelosen Körperlichkeit und vier in der Sphäre des Körperlosen. Die Wesen in diesen »günstigen« oder »glücklichen« Sphären bleiben, freilich in sphärenbedingter (und nach Sphären gestufter) Abmilderung, dem Existenzkreislauf, Samsara, unterworfen wie die Wesen der übrigen Existenzberei-

che. Die Welt der Halbgötter oder Titanen (Asuras) gehört kosmologisch zum Teil in die himmlischen Ebenen, bildet aber gesondert einen der sechs Existenzbereiche.

69 Das ist die zehnte und höchste der Stufen (Bhumis, wörtlich »Länder«), die ein Bodhisattva in seiner Praxis zur Erlangung der Buddhaschaft durchlaufen muss. Sie wird »(Land der) Wolke des Dharma« genannt. Wissen und innere Vollkommenheit sind weitestgehend verwirklicht, und der Wahrheitskörper des Bodhisattvas ist ausgestaltet (siehe dazu Anm. 76).

70 D. h. angenehme/geliebte, unangenehme/verhasste und indifferente/neutrale Objekte bzw. Personen; die drei Gifte Begierde, Hass und Unwissenheit; sowie die »drei heilsamen Wurzeln«, also die Grundimpulse tugendhaften Verhaltens - Begierdelosigkeit, Hasslosigkeit und Nicht-Verblendung, die die Überwindung/Negation der drei Gifte oder »unheilvollen Wurzeln« in sich schließen.

71 Aus *Nagarjunas Kostbarer Kranz* (siehe Anm. 27).

72 D. h. Wesen »auf der Wanderung«/»wandernd« im Existenzkreislauf Samsara (wörtlich »Wanderung«). Die sechs Existenzbereiche heißen im Tibetischen »Sechs Arten von Wanderungen«.

73 Das sind einerseits die Arhats, wörtlich die »Würdigen« oder (nach tibet. Etymologie) »Feindzerstörer«, die die Feinde im eigenen Geist, die störenden Gemütsbewegungen, überwunden haben, und andererseits die Pratyeka-Buddhas, wörtlich die »Einsamen Verwirklicher«/»Einsam-Erwachten«, die die Erleuchtung nur für sich und ganz allein aus sich selbst erreicht haben. - Im Mahayana-Buddhismus entspricht dem Erlösungsweg eines Arhats die Arhat-Stufe der vierten und höchsten Verwirklichungsstufe der Shravakas, wörtlich »Hörer«: Diese erlan-

gen die persönliche Erleuchtung nur durch das Hören der Lehre (und bringen ihren Praxis-Weg zu Gehör).

74 Siehe Anm. 69.

75 D.h. Samsara in Nirwana (wörtlich »Erlöschen«) verwandeln. Im Tibetischen bedeutet Nirwana wörtlich: »Über das Leiden hinweggeschritten sein«/»Über die Kümmernisse hinausgelangt sein«.

76 D.h., alle vollendeten Eigenschaften der Buddhanatur, die gemäß dem Mahayana die »Drei Körper« (oder »Zustände«), Trikaya, eines Buddhas konstituieren: den Dharmakaya, »Wahrheitskörper«, die unmittelbare Erkenntnis/Verwirklichung der universalen höchsten Wahrheit, des Wesens aller Phänomene/Gegebenheiten und das absolute Befreitsein von allem, was an der Erleuchtung und Vollendung hindert; den Sambhogakaya, »Körper des Entzückens« oder »Vollkommenen Genuss-Körper«, in dem sich die voll Erwachten am kontinuierlichen Strom des Mahayana erfreuen, also die in ihnen »verkörperte«/verwirklichte Wahrheit genießen; und den Nirmanakaya, »Hervorbringungs«-/»Emanations-Körper«, den Körper der feinstofflichen oder grobstofflichen Manifestationen, in denen die Buddhas den Menschen in der Welt erscheinen, um sie zur Erleuchtung zu führen. Sambhogakaya und Nirmanakaya dienen als »Formkörper« beide dazu, die an sich transzendente Wahrheitsdimension des Dharmakaya auf unterschiedlichen Offenbarungsebenen zu vermitteln. Die hierarchische und unauflösliche Zuordnung der drei Kayas gleicht - von »unten« nach »oben« - der von Körper, Rede und Geist.

77 Maitreya(natha), *Schmuck der klaren Erkenntnis* (Abhisamayalamkara). Vgl. auch Anm. 20.

78 Dies bezieht sich auf die Ausstrahlungen des im Existenzkreislauf erscheinenden Nirmanakaya/»Emanationskörpers«, der

auch »Ausstrahlungskörper« genannt wird, und auf den Dharmakaya/»Wahrheitskörper« in seiner Eigenschaft, klares Licht zu sein (vgl. Anm. 76 bzw. 48).

79 Dies ist der einfachere Ausdruck für Tathagata-Garba, wörtlich »Essenz/Keim des Tathagata«, gleichbedeutend mit: »den Tathagata (d. h. den Buddha; siehe Anm. 83) in sich enthaltend«.

80 »Erde« bzw. »Gold« ist die Klassifizierung der ersten bzw. zweiten der 22 Arten des Entstehenlassens des Erleuchtungsgeistes gemäß Maitreyanathas *Schmuck der klaren Erkenntnis.* Vgl. auch Anm. 56 und 105.

81 Gemeint sind transzendente/göttliche Bodhisattvas wie Avalokiteshvara oder Manjushri. Vgl. Anm. 34 bzw. 6.

82 Siehe Kap. 3.

83 D. h. »Die so Dahingelangten/Gekommenen/Vollendeten«, die Tathagatas. Ein Tathagata ist ein auf dem Dharma-Pfad zur höchsten Erleuchtung Gelangter und einer der zehn Titel für einen Buddha; der historische Buddha bezeichnete sich und andere Buddhas selber so. Die »Essenz« des Tathagata ist die nicht-manifeste/keimhaft angelegte Buddhanatur. Siehe Anm. 79.

84 Der »Nicht(mehr)-Wiederkehrer« ist im Mahayana-Buddhismus ein Shravaka (siehe Anm. 73) auf der dritten Verwirklichungsstufe; er wird nicht mehr als Mensch, sondern nur noch einmal in den himmlischen Reichen wieder geboren.

85 Vgl. Anm. 40.

86 Das ist eine der zehn zu den sechs »Höheren Geisteskräften« (Abhijnas) zählenden magischen Kräfte (Riddhis, wörtlich »Reichtümer«); die Riddhis sind innerhalb der (Meditations-)Praxis des Vajrayana (siehe Anm. 10) weitgehend gleichbedeutend mit den »großen« paranormalen Kräften, den acht Siddhis, wörtlich »vollkommene Fähigkeiten«.

87 Siehe Anm. 73.

88 Siehe Anm. 14.

89 Siehe Anm. 41.

90 Siehe Anm. 76.

91 D. h.: noch nicht völlig ins Nirwana Eingegangenen. Vgl. Anm. 75.

92 Die So-Heit, Tathata, ist einer der zentralen Begriffe des Mahayana-Buddhismus. Er bezeichnet das wahre So-Sein der Dinge und damit das innerste Wesen/die Wahrheit der Wirklichkeit selbst. Daher ist er letztlich gleichbedeutend mit der »Essenz des Thatagata« (siehe Anm. 79) sowie mit der Buddhanatur und dem »Wahrheitskörper«/Dharmakaya (siehe Anm. 76) und der »Dharmaheit«, Dharmata, d. h. dem Wesen der Dharmas, der Manifestationen oder Gegebenheiten der Wirklichkeit.

93 Siehe Anm. 33.

94 Die »(Welt-)Hüter«, Lokapalas, sind die Beschützer der vier Haupt-Himmelsrichtungen. Sie behüten den buddhistischen Glauben und verhindern als Wächter und Beobachter der Welt das Eindringen von Dämonen.

95 Phowa (tibet.), wörtlich »Wechsel des Ortes«, ist eine der sechs Übungsmethoden, der »Sechs Yogas« des Naropa (1016–1100), die über Marpa nach Tibet gelangten (siehe Anm. 39). Im Phowa, einer Technik der »Bewusstseinsübertragung«, transferiert man im Moment des Todes das Bewusstsein in eines der »Reinen Länder« (Paradiese der transzendenten Buddhas) bzw. in den Dharmakaya-Bereich (siehe Anm. 76). Durch spezifische Meditationsübungen und Visualisierungsprozesse übt sich der Yogi/die Yogini (siehe Anm. 100) schon zu Lebzeiten darin. – Bezeichnend ist freilich, dass sowohl die Textpassage in *Sieben Punkte der Geistesschulung* wie auch die entsprechenden Ausführungen des Dalai Lama diese spezielle Praxis ausklammern und die »Be-

wusstseinsübertragung« eher nur andeutend als eine Art Schlusspunkt oder Endziel in der Anwendung der »fünf Kräfte« thematisieren.

96 D. h. die konstituierenden »Elemente«. Siehe Anm. 51.

97 Diese fünf »unaufhörlichen« Vergehen führen nach dem Tod des Täters zur unmittelbaren Wiedergeburt in der untersten der acht heißen Höllen, der »Unaufhörlichen Hölle«, der Avici-Hölle. Die Sühnezeit dauert dort ein »Kleines Weltzeitalter«.

98 Siehe Anm. 73.

99 D. h. über den Abbau aller »groben« und »subtilen« Bewusstseinsebenen - bis zur Ebene des klaren Lichtes. Vgl. auch Anm. 48.

100 Alle dem »langfristigen Wohl« dienenden spirituellen Übungen, also auch die Übungen des »Diamant-Fahrzeugs«/Vajrayana (siehe Anm. 10), werden im tibetischen Buddhismus jeweils als »Yoga«, wörtlich »Ins Joch des Göttlichen spannen«, und der sie Vollziehende wird als »Yogi« (bzw. »Yogini«) bezeichnet.

101 Dies sind Gelübde innerhalb des »Kleinen Fahrzeugs« bzw. Gelübde von Shravakas oder Pratyeka-Buddhas. Siehe Anm. 10 bzw. 73.

102 Die vier Formen/Arten der Geburt (auf dieser Welt) sind nach tibetisch-buddhistischer Klassifizierung: die Geburt aus einem Schoß, die Geburt aus einem Ei, die Geburt aus Feuchtigkeit und Hitze sowie die spontan erfolgende Geburt.

103 Sukhavati, wörtlich »das Glückvolle«, ist im Mahayana-Buddhismus eines der wichtigsten und populärsten Reinen (Buddha)-Länder, der »Paradiese« der transzendenten Buddhas des Raumes (vgl. auch Anm. 46). Es ist das westliche Reine Land der Glückseligkeit; sein Herrscher ist der Buddha Amitabha, wörtlich »Grenzenloses Licht«; dieser hat es durch sein karmisches Verdienst hervorgebracht. Die Reinen Länder sind nicht als Örtlichkeiten,

sondern als Dimensionen des (auf dem Erlösungsweg befindlichen) Bewusstseins / Geistes aufzufassen.

104 Siehe Anm. 10 u. 22.

105 Eine Anspielung auf die dritte der 22 Arten des Entstehenlassens des Erleuchtungsgeistes (nach Maitreyanatha, vgl. Anm. 56 u. 80): Die mit »der anwachsende Mond« klassifizierte Art ist die Quelle für das Anwachsen der positiven Qualitäten, für die wachsende Steigerung alles Positiven.

106 D.h. durch das Umrunden von Stupas, Tempeln oder anderen Heiligtümern.

107 Siehe Anm. 16.

108 Siehe Anm. 13.

109 Siehe Anm. 57 sowie Kap. 5 u. Kap. 8.

110 »Grundlage von allem« ist die wörtliche Bedeutung des tibetischen Ausdrucks für Alaya, wörtlich »Speicher« / »Reservoir«, der den »Grund« des Bewusstseins sowie aller reinen und unreinen Phänomene bezeichnet. Der »Geist als Grundlage von allem« oder das »Speicherbewusstsein« / »Grundbewusstsein«, Alaya-Vijnana, ist die Basis von Samsara und Nirwana. Es bildet, über längere Zeiträume hin, den tragenden Grund für das »Bewusstseinskontinuum« bzw. dessen logische Voraussetzung. Das »Wesen« der »Grundlage von allem« entspricht ontologisch dem der raumgleichen Leerheit (vgl. Anm. 125). - Die Bedeutung von »Alaya« ist freilich stark kontextabhängig: Im vorliegenden Textpassus bezeichnet »Grundlage von allem« nicht oder nur indirekt die auf Maitreya(natha), Asanga und Vasubandhu zurückgehende Alaya-Konzeption der »Nur-Geist-Schule« (siehe Anm. 16), sondern eine grundlegende Bewusstseinsebene, auf der in reiner nicht-begrifflicher und nicht-dualer (den Gegensatz von Subjekt und Objekt überwindender) An-Schauung Leerheit realisiert wird.

111 Siehe Anm. 40.

112 D. h. der Kommentator Hortön Nam-kha Pel.

113 Die zwölf Faktoren, Nidana (wörtlich »Verbindungsglied«), die die Kette des »Entstehens in Abhängigkeit«/»bedingten Entstehens« bilden, sind: Unwissenheit; Willensimpulse/Tatabsichten und Gestaltungen; die sechs Arten des Sinnesbewusstseins; das Geistige und Körperliche des Individuums/der Persönlichkeit; die sechs dem Sinnesbewusstsein zugeordneten Objektbereiche; Berührung; Empfindung; Begierde/die Ursache des Anhaftens; das Ergreifen eines Mutterschoßes; Werden; Geburt; Alter; Tod.

114 D. h. die sich der Phänomene bemächtigt oder sie »hat« bzw. sie im weitesten Sinne »konsumiert«.

115 Die Schule Chandrakirtis ist die Konsequente Schule des Mittleren Weges. Siehe Anm. 16.

116 In dieser Formulierung schwingt eine Anspielung auf die Skandhas mit: Die vermeintliche »Person«/»Persönlichkeit« wird durch fünf »Gruppen« oder »Anhäufungen«, Skandhas, konstituiert - Leiblichkeit, Empfindungen, Wahrnehmung, mentale Formkräfte im passiven und aktiven Sinn und das sechsfach gegliederte Sinnesbewusstsein. Die Skandhas sind durch Geburt, Alter, Tod, Dauer und Wandel gekennzeichnet und ihrer Natur nach »nichtwesenhaft«, vergänglich, leer und leidbehaftet.

117 Form/Gestalt, Rupa, der materielle oder körperliche Aspekt der »Person«/»Persönlichkeit« und der dem Sinnesbewusstsein gegenwärtigen Dinge, ist das erste der fünf Skandhas. Siehe Anm. 116.

118 Gemäß dem »Diamant-Fahrzeug«/Vajrayana (siehe Anm. 10) gliedert sich das Bewusstsein in die »grobe Ebene« der fünf Arten von Sinnesbewusstsein (d. h. fünf Wahrnehmungsorganen oder »Grundlagen« - dem Auge, dem Ohr, der Nase, der Zunge,

dem Tastsinn - sind jeweils konstitutiv entsprechende Wahrnehmungsobjekte zugeordnet) und die »subtile Ebene« des intellektuellen/geistigen Bewusstseins, der achtzig begrifflichen oder kognitiven Bewusstseinsstrukturen, die hinsichtlich ihres Subtilitätsgrades dreifach gestuft sind. Hinzu tritt als vierte und allersubtilste Stufe/Ebene der Geist des klaren Lichtes (siehe Anm. 48).

119 D. h. Nirwana. Siehe Anm. 75.

120 Im Gegensatz zu den Svatantrikas und den Chittamatrin sind für die Prasangikas, die Vertreter der Konsequenten Schule des Mittleren Weges (siehe zu diesen Schulen Anm. 16), die subtile Selbstlosigkeit von Personen und die subtile Selbstlosigkeit von Erscheinungen hinsichtlich der Tiefe oder Subtilität gleich. Im Hinblick auf das zu verneinende Objekt (das »Selbst« oder die »inhärente Existenz«) besteht somit kein Unterschied in der Subtilität. Eingeräumt wird lediglich ein Unterschied in Bezug auf die Komplexität/Beschaffenheit der Personen bzw. Erscheinungen als der empirischen Bezugsgrößen für die Analyse: Sie sind die »Substrate« oder »Träger« der zu verneinenden Objekte und - nach erfolgreicher Analyse/Begründung - der subtilen Selbstlosigkeit.

121 Siehe Anm. 110.

122 Nach buddhistischer, ursprünglich aus dem Hinayana (siehe Anm. 10) kommender Sicht setzt sich die empirische Person und die ihr zugeordnete (Um-)Welt aus insubstanziellen, d. h. letztlich »leeren« »Daseinsfaktoren«/»Grundfaktoren« oder »Bausteinen«/»Aufbauelementen«, den Dharmas, wörtlich »Trägern«, zusammen. Diese fluktuierenden Faktoren gruppieren sich jeweils eine Zeit lang zu Konglomeraten und bilden so im Miteinander und Nacheinander ihrer Aktivitäten »Person« und

»Welt«. - Zugleich schwingt in diesem Passus auch die Elemente-Konzeption der tibetisch-buddhistischen Physiologie mit. Siehe dazu Anm. 51.

123 D. h. im Kommentar von Hortön Nam-kha Pel.

124 Siehe Anm. 117.

125 Gemeint ist der unbegrenzte Raum, Akasha, das »Alldurchdringende«, der als das Leere, sich mit nichts Vermischende für alles körperlich Ausgedehnte, für alles stofflich im Raum Enthaltene die unabdingbare Basis bildet. Seine zentralen Attribute sind: Unsichtbarkeit, Substanzlosigkeit/Immaterialität, absolute Indifferenz gegenüber Dauer und Vergänglichkeit bzw. Entstehen und Vergehen und begriffliche Unfassbarkeit bzw. Unbeschreiblichkeit.

126 D. h., es kommt auf der höchsten Erfahrungsebene der Erleuchtung zur Vereinigung des Geistes mit dem »Wahrheitskörper«/Dharmakaya (und damit auch den beiden »Formkörpern«) eines Buddhas (siehe Anm. 76): Der Geist entfaltet, da er von seinen durch die störenden Emotionen verursachten Verunreinigungen sowie von deren karmischem Potenzial völlig befreit ist, die ihm ursprünglich innewohnende Buddha-»Essenz« (siehe Anm. 79) zur vollen Buddhanatur und Buddhaschaft.

127 Das »große Mitgefühl/Erbarmen« ist der Inbegriff der Buddha-Aktivität und eine der sechs Qualitäten des »erleuchteten Zustands« (der ebenfalls mit »Buddha« bezeichnet wird). Vgl. auch Anm. 34 u. 35.

128 Die »sieben Punkte« sind hier in der traditionellen Weise nummeriert. »Die Schulung im endgültigen Erleuchtungsgeist«, Quintessenz und Letzte Stufe dieser Geistesschulung, ist zwar Punkt 2B (in Gegenüberstellung zu 2A, »Schulung im konventionellen Erleuchtungsgeist«). Da es sich aber um die letzte Stufe

der Praxis, die letztendliche Verwirklichung des Erleuchtungsgeistes, handelt, kommt es zu der für uns ungewohnten Reihenfolge: Punkt 2B folgt nicht auf 2A, sondern auf 7.

129 Diese handlungsleitenden Grundtendenzen oder -perspektiven gliedern sich in die vier Paare: Neigung und Abneigung, Erstreben und Verlieren, Loben und Tadeln sowie Beachten von Ruhm und Schande.

DALAI LAMA

DEM LEBEN EINEN SINN GEBEN

Die Freude, friedvoll zu leben und zu sterben

Wir alle wollen ein sinnvolles und erfülltes Leben führen. Der Dalai Lama erklärt in diesem Buch, wie uns das gelingt, und ermutigt dazu, dem Leben eine spirituelle Ausrichtung zu geben. Denn durch diese können wir lernen, uns von belastenden Emotionen zu befreien und uns von negativen Gedanken zu verabschieden. Der große Weisheitslehrer bringt uns menschliche Qualitäten wie Weisheit, Geduld und Selbstvertrauen nahe.

Mit Anweisungen zur Meditationspraxis.

KNAUR.LEBEN

THICH NHAT HANH

MEIN LEBEN IST MEINE LEHRE

Autobiografische Geschichten und Weisheiten eines Mönchs

Thich Nhat Hanh erzählt viele bisher nicht bekannte Episoden seines Lebens und verbindet sie mit der Weisheit des Buddhismus. Als junger Mönch erlebte er den Krieg, woraus die von ihm gegründete Bewegung des engagierten Buddhismus entstand. Er begegnete vielen großen Persönlichkeiten wie Martin Luther King jr., der ihn für den Friedensnobelpreis vorschlug. Sein Wirken als großer Lehrer verdeutlicht auf beeindruckende Weise, was ein Einzelner in dieser Welt bewirken kann.

RIGPA

DAS TIBETISCHE BUCH VOM LEBEN UND VOM STERBEN

Ein Schlüssel zum tieferen Verständnis von Leben und Tod

Kaum ein Werk hat unsere Auffassung vom Tod so stark beeinflusst wie »Das tibetische Buch vom Leben und vom Sterben«. Auch die Krankenbetreuung und Sterbebegleitung im Westen ist dadurch revolutioniert worden. Unzählige Menschen haben die tibetische »Kunst zu sterben«, vor allem aber auch »zu leben«, lernen können. Diese zeitgemäße Auslegung des »tibetischen Totenbuches« wird weiterhin maßgeblich sein und erscheint nun in aktualisierter Neuausgabe.

KNAUR

DZOGCHEN PONLOP RINPOCHE

EMOTIONALE BEFREIUNG

Wie wir Stress in Lebenskraft umwandeln

Der bekannte tibetische Meister Dzogchen Ponlop Rinpoche verrät hier eine geheime buddhistische Technik zum Umgang mit negativen Gefühlen. Mit seinem 3-Schritte-Programm kann man die eigenen Emotionen besser in den Griff bekommen. Mehr noch: Man kann sie umwandeln und von ihrer Kraft sogar profitieren. So wird aus Ärger gute Laune, aus Wut Gelassenheit, und die Vitalitätskurve steigt an. Eine effektive Praxis, die erstmalig in so einfacher Form geboten wird und von jedem praktiziert werden kann.